외로운 세기를 살아가는 우리 모두를 위해

외로움의
습격

외로움의 습격

김만권 지음

모두,

홀로 남겨질
것이다

헤다

진정한 외로움이 늘 하는 말이 아닌 발가벗겨진 공포라는 걸 그 누가 알까? 외로운 이 자신들에게조차, 외로움은 가면을 쓰고 있다.

— 조지프 콘래드Joseph Conrad, 《서구인의 눈으로Under Western Eyes》(1911) 중에서

이 모든 외로운 사람들,
모두 어디에서 왔나요?
모두 어디에 속해 있나요?
아, 이 모든 외로운 사람들을 봐요!

— 비틀즈The Beatles, 〈엘리노어 릭비Eleanor Rigby〉(1966) 중에서

그래도 이따금 외로움이 마음을 세차게 찔러 댔다. 마시는 물이나 들이마시는 공기마저도 길고 날카로운 바늘을 지니고 있고, 손에 잡히는 책갈피의 모서리가 마치 얇은 면도날처럼 하얗게 빛을 내며 가슴을 섬뜩하게 했다.

— 무라카미 하루키村上春樹, 《태엽 감는 새 연대기ねじまき鳥クロニクル》(1994) 중에서

prologue

'21세기 우리'의 또 다른 이름, '외로움'

그러니까, 2019년 겨울이었다. 내가 외로움으로 세상을 만나기 시작한 때가. ○○정신분석센터를 개원하신 분과 우연히 인연이 닿게 되어 그곳에서 무료 강의를 열었다. 물론 나는 정신분석을 공부한 적이 없었기에 외로움을 정신 현상의 측면에서 설명할 순 없었다. 그 대신 철학적으로, 사회·정치적 현상으로 바라본 외로움에 대해 이야기했다.

누군가는 물을 수 있겠다. 왜 하필 '외로움'에 대한 이야기를 하게 됐느냐고. 표면적으론 그해 1월 영국이 세계 최초로 '외로움부 장관'을 임명했다는 보도가 하나의 계기가 되었다. 정확히 말하자면 차관급 인사지만, 그렇다고 해서 이 기사가 주는 충격이 가벼워지진 않았다. '아니, 정부가 특별히 외로움이라는 현상을 전담하는 관료를 임명했다니!' 결국 이 기사는 세계적으로 화제가 되었다. 정작 우리나라에선 흥미로운 해외 토픽들 중 하나로 취급되긴 했지만 말이다.

누군가는 이렇게 말할지도 모르겠다. 인간은 원래 외로운 존재 아니냐고. 나도 한때 그렇게 생각했던 적이 있다. 외로움은 인간이 타고나는 감정 중 하나일 뿐이라고. 하지만 정치철학사상 최초로 외로움을 명백하게 철학적, 정치적 주제의 하나로 다룬 한나 아렌트Hannah Arendt는 이렇게 말했다. "외로움이 이토록 우리 일상을 지배하는 감정이 된 것은 20세기에 들어서다."

놀랍게도 영어권에서는 16세기까지 외롭다는 말이 존재하지 않았다. 달리 말해 외로움이란 그 이전까지는 말로 제대로 표현할 수 없거나 혹은 표현할 필요가 없던 것으로, 이후 사회적 변화와 함께 찾아온 새로운 감정이라고 할 수 있다. 강의를 통해 이러한 사실을 처음으로 알게 된 수강생들은 대부분 놀랍다는 반응을 보였다. 외로움이 학습되는 감정이라니, 그것도 20세기에 들어서야 제대로 이해하게 된 감정이라니.

더 놀라운 건 수강생들이 보인 반응이었다. 그해 ○○정신분석센터에서 무료로 강의를 한 후 비슷한 강의를 수십 차례 더 했는데, 그때마다 청중들은 '외롭다'는 말에 반응했다. 많은 이들이 이미 외로움에 시달리고 있거나, 서서히 혹은 빠르게 외로워지는 중이었다. 청소년부터 노인까지, 빈자부터 부자까지, 초등생부터 대학생까지, 부모부터 자식까지, 평범한 사람부터 시민사회 활동가와 정치 엘리트 들까지, 모두 외롭다는 말에 반응을 보였다. 그들이 고개를 끄덕일 때마다 진심 어린 감정이 전해졌다.

그즈음, 느닷없이 팬데믹이 덮쳤다. 정부는 말했다. "우리 2주만 함께 참아요!" 2주가 4주가 되고, 4주가 2달이 되고, 2달이 6개월이 됐다. 코로나19 바이러스가 사람과 사람의 호흡 사이로 옮겨 다니는 동안 세상은 마치 1980년대 상영된 애니메이션 〈바람계곡의 나우시카〉처럼 '부해腐海'라는 유독가스를 내뿜는 숲으로 가득 찬 것처럼 보였다. 그 사이 '사회적 거리 두기'가 일상이 되었다. 세상은 말했다. "서로 거리를 둔 채 떨어져 지내는 게 우리 모두를 지키는 방법입니다."

다른 이와 거리를 두어야 하는 일상은 2년 넘게 지속되었다. 지금도 온전히 끝난 건 아니다. 그 긴 시간 동안 우린 다른 사람

곁에 가까이 가지 못했고, 서로의 얼굴을 마스크로 가려야 했으며, 말 몇 마디 나누는 것조차 조심스러워했다. 이것은 완전히 새로운 경험이었다. 어쩌면 그동안 영위해 오던 삶의 방식을 송두리째 바꿔 놓을 만큼 충격적인 경험이었다. 그렇다면 서로 떨어져 보내야 했던 시간과 거리, 마스크와 침묵은 우리를 어떻게 바꾸어 놓았을까? 낯설기만 했던 그 경험은 사람들을 어떻게 고립시켰고 얼마나 더 외롭게 만들었을까?

존재의 측면에서 보자면, 외롭다는 말은 세상에서 '사라졌다'는 의미와 같다. 외로워진다는 말은 결국 세상에서 '사라지고 있다.'는 말이다. 보이지만 보이지 않는, 사라진 존재란 뜻이다. 지금은 지구에 살고 있는 인구수가 가장 많은 시대다. 이들 중 많은 이들이 문만 열면 바로 이웃을 만날 수 있는 도시에 산다. 반면 지금은 가장 많은 이들이 외롭다고 말하는 시대이기도 하다. 놀라운 기술의 발전 덕에 모두가 연결된 시대이지만, 이 세상은 '외롭다', '내가 사라지는 것 같다.'고 말하는 사람들로 넘쳐 난다. 자신이 존재하는 의미를 모르겠다고, 이런 얘길 털어놓을 사람조차 없다고 말하는 사람들이 주위에 너무 많다.

돌이켜보면, 우리 각자는 오래전부터 외로워지고 있었으나 사회의 관심 밖에 있었다. 그러다 보니 이제 '고립'은 하나의 사회현상으로 가히 '외로움의 습격'이라 불러도 될 만큼 당혹스러운 문제가 되었다. 이 때문일까? 정치경제학자 노리나 허츠Noreena Hertz는 21세기를 '외로운 세기the lonely century'라 부른다. 언제까지 우리는 우리 자신을 이렇게 '외로운 나', '사라지는 나'로 버려두어야 할까?

그래서 이 책은 이렇게 묻는다.

우리는 왜 이 세계에서 사라지고 있는 걸까?
우리는 어떻게 의미와 존재를 잃어 가고 있는 걸까?
이 외로움은 정녕 어떻게 해도 떨쳐 버릴 수 없는 걸까?

어쩌면 답할 수 없는 질문들인지도 모른다. 우리는 외롭거나 외로워지고 있는 사람들의 사정을 일일이 알아낼 방법이 없다. 하지만 사람들이 외로워지는 이유와 과정에 대해 철학적으로, 사회·정치적으로 접근해 보는 건 가능하지 않을까? 사람들이 그 어느 때보다 외로움을 많이 느끼고 있다면, 분명 우리를 이렇게 만든 21세기만의 조건이 존재할 테니 말이다. 그것이 무엇인지 밝혀내는 일이야말로 철학이 할 일이라 생각한다. 더해서 외로움으로 뒤덮인 세상이 얼마나 위험한지도 이야기해 보려 한다. 그리고 조금은 서툴지만 어떤 식으로 함께 외로움에 맞설 것인지 그 대안도 나누어 보고 싶다.

흔히 철학을 '나와의 대화'라고 한다. 맞는 말이다. 하지만 이 말이 자기 안으로 숨어들라는 의미는 아니다. 오히려 철학은 그 대화를 주변으로 넓혀 가라고 당부한다. 인간이라는 존재는 홀로 덩그러니 버려지기 위해 이 세상에 온 것이 아니다. 100년 남짓한 인간의 삶은 우주의 시간 속에서 보면 찰나에 가깝지만, 그 짧은 순간이나마 함께 잘 어울려 살아가는 게 인생의 의미이자 존재의 목적이다. 나는, 그렇게 잘 어울려 살라는 의미로 인간에게 주어진 축복의 재능이 '언어'라 본다.

이 축복받은 재능을 잘 쓰기 위해 우리가 가장 먼저 해야 할 일은 다른 존재의 말을 성심껏 들어 주는 것이다. 이 책 역시 내게 주어진 축복을 제대로, 잘 사용한 결과다. 이 책이야말로 지난 몇 년간 많은 이들이 내게 들려준 이야기이기 때문이다. 지금이 책을 읽고 있는 사람들 또한 가슴 깊은 곳엔 세상을 향해 하고 싶은 말이, 다른 이들이 귀 기울여 들어 주었으면 하는 말이 있다는 걸 잘 안다. 나는 그 이야기들을 경청한 다음 이러이러한 사람들이 이 세상에 존재한다는 걸, 소중한 의미를 지닌 채 우리 곁에 머물고 있다는 걸 모두에게 알리고 싶다.

'들어 주는 사람이 있는 한 결코 우리는 사라지지 않는다.' 이런 굳건한 믿음을 가지고, 외로움이 무엇인지, 무엇이 우리를 외롭게 하는지, 어떻게 대응할 수 있는지 등을 함께 고민해 보았으면 한다. 그렇게 많은 이들이 나와 함께, 한나 아렌트가 인간이 행하는 가장 위대한 일이라고 말했던 '새로운 시작'을 함께했으면 좋겠다. 그렇게 많은 이들이 나와 함께 '더 이상 외롭지 않은 세계'를 지어 나가면 좋겠다.

이 바람을 간절히 담아, 이제 첫 장을 연다.

2023년 12월

김만권

contents

2장 외로움이 '디지털'을 만날 때

3장 데이터가 '편견'을 만날 때

4장

외로움이 '능력주의'를 만날 때

5장 외로움의 '습격', 어떻게 대응할 것인가?

1장

'외로워진다'는 것

"외로운 세기는 2020년 1분기에 갑자기 시작되지 않았다. 코로나19가 닥칠 즈음 우리 대다수는 이미 상당히 오래전부터 외롭고 고립되고 원자화된 기분을 느끼고 있었다."

— 노리나 허츠, 《고립의 시대The Lonely Century》 중에서

안녕하세요, 여러분. 이 자리는 '가장 외로운 세기'를 살아가고 있는 우리들이 '함께' 모여 이에 대해 고민해 보고 대응책을 찾기 위해 마련한 것입니다. 이렇게 선뜻 찾아와 주신 분들께 진심으로 감사하다는 인사부터 드립니다.

제가 '외로움'에 대한 강의를 시작한 건 2019년부터였어요. 이후 외로움이라는 주제를 가지고 많은 분들을 만나게 되었죠. 그러면서 정말 놀라웠던 건 너무나 많은 분들이, 자신의 외로움을, 자기 가족들의 외로움을, 자기 주변 사람들의 외로움을 호소하는 거였어요. 이런 경험을 통해 사람들이 생각보다 훨씬 더 외로워하고 있다는 걸 현장에서 실감할 수 있었죠. 무엇보다 가슴이 아팠던 건 이 사회의 미래를 이끌어 가야 할 젊은 세대들이 외로움으로 인한 고통을 훨씬 더 많이 느끼고 있다는 사실이었어요.

간혹 어떤 분들은 외로움이라는 감정이 시간이 남아도는 사람들이 느끼는, 일종의 사치품에 가까운 것이라 생각하기도 해요. "바쁘고 치열하게 살아 봐라, 외로울 틈이 있나!" 이렇게 말하기도 하죠. 그런데 이런 지적이 틀렸다는 걸 수많은 통계들이 보여 주고 있어요. 사회가 바쁘게 돌아가고 삶이 점점 더 치열해질수록 외로움을 느끼는 이들이 늘어난다는 게 여러 연구들을 통해 밝혀지고 있죠. 21세기야말로 그 어느 때보다 바쁘고 치열한 시대인데, 이 시대를 '외로운 세기'라 부르는 것만 봐도 이러한 사실을 쉽게 알 수 있어요. 외로워하는 사람들이 점점 더 늘어나 사회문제로까지 치닫고 있는 게 지금의 현실이에요.

무슨 일이 일어났기에 우리가 이토록 외로워진 걸까요?

대체 무엇이 우리를 이토록 외롭게 만들고 있는 걸까요?

더해서 외로움은 우리 삶에 어떤 영향을 미치고 있는 걸까요?

만약 외로움이 개인의 일상뿐만 아니라 정치와 경제, 사회적 삶에까지 막대한 영향을 미치고 있다면, 과연 우리는 어떻게 대처해야 할까요?

이 질문에 답하기 위해선 먼저 일상에 스며든 외로움의 실체를 파악하고, 외로움이 정확히 무엇을 의미하는지 알아보는 것부터 시작해야 해요. 그래서 첫 번째 장에서 던질 질문은 다음과 같아요.

"첫째, 21세기를 살아가는 우리는 과연 얼마나 외로워졌을까?"

문제를 처음 접할 때 취할 수 있는 가장 현명한 자세는 현실을 객관적으로 마주하는 거예요. 이런 관점에서 외로움이 우리 시대에 얼마나 빠르게 확산되고 있는지 함께 살펴보기로 해요.

"둘째, 외로움이란 무엇일까? 단지 홀로 되는 것일까? 아니면 그 이상의 의미가 있는 것일까?"

이 질문에 답하기 위해 먼저 외로움이라는 단어를 역사적으로 살펴보고, 이에 더해 한나 아렌트라는 탁월한 철학자의 지혜를 빌려 볼 거예요. 이 과정을 통해 외로움이 무엇인지 이해해 보고자 해요.

"셋째, 외로움은 왜 개인과 사회 양쪽 모두에게 위험한가?"

이 질문에 답하다 보면, 왜 외로움이 우리 모두에게 심각한 문제인지, 이 문제를 해결하기 위해 우리 사회가 어떤 노력들을 해야 하는지 이해할 수 있을 거예요.

"넷째, 대한민국 안에서는 누가, 어떻게, 얼마나 외로운가?"

이 질문을 통해 외로움이 얼마나 시급히 대처해야 할 문제인지 알게 될 거예요.

21세기,
외로움을 만나다

2018년 1월, 영국에서 놀라운 일이 일어났어요. 테레사 메이 총리가 체육 및 시민사회 장관 트레이시 크라우치에게 외로움부 장관Minister for Loneliness을 겸직하도록 한 거예요. 세계 최초로 정부가 외로움을 전담하는 관료를 임명했기 때문에 전 세계적으로 화제가 되었죠. 그런데 실제 영국에서 '미니스터minister'는 차관직에 해당해요. 그러니까 정확하게 말하자면 외로움을 전담하는 차관이 세계 최초로 임명된 거죠.

영국 정부가 이렇게 외로움을 전담하는 관료를 임명한 건 영국의 노동당 하원 의원 조 콕스가 초당적으로 설립한 '조 콕스 외로움 문제 대책 위원회Jo Cox Commission on Loneliness'에서 2017년 연말에 발간한 보고서 때문이었어요. 조 콕스는 20대부터 세계적인 국제 구호단체 옥스팸에서 활발하게 활동한 인물이에요. 이런 그에게 누구도 예상치 못한 아주 불행한 일이 일어났어요. 2016년 브렉시트(2020년 영국이 유럽연합을 탈퇴했던 사건) 반대 운동을 펼치다 극우 인사에게 총을 맞고 칼에도 몇 차례 찔려 목숨을 잃고 말았던 거예요. 영국에서는 좀처럼 볼 수 없는 정치적 암살이었죠.

콕스 의원이 숨지기 전까지 가장 열심히 했던 활동 중 하나가 바로 영국 사회에서 확산되고 있던 외로움에 맞서 싸우는 일이었어요. 평소 그는 "저는 수천 명의 사람들이 다른 우리들에게 잊힌 채 외롭게 살아가는 나라에서 살지 않을 거예요."라고 말했었죠. 그리고 이 문제를 해결하기 위해 의회에 초당적 기구를 만들자고 제안했어요. 다른 정당들도 이 문제를 심각하게 인식하고 있었는지 곧바로 그의 제안을 받아들였고, 그렇게 만들어진 게 바로 '조 콕스 외로움 문제 대책 위원회'예요. 이 위원회는 콕스 의원이 불행하게 세상을 떠난 뒤에도 그의 유지를 물려받아 2017년 연말 외로움에 대한 최종 보고서를 발간했어요.

이 〈외로움과 맞서 싸우기Combatting Loneliness〉라는 제목의 보고서를 보면, 영국인 6,600만 명 중 900만 명이 외로움에 자주 혹은 항상 시달리고 있는 걸로 나와요. 또한, 영국의 시민단체인 '어린이를 위한 행동Action for Children'의 서비스를 이용하는 17~25세 사이의 젊은이 중 43%가 외로움과 관련된 문제를 경험한 적이 있다고 답했어요. 장애인 중엔 50%가 매일 외로움을 느끼고 있었고, 부모 중엔 52%가 외로움과 관련된 문제를 경험하고 있었죠. 65세 이상 노인 중 306만 명은 텔레비전이 가장 중요한 친구라고 답했고, 사랑하는 사람을 보살피고 있는 보호자 10명 중 8명은 돌봄 노동에 치중한 결과 외롭거나 사회적으로 고립된 느낌이 든다고 호소했죠. 더 심각한 사실은 10명 중 1명 이상이 외로움을 느끼지만 그 누구에게도 외롭다는 사실을 인정해 본 적이 없다고 답한 거예요. 또한 영국 의료에서 핵심적 역할을 맡고 있는 지역 의사 4명 중 3명은 매일 1~5명 정도의 환자들이 외로움을 이유로 병원을 찾고 있다고 밝혔고, 10명 중 1명은 외로움을 호소하는 환자를 매일 6~10명 정도 면담하고 있다고 보고했어요.

이 보고서에 따르면, 외로움은 여러 측면에서 사람들과 공동체에 해로워요. 일단 외로움은 사람들의 건강을 해치죠. 예를 들어 외로움이 만드는 약한 사회적 고리는 하루에 담배 15개비를 피는 것만큼 건강에 해로워요. 여러분들이 지난 한 달 동안 외로움을 심하게 느꼈다면 거의 담배 세 보루를 핀 것과 같다고 보면 되는 거죠. 그러다 보니 자연스럽게 경제에도 해로울 수밖에 없어요. 영국의 고용주들은 외로움 때문에 매년 2.5억 파운드, 그러니까 우리 돈으로 약 4,000억 원을 쓰고 있어요. 영역을 좀 더 넓혀 보면 단절된 공동체가 영국 경제에 미치는 비용은 32억 파운드, 대략 5조 2,000억 원에 이른다고 해요. 나중에 여러분에게 자세히 이야기하겠지만 외로움이 정치에까지 부정적인 영향을 미친다는 내용의 다양한 연구들도 있어요. 사실 조 콕스 의원의 죽음도 '외로워진 사람들'과 관련이 있다고 봐야 해요.

문제는 이런 현상이 영국에만 국한된 일이 아니라는 거예요. 미국에선 코로나19 이전에도 성인 5명 중 3명이 외롭다고 느꼈고, 밀레니얼 세대는 5명 중 1명 이상이 친구가 한 명도 없다고 응답했어요. 독일의 경우 국민의 3분의 2가 외로움이 심각한 문제라고 답했어요. 네덜란드에서는 거의 3분의 1에 해당하는 국민이 외롭다고 인정했고, 10명 중 1명은 외로움을 심각하게 느낀다고 답했어요. 스웨덴에서도 인구의 4분의 1이 자주 외롭다고 답했고, 스위스에선 5명 중 2명이 자주 외롭다고 답했죠.*

좀 극단적인 사례일 수도 있지만, 일본에선 외로움을 피해 스스로 감옥행을 선택하는 노인들에 대한 보고도 있어요. 연금만으로는 생계가 어렵고 딱히 도움을 구할 데도 없는 노인들이 스스로 감옥에 가는 걸 택하는 거예요. 좀 슬픈 현실인데, 이런 노인들에게는 감옥이 공동체를 경험하는 장소가 되고 있어요. 주변에 항상 사람들이 있으니 외롭지 않고, 이야기를 나눌 친구들도 많으니 일종의 오아시스 같은 공간이 되어 주는 거죠. 친구만 제공해 주는 것도 아니에요. 감옥은 이들에게 현실에서는 스

* 노리나 허츠, 《고립의 시대》, 홍정인 옮김(웅진지식하우스, 2021), 15~17쪽.

스로 감당할 수 없었던 돌봄 문제까지 해결해 주는 안식처의 역할도 하고 있죠. 그래서인지 일본에서도 외로움을 매우 심각한 사회문제로 생각하고 있어요. 2021년 2월, 영국을 따라 고독부 장관을 임명한 것만 봐도 알 수 있죠.

우리나라도 예외는 아니에요. 아니 솔직히 말하자면 우리나라는 가장 외로운 국가 중 하나죠. 그런데 이 외로움에 대해 가장 무심한 국가 중 하나이기도 해요. 외로움을 측정할 수 있는 지표조차 제대로 마련되어 있지 않은 데다, 외로움과 관련한 공식 통계 또한 거의 없으니까요. 코로나19 이전에 외로움과 관련해서 제대로 된 여론조사는 딱 한 차례밖에 없었어요. 앞에서 말한 바와 같이 2018년 1월 영국에서 외로움부 장관을 임명했을 때, 그해 4월 한국리서치에서 '한국에도 외로움부 장관이 필요할까'라는 주제로 여론조사를 했어요. 〈사회적 고립과 외로움 인식 보고서〉라는 제목의 조사 내용을 살펴보면, 응답자 중 19%가량이 '자주' 외롭다고, 7%가량이 '거의 항상' 외롭다고 답했어요. '자주 외롭다'와 '항상 외롭다'를 합쳐서 '상시적 외로움'이라 부르는데, 이 두 집단을 묶어 위험군으로 분류해요. 그러니까 우리나라의 경우 인구의 26%가 상시적 외로움을 호소한 거예요. 외로움을 못 느낀다고 응답한 사람은 23%였는데, 오차 범위 내이긴 하지만 상시적으로 외로움을 느끼는 사람이 그렇지 않은 사람보다 많다는 거죠. 나중에 자세히 이야기하겠지만 20대의 경우엔 10명 중 4명이 '상시적' 외로움을 겪고 있다고 호소했어요.

문제는 21세기 들어 외로움을 느끼는 사람들이 전 세계적으로 급속히 늘어나고 있다는 거예요. 미국과 유럽뿐 아니라 아시아와 라틴아메리카까지 외롭다는 감정, 좀 더 정확하게 말하자면 힘들고 어려울 때 도와줄 사람이 주변에 전혀 없다고 느끼는 사람들의 규모가 점점 더 커지고 있어요. 영국의 저명한 정치경제학자 노리나 허츠는 이런 사실에 근거해 우리가 살아가고 있는 21세기를 '외로운 세기'라 이름 붙였어요. 아, 어쩌다 이렇게 됐을까요? 물론 제가 생각하는 원인도 뒤에 이야기할 거예요. 하지만 지금은 문제를 살펴보는 시간이니까 조금만 기다려 주세요.

이 문제를 제대로 살펴보기 위해선 먼저 외로움이 무엇인지, 왜 외로움이 위험한지부터 들여다봐야 해요. 이 작업을 위해 철학자 한나 아렌트가 주목했던 '외로움loneliness'의 개념부터 알아볼 거예요. 아렌트는 《전체주의의 기원The Origins of Totalitarianism》(1951)이란 저서에서 전체주의를 구성하는 주요 요소로 '외로움'의 문제에 일찍이 주목했어요. 그녀가 제시한 외로움에 대한 정의와 분석은 오늘날 외로움이 만들어 내고 있는 다양한 문제를 분석하는 데 적합한 틀이 되어 줄 거예요.

자, 이제 본격적으로 이야기를 시작해 볼까요?

외로움이란
무엇인가?

: **외로움의 '짧은' 역사**

우선 우리가 가장 먼저 해야 할 질문은 이거예요.

"외로움이란 무엇인가?"

우리는 흔히 인간은 '원래' 외로운 존재다, 이렇게 말해요. 이런 표현은 외로움이 인간 본성의 한 측면이라는 의미를 담고 있죠. 하지만 정말 그런 걸까요? 적이도 영어권에서는 그렇지 않았어요. '외롭다lonely'란 말이 16세기까진 존재하지 않았다는 게 그 증거예요. '외롭다'라는 표현을 처음 만들어 낸 이가 바로 영국의 대문호 윌리엄 셰익스피어William Shakespeare거든요. 'lonely'라는 표현은 셰익스피어가 1605년에서 1608년 사이에 쓴

《코리올레이너스Coriolanus》라는 작품에서 처음 등장한 것으로 알려져 있어요. 그러니까 형용사로서 '외롭다'라는 단어는 17세기에 이르러서야 생겨난 거죠.

《코리올레이너스》는 셰익스피어가 마지막으로 쓴 비극으로, 로마 장군이자 집정관이었던 '가이우스 마르키우스'를 모델로 한 작품이에요. 이 작품에서 코리올레이너스는 로마의 탁월한 영웅으로 묘사되지만, 실제로는 가족이나 친구들로부터 아무런 도움도 받지 못한 채 홀로 두려움에 휩싸여 있는 인물이죠. 4막 1장에서 셰익스피어는 이런 코리올레이너스의 모습을 '외로운 용lonely dragon'으로 묘사해요. '두려움에 떨면서도 주변과 제대로 소통하지 못하고 고립된 상태', 이것이 셰익스피어가 묘사한 외로움이었어요.

시대적 맥락에서 볼 때, 셰익스피어가 《코리올레이너스》에서 묘사한 외로움은 우리가 흔히 떠올리는 '홀로됨'과는 전혀 다른 의미였어요. 이 당시만 해도 유럽에서 홀로 있음을 뜻하는 표현은 'oneliness'였거든요. 지금은 잘 쓰이지 않는 표현이죠. 당시 'oneliness', 즉 '홀로됨'은 어떤 부정적 의미도 담고 있지 않았는데 이때만 해도 중세의 영향이 남아 있었기 때문이에요. 한 인간에게 홀로됨은 오히려 신을 더 가깝게 느끼고 마주할 수 있는 기회였어요. 신이 존재하는 한 홀로됨은 외로운 게 아니라 오히려 은혜로운 기회였던 거죠.* 그렇기에 외롭다는 것과 홀로된다는 것은 전혀 관련이 없는 문제였어요.

이런 홀로됨과 달리《코리올레이너스》속에 나타난 외로움은 부정적 의미를 띠고 있다는 걸 알 수 있어요. 예를 들어 두려움에 떨면서도 주변과 소통하지 못하고, 도움도 구하지 못한 채 외로운 용이 된 코리올레이너스는 "자신만이 로마 공화정을 대표할 수 있다는 신념을 만들어 내면서 뒤틀린 개인주의"에 이르고 말죠.** 하지만 셰익스피어가 이 용어를 썼을 때만 해도 사회적으로 볼 때 외로움은 전혀 심각한 문제가 아니었어요. 실제로 17세기 문헌엔 '외로움'이나 '외롭다'는 단어가 아주 드물게 나타나는데, 1674년 박물학자 존 레이John Ray가《있지만 잘 쓰이지 않는 영어 용어 모음A Collection of English Words not Generally Used》에 포함시켰을 정도였다고 해요.***

하지만 시간이 흐르면서 셰익스피어가 경고한 이런 '외로움'에 대해 영국 사회가 서서히 주목하고 있었던 것도 사실이에요. 대표적 사례가 존 밀턴John Milton의《실낙원Paradise Lost》(1667)이죠.《실낙원》은 영국 문학에서 외로움을 느끼는 등장인물이 처음 나오는 작품으로 평가되는데, 그 인물이 바로 에덴동산에 이브를 유혹하러 가는 사탄이에요.**** 외로움을 인간이 아

* 비벡 H. 머시,《우리는 다시 연결되어야 한다》, 이주영 옮김(한국경제신문, 2020), 93~94쪽.

** 권동욱,〈《코리올레이너스》에서 나타나는 로마 공화정 이상의 해부〉,《영학논집》Vol.35(2015), 1~20쪽.

*** Amelia Worsley, "A History of loneliness", *The Conversation*(2018).

닌 (타락한 천사였던) 사탄과 연결한 것인데요. 밀턴은 지옥과 에덴동산 사이의 끝없는 황야를 홀로 건너는 사탄의 모습을 "외로운 발걸음lonely steps"이란 표현으로 그려 내고 있어요.*

외로움에 대해 정치철학사에서 가장 먼저 주목한 이는 한나 아렌트예요. 아렌트는 《전체주의의 기원》 마지막 장에서 전체주의를 구성하는 가장 중요한 요소로서 외로움에 주목하고 있죠. 아렌트와 일반적인 역사적 분석에 따르면, 유럽에서 외로움이 본격적으로 확산된 계기는 산업혁명이 일어나고 이에 따른 도시화가 진행되면서부터예요.

좀 더 구체적으로 보면, 유럽에서 외로움이 본격적으로 개인을 넘어 집단적인 문제로 등장한 것은 19세기 말부터 20세기 초반 사이였어요. 이런 일이 발생한 주된 이유는 18세기 말부터 20세기 초에 이르기까지 150년 동안 유럽에서 일어난 폭발적인 인구 성장 때문이었죠.** 예를 들어 19세기 초부터 20세기 초까지 100년 동안 영국의 인구는 4배, 독일은 3배, 프랑스는 2배로 늘어났어요. 유럽 전체 인구는 1800년 1억 9,000만 명에서 1914년

**** 비벡 H. 머시, 〈앞의 책〉, 94쪽.

* John Milton, *Paradise Lost*(Global Language Resources, Inc., 2001) Book2, p.825.

** Hannah Arendt, *The Origins of Totalitarianism*(New York: Mariner Books, 1973), p.311.

4억 6,000만 명이 되었죠. 100년 사이에 2억 7,000만 명이 증가했는데 거의 2.5배로 불어난 거예요. 이렇게 늘어난 사람들은 일자리를 찾아 도시로 몰려들었어요. 영국에서는 1870년부터 30년 동안 농촌인구의 3분의 1이 도시로 이동했고, 독일에서는 1840년엔 2곳밖에 없던 10만 명 이상의 도시가 1910년에는 48곳으로 늘어났어요.

이렇게 인구가 급격히 늘어난 이유는 산업혁명으로 인해 노동력이 모자랐기 때문이에요. 노동력이 부족하니 당연히 아이들을 많이 낳기 시작했는데, 19세기 중후반부터 이게 문제가 되기 시작해요. 폭발적으로 늘어난 인구만큼 일자리가 따라 늘어나지 않았거든요. 당연히 대규모의 실업 위기가 발생했는데, 유럽 각국에서 처음으로 '실업'이라는 용어가 사전에 등장하기 시작한 것도 바로 이 무렵이에요. 이때만 해도 대다수의 사람들이 빈곤했기 때문에, 평범한 이들에게 실업이라는 말은 인간의 가치를 상실한다는 의미나 다름이 없었어요. 그러다 보니 수많은 사람들이 인간의 가치에 대한 경멸 속에 '과잉화된' 존재로 전락하는 일이 일어났어요. 결국 많은 이들이 이 세계에서 '있을 자리'를 잃고, 마침내 '불필요한' 존재가 되었다는 느낌에 휩싸이게 되었죠. 아렌트는 수많은 유럽인들이 공통적으로 경험한 이 느낌을 '뿌리뽑힘uprootedness'과 '쓸모없음superfluousness'이라 정의하며 "유럽에서 있었던 완전히 새로운 현상an entirely new phenomenon in Europe"이었다고 설명해요.* 더 자세히 살펴보면, '뿌리뽑힘'

은 "타자들이 인정하고 보장하는 장소가 이 세계에 없다는 의미" 이고, '쓸모없음'은 "이 세계에 속할 곳이 없다."는 의미라고 아렌트는 정의하고 있어요. 아주 쉽게 이야기하면, 다른 사람들이 인정해 주는 삶의 터전을 잃고 쓸모없는 사람이 되었다는 거죠.

아렌트는 바로 이런 '뿌리뽑힘'과 '쓸모없음'의 느낌이 20세기에 이르러 수많은 이들이 동시에 경험한 '외로움'으로 이어졌다고 설명해요. 여기에 더해 '뿌리뽑힘'과 '쓸모없음'이란 두 감정에서 비롯된 '외로움'이야말로 "산업혁명이 시작된 이래로 근대 대중들에게 저주"가 되었다고 하죠. 내가 이 세계에 쓸모없는 존재가 되었다는 경험, 이것이야말로 인간이 겪을 수 있는 가장 절망적인 경험이니까요.

바로 이 '외로움'이 19세기 말 전 세계적으로 제국주의가 부상하는 데 중대한 역할을 했다는 분석이 있어요. 생각해 보세요. 한 나라에 자기가 쓸모없다고 여기는 사람이 넘쳐 나는 상황이라면 분명 사회적 불만으로 이어질 수밖에 없지 않겠어요? 19세기 말 제국주의의 핵심은 바로 이런 사회적 불만 세력을 식민지로 내보내 사회 내 불안을 없애는 것이었어요. 물론 유럽과 다른 지역 사이에 산업화의 격차, 다른 말로는 근대화의 격차가 컸기 때문에 가능한 일이었죠.

* Hannah Arendt, 〈앞의 책〉, p.311, p.475.

정리해 보자면, 외로움은 '이 세계에서 타자의 인정을 받으며 살아갈 터전을 잃은 느낌, 더하여 내가 이 세상에 쓸모없어졌다는 느낌, 그래서 결국엔 이 세상에 속할 곳이 없다는 느낌'이에요. 여기서 '느낌'이란 표현을 '상황'으로 대체해도 괜찮을 것 같아요. 느낌이 개인적인 것이라면 상황은 사회적 문제가 일어나는 맥락이란 뜻이니까요. 저는 이걸 한마디로 이렇게 옮기고 싶어요. '어렵고 힘들 때 나를 인정하고 도와줄 사람이 없다는 느낌, 그래서 이 세계에서 버려졌다는 느낌'이라고 말이죠.

이렇게 외로움이란 용어의 기원과 용례를 19세기 유럽의 상황에 대한 아렌트의 분석과 연결해 보면, 외로움은 인간 본연의 감정이라기보다는 산업혁명 이후 인간의 새로운 경험 속에서 학습된 감정이라는 결론을 내릴 수 있어요.

왜
외로움이 위험한가?

지금까지 우리는 외로움이 무엇인지에 대해 알아봤어요. 자, 이제 우리가 해야 할 질문은 다음과 같아요.

"왜 외로움이 위험한가?"

한나 아렌트에 따르면, '외로움'이 위험한 이유는 '자아 상실'의 문제와 직결되기 때문이에요. 이를 설명하기 위해 아렌트는 외로움을 '고독solitude'과 구분해요. 앞에서 일본이 2021년에 고독부 장관을 임명했다고 했죠? 이 사례를 보면 동아시아에선 외로움과 고독을 사실상 같은 의미로 쓰고 있다는 걸 알 수 있어요. 하지만 서구 사회에서 이 두 용어는 전혀 다른 의미예요. 그래서인지 아렌트도 외로움과 고독을 엄격하게 구분하죠.

고독은 '이 세상에서 버려졌다'는 느낌을 주는 외로움과는 전혀 다른 상태예요. 오히려 고독은 자기반성의 상태라 긍정적인 것이라 할 수 있어요. 아렌트에 따르면 고독은 내가 나 자신과 마주 앉아 대화하는 상태예요. 다시 말해 고독은 "자신과 함께 있을 수 있는" 상태인데, 그 이유는 인간에게 "자신과 대화할 수 있는 능력"이 있기 때문이라고 설명하죠.* 아렌트는 이를 "하나 안의 둘two-in-one"이라 표현하면서, 이 고독의 상태야말로 "모든 사유"가 이루어지는 기본 조건이라고 규정해요.

아렌트에게 고독이 더 의미 있는 이유는 '고독에서 비롯되는 사유'야말로 한 인간이 이 세상과 접촉을 유지하고 있다는 증거이기 때문이에요. 고독이 만드는 사유가 자기반성으로 향한다면, 이건 결국 사유의 본질인 '나는 누구인가?'에 대한 대답을 스스로 정립해 가는 과정이라 할 수 있어요. 그러니까 한마디로 나의 정체성identity을 찾는 과정이죠. 그런데 이 정체성은 나 스스로 규정할 수 있는 것이 아니에요. 아렌트의 표현을 그대로 빌리자면, "내 정체성의 확인은 전적으로 다른 사람들에게 의존"하기 때문이죠. 이런 이유로 사유하는 인간은 늘 "내 동료 인간들의 세계the world of my fellow-men"와 접촉하고 있어요.** 세계 속

* Hannah Arendt, 〈앞의 책〉, p.476.

** Hannah Arendt, 〈앞의 책〉, p.476.

에서 나는 어떤 의미를 지니는가를 물을 때 그건 동료들과 내가 함께 짓고 있는 세계 속에서 나라는 존재가 어떤 의미를 가지는지 묻는 거니까요. 정리하자면, 고독은 한 인간이 자아를 스스로 마주하고, 그 자아를 통해 세계와 접촉하고, 이를 바탕으로 자신의 정체성을 확인하는 데 필수적 조건이라 볼 수 있어요.

이런 이유로 세계와 접촉할 수 있는 통로로서 '교우 관계companionship'를 유지하는 일은 매우 중요해요. 개별 인간은 교우 관계를 어떻게 유지하느냐에 따라 자신의 존재 의미에 대한 이중성, 모호함, 의심 등에서 벗어날 수 있어요. 내가 누구인지 정체성의 혼란을 겪을 때 이들이 나의 정체성을 다시 확인시켜 주기 때문이죠. 그래서 아렌트는 이런 교우 관계의 힘을 "되돌려 놓을 수 있는 축복the redeeming grace"이라 표현해요.*

고독 속에서 사유하는 인간이 어떻게 세계와 접촉하는지, 그리고 이 작업을 위해 교우 관계가 얼마나 필수적인지 보여 주는 유명한 문학 작품이 있어요. 바로 헨리 데이비드 소로Henry David Thoreau가 쓴 《월든Walden》(1854)이에요. 월든이란 호숫가에 통나무집을 짓고 홀로 살아가는 소로의 자전적 이야기를 담고 있어서인지 많은 사람들이 이 작품을 전원에서 홀로 살아가는 기쁨에 대한 책이라 생각하곤 해요. 하지만 《월든》에서 소로는 자신의 집에 있는 세 개의 의자에 대해 이렇게 말해요.

* Hannah Arendt, 〈앞의 책〉, p.476.

내 집에는 세 개의 의자가 있다. 하나는 고독을 위해, 둘은 우정을 위해, 셋은 사교를 위한 것이다.*

그러니까 하나는 사유를 위해, 또 하나는 친구를 위해, 나머지 하나는 자신의 집에 찾아올 낯선 이들을 위한 의자예요. 사유하고, 교우 관계를 맺고, 세상과 만나는 과정이 이 세 개의 의자에 고스란히 담겨 있죠. 여기선 두 번째 의자가 세상과 접촉하는 중요한 가교 역할을 맡고 있어요. 이에 대해 소로는 이렇게 말하죠. "나는 사람의 꽃과 열매를 원한다. 나는 사람에게서 어떤 향기 같은 것이 나에게로 풍겨 오기를 바라며, 우리의 교제가 잘 익은 과일의 풍미를 띠기를 바라는 것이다."** 한 사람이 정체성의 혼란을 겪을 때, 교우 관계가 이를 되돌려 놓을 수 있는 축복이라는 아렌트의 말을 이해할 수 있게 만드는 대목이죠. 이런 관계를 맺고 있는 이들이 들려주는 조언이라면 충분히 신뢰할 수 있을 테니까요.

이렇기 때문에 교우 관계를 모두 상실했을 때 우리는 필연적으로 외로움에 빠져들죠. 이런 맥락에서 보면 외로움은 사실상 "다른 모든 사람들에게 버림받았다deserted by all others."는 의미이기도 해요. 모든 타자에게 버림받은 이는 자신에게도 버려

* 헨리 데이비드 소로, 《월든》, 강승영 옮김(은행나무, 2011).

** 헨리 데이비드 소로, 〈앞의 책〉, 110쪽.

져요. 앞서 이야기했듯 한 인간의 정체성은 타자를 통해서만 확인받을 수 있기 때문이죠. 모든 타자에게 버려지는 경험은 필연적으로 정체성에 대한 혼란을 야기할 수밖에 없어요. 아렌트는 이를 두고 다음과 같이 설명해요.

> 외로움을 참을 수 없게 만드는 것은 자아 상실이다. 이 자아는 고독 속에서 실현할 수 있는 것이지만, 그 정체성은 나와 동등한 사람과 신뢰할 수 있는 교제를 나눌 때에만 비로소 확인할 수 있다. 이런 자아 상실의 상황에서 사람은 자기 사유의 파트너로서 자기 자신에 대한 신뢰를 상실하며, 또한 경험하기 위해 반드시 필요한 세상에 대한 기초적인 확신을 잃어버린다. 자아와 세계, 사유하고 경험할 수 있는 능력을 동시에 상실한 것이다.*

이처럼 외로움은 자아 상실을 불러오고 그 결과로 세계마저 상실하게 돼요. 생각해 보면 다른 사람들의 인정을 받지 못한 채 '속할 곳 없이', '쓸모없어진' 존재는 자신과 의미 있는 대화를 나눌 수 없어요. 이런 경험은 근본적으로 자신의 삶 자체를 회의하게 만들고 때로는 깊은 좌절감을 맛보게 하죠.

이런 까닭에 외로움 속에서 자아를 잃어버린 이들은 '자기 중심적 슬픔self-centered bitterness'에 빠지기 쉬워요.** 여기선

* Hannah Arendt, 〈앞의 책〉, p.477.

bitterness를 슬픔으로 옮겨 놓았지만, 이 단어는 분노라는 의미도 함께 가지고 있어요. 그러니까 정확히 말해 자기중심적 슬픔이란 분노 어린 슬픔에 가까운 거죠. 이렇게 분노가 뒤섞인 자기중심적 슬픔에 빠진 이들은 "세상의 모든 것을 자기 개인의 실패란 관점, 즉 특정한 불의의 관점에서 판단"하는 경향이 있죠. 쉽게 말해 이들이 불의를 판단하는 기준은 그것이 자신을 불행하게 만든 것이냐 아니냐에 달려 있어요. 이런 이유로 외로움에 빠진 이들은 경제적이든, 사회적이든, 정치적이든 공통의 이익에 기초를 두고 판단하거나 행동하지 못하게 돼요. 무엇보다 이들은 '자신의 쓸모없음' 때문에 이미 자신에 대한 신뢰마저 상실한 상태라 세상과 교류하는 자신의 경험조차 신뢰하지 않아요.

정리하자면, 외로움은 이미 관계의 단절이 일어났다는 점에서 타자의 상실을, 자기 자신에 대한 신뢰가 무너진다는 점에서 자아의 상실을, 마지막으로 세계 속에 존재하는 의미를 잃어버린다는 점에서 세계의 상실을 연속적으로 동반하는 거죠.

아렌트는 이렇게 자아도, 타자도, 세상도 상실한 인간에게 남겨진 유일한 정신적 능력은 세상의 경험과 분리된 '논리적' 추론이라고 말해요. 경험 속에서 타인과 사회에 대한 신뢰를 상실

** Hannah Arendt, 〈앞의 책〉, p.315.

한 인간에게 믿을 수 있는 것은 자명한 공리뿐이니까요. 아렌트의 표현을 그대로 옮기자면 이래요. "2+2=4라는 자명한 공리는 절대적인 외로움의 조건 아래에서조차 뒤집힐 수 없다."* 그렇기에 외로운 사람들은 자명한 공리를 제시하며 구원을 약속하는 이데올로기에 쉽사리 빠져들어요. 외로움 속에서 허우적거리며 이데올로기에만 집착하는 이들에게 현실의 경험은 의미가 없어요. 이들에겐 이데올로기가 현실에 부합해야 하는 것이 아니라, 현실이 이데올로기에 부합해야 하니까요. 이데올로기에 부합하지 않는 경험은 이데올로기를 실현하는 과정에서 생겨나는 예외이거나 불가피한 희생에 불과하죠. 역사의 단계적 발전을 내세우는 공산주의가 그랬고, 인종의 진화를 내세우는 나치즘이 그랬어요. 이것이 바로 아렌트가 나치나 스탈린 체제와 같은 전체주의가 대중의 지지 속에 유지된다고 주장하는 주요한 이유예요. '전체주의는 외로워진 대중의 지지로 유지된다!'**

그래서 아렌트의 '외로움'에 대한 경고는 매우 의미심장해요.

> 비전체주의 세계에서 인간이 전체주의적 지배를 예측하게 하는 것은, 한때는 우리가 노인과 같이 어떤 소외된 사회적 조건에서 겪는 고통이라 보았던 외로움이 우리의 세기에 그 규모가 계속

* Hannah Arendt, 〈앞의 책〉, p.477.

** Hannah Arendt, 〈앞의 책〉, p.306.

커지고 있는 대중들의 일상적 경험이 되고 있다는 사실에 있다.*

아렌트의 이러한 분석은 21세기 우파 포퓰리즘의 등장과 함께 새롭게 주목받고 있어요. 대표적으로, 노리나 허츠는《고립의 시대》에서 미국의 도널드 트럼프를 비롯해 전 세계적으로 확산된 우파 포퓰리즘이 외로움과 밀접한 관련을 맺고 있다고 주장해요. 외로움이야말로 "어째서 그렇게 많은 사람이 최근 몇 년간 포퓰리스트 지도자, 특히 우파 포퓰리스트에게 표를 주었는지 설명해 주는 가장 중요하면서도 종종 간과되는 동인"이라고 강조하면서 말이죠.** 허츠는 '이웃, 공동체, 친구'를 언급하지 않는 유권자들일수록 트럼프를 지지한다고 답한 비율이 높았음을 지적해요.***

그럼 허츠가 근거로 제시한 다양한 통계들을 잠시 함께 살펴볼까요? 2016년 '미국 선거와 민주주의 연구 센터'가 미국인 3,000명에게 육아, 금전적 지원, 관계에 대한 조언, 차 얻어 타기 등 다양한 도움이 필요할 때 누구에게 의지하느냐고 질문했어요. 이에 트럼프에게 투표한 유권자는 힐러리나 샌더스에게 투표한 유권자보다 이웃이나 공동체, 친구 등을 언급하지 않고 그냥 스스로 해결한다고 응답한 비율이 더 높았어요. 실제 트럼프

* Hannah Arendt, 〈앞의 책〉, p.478.

** 노리나 허츠, 〈앞의 책〉, 71쪽.

*** 노리나 허츠, 〈앞의 책〉, 73쪽.

의 지지층은 가까운 친구나 지인이 더 적다고 응답하거나 일주일간 그들과 보내는 시간이 더 짧다고 답변했어요. 2016년 공화당 예비선거에서 공공종교연구소가 조사한 바에 따르면, 트럼프 지지자는 당시 경쟁 후보인 테드 크루즈의 지지자에 비해 운동팀, 독서회, 학부모회 등과 같은 공동체 활동에 좀처럼 또는 전혀 참여하지 않는다고 답한 비율이 2배나 높았어요.

미국뿐만이 아니에요. 유럽에서 15년간 17개 국가의 6만 명을 대상으로 한 연구 결과를 봐도 자원 활동을 자주 하거나 마을 조합 등을 통해 모임을 갖는 시민들은 그렇지 않은 사람보다 우파 포퓰리스트 정당에 투표할 가능성이 낮았다고 해요. 라틴아메리카 지역에서도 비슷한 결과가 나왔는데, 공동체와 더 광범위한 관계를 맺고 있을수록, 주변에 의지할 사람이 있다고 느낄수록, 우파 포퓰리스트에 덜 현혹되는 경향을 보였다고 해요.

이런 통계를 기반으로, 허츠는 서로 연관이 있다는 뜻의 '상관관계'가 원인과 결과를 나타내는 '인과관계'를 의미하는 것은 아니라는 점을 인정하면서도, 우파 포퓰리즘을 지향하는 정치적 성향과 외로움 사이에 강력한 고리가 있다는 것은 부정할 수 없는 사실이라고 주장하죠.

결론적으로 외로움은 한 개인의 삶을 무너뜨릴 뿐만 아니라 공동체의 삶 또한 위협하고 있으며, 실제로 민주주의를 위협하는 단계에까지 와 있다고 볼 수 있어요.

우리는
얼마나 외로울까?

앞에서 외로움에 대해 이야기하며 주로 외국 사례를 다루다 보니 우리 사정은 어떤지 이야기할 기회가 별로 없었어요. 사실 이와 관련한 자료가 많지 않은 상황이라 제한적인 자료들을 가지고 서로 비교해 가면서 봐야 해요.

서두에서 잠깐 이야기를 했는데, 2018년 1월 영국에서 외로움부 장관이 임명되고 난 뒤, 우리나라에서도 같은 해 4월 한국리서치가 최초로 외로움에 대한 여론조사를 실시했어요. 팬데믹 이전에 실시한 조사라 전염병의 대유행과 대규모 격리 같은 문제와 상관없이 외로움이 어떤 모습으로 확산되고 있는지 살펴볼 수 있기 때문에 다른 조사들과 함께 참고하면 우리나라 상황을 이해하는 데 상당한 도움이 되죠.

이 여론조사에서 응답자들의 26%가 지난 한 달 동안 상시적 외로움, 그러니까 '거의 항상' 혹은 '자주' 외로움을 느낀다고 답했어요. 이와 비교할 만한 자료로는 2017년 발표된 '더 나은 삶 지수Better Life Index'가 있는데, 이는 경제협력개발기구(OECD)가 각국의 삶의 질을 보여 주기 위해 2011년부터 2년마다 조사해 발표하는 자료예요. 이 조사에는 공동체 연계를 측정하는 항목으로 꼭 들어가는 질문이 있어요. '곤란한 상황에 처했을 때 도움을 청할 가족이나 친구가 있는가?' 앞에서 외로움의 본질적인 측면이 다른 사람들로부터 버려졌다는 느낌이라고 말했었죠. 그러니까 결국 이 질문은 공동체 연계를 측정하는 지표이자 외로운 정도를 나타내는 간접적 지표이기도 해요.

2017년에 발표된 이 지표에서 우리나라 사람들은 '곤란한 상황에 처했을 때 도움을 청할 가족이나 친구가 있는가?'라는 질문에 75.9%가 그렇다고 답했어요. 그렇다면 대략 24% 정도가 그렇지 않다는 거죠. 이는 2018년에 발표된 한국리서치 보고서에서 상시적으로 외로움을 느낀다고 응답한 사람이 26%였다는 것과 비슷한 수치예요.

제가 한 강의에서 이 자료를 소개했더니 수강자 한 분이 "76%면 엄청 높네요." 이렇게 말씀하시더군요. 하지만 당시 조사에서 우리나라는 OECD 41개국 중 41위로 꼴찌였어요. 멕시코가 우리보다 한 단계 높은 40위로 80.1%였고요. 2018년 외로움부 장관까지 임명한 영국이 93%라는 높은 수치를 기록한 게 무척이나 충격적이죠. 2년마다 발표되는 이 공동체 연계 지표에서 우리나라는 거의 최하위를 기록하고 있는 상황이에요.

다시 한국리서치의 보고서로 돌아가 볼까요. 이 여론조사를 바탕으로 볼 때, 우리나라 사람들이 외로움을 느끼는 경향은 다음과 같이 세 가지로 정리할 수 있어요.

첫째, '젊을수록 외롭다.'

특히 20대와 30대가 외로워요. 이 조사에만 한정하면 우리나라는 60대보다는 50대가, 50대보다는 40대가, 40대보다는 30대가, 30대보다는 20대가 더 외로운 것으로 나타나요. 특히 20대에서는 외롭지 않다고 답한 비율이 15%밖에 되지 않는 걸 볼 수 있어요.

세대별 외로움 체감도

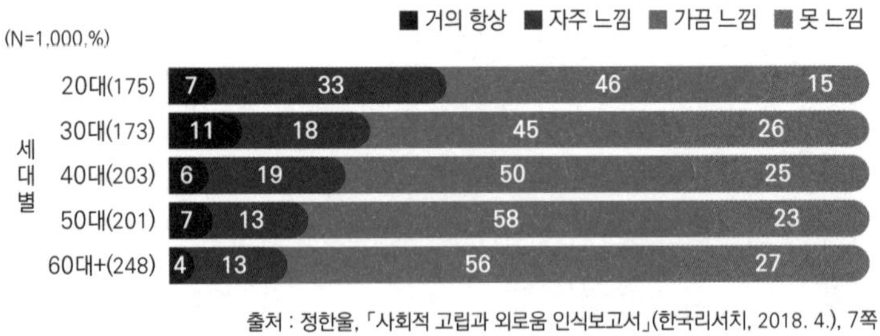

출처 : 정한울, 「사회적 고립과 외로움 인식보고서」(한국리서치, 2018. 4.), 7쪽

둘째, '1인 가구일수록 외롭다.'

1인 가구에서는 '거의 항상' 혹은 '자주' 즉, 상시적 외로움을 호소한 비율이 46%에 이르렀어요. 한편 외롭지 않다고 응답한 비율은 10%밖에 되지 않았죠. 반면 2인 가구에서는 상시적인 외로움을 느끼는 사람이 21%로, 외로움을 느끼지 않는다고 답한 26%와 비율이 거의 비슷했어요. 3인 가구와 4인 가구 이상에서도 외로움을 느끼는 이와 느끼지 않는 이의 비율이 서로 비슷한 걸 볼 수 있죠. 이처럼 1인 가구에서 상시적 외로움을 호소하는 사람이 가장 많은 것으로 보아 앞으로 이 요인을 집중적으로 살펴볼 필요가 있다는 생각이 드네요.

가구 유형이 외로움에 미치는 영향

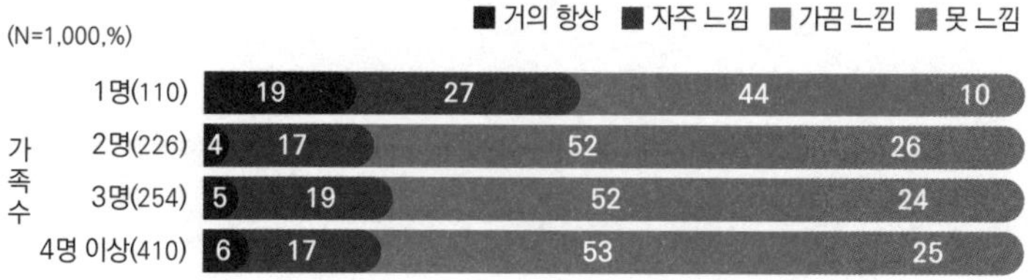

출처 : 정한울, 「사회적 고립과 외로움 인식보고서」(한국리서치, 2018. 4.), 8쪽

셋째, '일정 소득 이하일 경우 외롭다.'

특히 가구 소득 200만 원 이하에 속한 사람들 중 상시적 외로움을 느낀다고 응답한 비율은 39%에 이르렀지만, 외로움을 느끼지 않는다고 응답한 비율은 11%에 불과했어요. 가구 소득

200만 원 이상에서도 상시적 외로움을 호소한 이들의 비율은 비슷했지만, 소득이 높을수록 외롭지 않다는 대답이 증가하는 걸 볼 수 있어요. 이는 소득이 어느 정도 외로움의 대체재가 된다는 거로 해석할 수 있는 부분이에요.

소득이 외로움에 미치는 영향

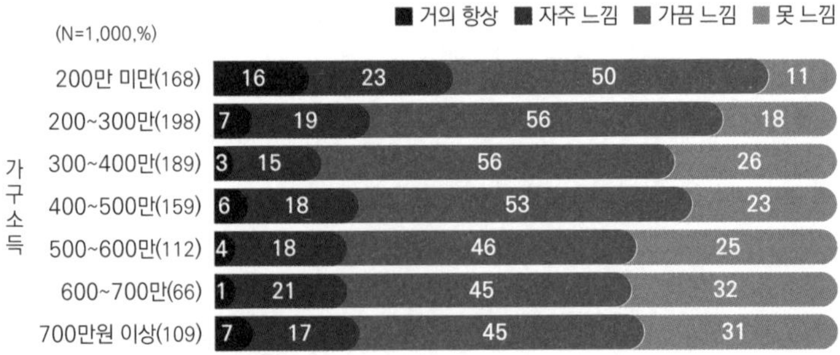

출처 : 정한울, 「사회적 고립과 외로움 인식보고서」(한국리서치, 2018. 4.), 8쪽

이 내용들을 정리해 보면, 우리나라에선 '젊을수록, 혼자 살수록, 일정 소득 이하일수록 외롭다.'라는 걸 알 수 있어요.

그렇다면 이 세 가지는 서로 분리된 요소들일까요? 앞에서 1인 가구에서 가장 많은 이들이 외롭다고 응답한 것에 주목하사고 했었죠. 그럼 이 1인 가구를 중심에 두고 이야기를 해 볼까요.

우선 1인 가구의 세대 구성 비율을 살펴볼게요. 2022년 7월 통계청이 내놓은 〈2022 통계로 보는 1인 가구〉에 따르면, 2021년 기준 우리나라의 1인 가구는 전체 가구의 33.4%로 716만 6,000가구에 이르고 있어요. 그러니까 2021년을 기점으로 세 가구 중 하나는 혼자 사는 셈인 거죠. 이 중 29세 이하가 차지하는 비율은 19.8%로, 1인 가구 5명 중 1명이 29세 이하예요. 그 다음으론 30대가 17.1%, 60대가 16.4%로 뒤를 이었어요. 이 통계를 통해 1인 가구에 가장 외로운 세대인 20대들이 몰려 있다는 걸 알 수 있죠. 청년 인구가 점점 줄어들고 있는 상황에서 특히 1인 가구 중 20대가 차지하는 비율은 주목해 볼 필요가 있다는 생각이 드네요.

게다가 이 보고서에 따르면, 1인 가구의 연간 소득은 2,691만 원으로 전체 가구 소득의 42% 수준밖에 되지 않아요. 2021년 기준 국민기초생활보장 수급을 받는 1인 가구는 116만 1,000가구로, 수급 대상 가구 중 70.9%가 1인 가구예요. 특히 젊은 층은 노동력을 갖고 있다는 이유로 기초생활보장 수급에서 배제된다는 점까지 고려하면, 1인 가구의 빈곤은 심각한 상황이에요. 2022년 6월 한국보건사회연구원이 발표한 〈2022년 빈곤통계연보〉에는 1인 가구의 빈곤한 상황이 좀 더 명확히 드러나 있는데, 이에 따르면 1인 가구의 빈곤율은 무려 47.2%에 육박하고 있어요. 그런데 한국보건사회연구원의 〈2015년 빈곤통계연보〉를 보면, 1인 가구의 상대 빈곤율은 2006년 40.6%에서 2014년 47.6%로 높아진 데 반해, 같은 기간 1인 가구를 제외한 2인 이상 다인 가구의 상대 빈곤율은 13.7%에서 12.8%로 낮아진 걸 볼 수 있어요. 이 통계를 보면 1인 가구의 상대 빈곤율이 다인 가구의 4배에 이른다는 사실을 알 수 있죠.

결국 1인 가구에 청년 세대와 저소득층이 압도적으로 많다는 건 이 세 가지 요인이 상관관계를 지니고 있다는 걸 보여 주죠. 문제는 우리나라에서 1인 가구의 비율이 폭발적으로 늘어나고 있다는 거예요. 2022년 기준 우리나라 1인 가구의 비율은 전체 가구의 34.5%로, 1년 사이에 1.1%나 늘어났어요. 1년 기준으로 보면 이건 엄청난 수치예요. 시기를 좀 넓히면, 2015년 27.2%였던 것이 7년 사이 무려 7.3%나 늘어났다는 걸 알 수 있죠. 통계청은 2050년이 되면 이 수치가 39.6%에 이를 것으로 전망해요. 1인 가구와 관련해 2020년 한국경제연구원이 내놓은 〈1인 가구의 특성 분석과 경제적 영향〉이라는 보고서가 있는데, 여기엔 '1인 가구가 늘어날수록 분배는 악화되고, 빈곤율도 상승한다.'는 결과가 제시되어 있어요.

이제 외로움을 만드는 세 가지 요소 '젊다는 것, 혼자 산다는 것, 소득이 낮다는 것'이 서로 밀접한 연관을 맺고 있는 게 보이죠?

이런 경향은 다른 조사에서도 유사하게 나타나요. 시장조사 전문 기업인 '엠브레인 트렌드모니터'가 실시한 〈2023년 외로움 관련 인식 조사〉에서 응답자의 90.8%가 "사회 전반적으로 '외로움'을 느끼는 사람이 많은 것 같다."고 답한 것으로 볼 때, 대다수의 사람들이 우리 사회가 외로워지고 있다고 생각하는 것 같아요. 또한 아래 그림에서도 볼 수 있듯, 거의 모든 세대에 걸쳐 '자신이 속한 세대가 외로움을 가장 많이 겪고 있다.'라고 답한 것으로 보아, 이 문제가 모든 세대에 해당한다는 것도 알 수 있죠. 특히 20대의 경우 60.4%가 '자기 세대가 가장 외롭다.'고 답했는데, 이는 모든 세대 중 가장 높은 수치로 이들이 얼마나 이 문제를 심각하게 받아들이고 있는지 보여 줘요. 실제로, 외로움을 느끼는 정도에 있어서도 20대 응답자의 58.8%가 '평소 외로움을 느끼는 편'이라고 대답해 일상에서 가장 외로움을 많이

'외로움'을 많이 느끼는 연령대

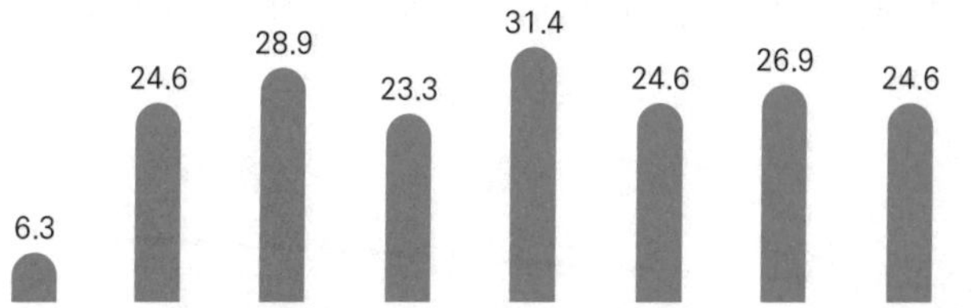

	10대	20대	30대	40대	50대	60대	70대	80대 이상
20대 (250)	8.8	60.4	50.4	8.8	13.6	14.4	18.4	20.0
30대 (250)	7.2	22.8	49.6	30.4	20.8	23.2	18.4	17.6
40대 (250)	2.4	8.4	11.2	45.2	42.8	25.2	32.0	23.6
50대 (250)	6.8	6.8	4.4	8.8	48.4	35.6	38.8	37.2

(Base : 전체, N=1,000, 단위 : 중복 %)
출처 : 〈2023년 외로움 관련 인식 조사〉(엠브레인 트렌드모니터)

느끼는 세대로 드러났죠.

더하여 응답자의 37.7%가 일상에서 외로움을 느끼는 가장 큰 이유로 '경제적 여유가 없다.'를 꼽은 것에서 우리는 외로움과 소득 간의 상관관계 또한 파악할 수 있어요. 비슷한 결과를 보여 주는 또 다른 자료로 2022년 서울연구원이 내놓은 〈서울시 1인 가구의 사회적 외로움 및 고립 실태와 대응 전략〉이 있는데, 이 조사에 참여한 1인 가구 3,000명 중 62.1%가 외로움을 느낀다고 답했어요. 여기서도 외로움이 '20대, 소득, 1인 가구'와 어떠한 연관이 있는지 살펴볼 수 있죠.

짧게 정리하자면 이렇게 말할 수 있겠네요. '우리 사회가 전체적으로 외로움에 시달리고 있지만, 특히 청년 세대가 적정한 소득 없이, 혼자 살면서, 더욱더 외로워지고 있다.'고 말이죠.

20대,
외로운 세기의
가장 외로운 세대

우리 사회가 더 주목해야 할 문제는 앞서 보았듯이 젊은 세대일수록 더 기댈 곳이 없고, 외로움에도 더 많이 시달리고 있다는 점이에요. 그리고 이렇게 외로움에 시달리는 이들일수록 극단적으로 사회와 분리되어 스스로 고립과 은둔을 택하는 경우가 많아요. 2022년 서울시는 〈서울시 고립·은둔 청년 실태 조사 보고서〉를 내놓았어요. 서울시에 거주하는 만 19~39세 사이의 청년 중 총 5,221가구 6,929명을 온라인과 심층 인터뷰를 통해 조사한 결과였죠.

이 조사에서 은둔과 고립의 기준은 뭘까요? 은둔은 외출이 거의 없는 상태가 최소 6개월 이상 유지된 걸 말해요. 자기 방에서 거의 나오지 않거나, 방에서 나오긴 하지만 집 밖으로 나가지 않거나, 집 밖으로 나가더라도 인근 편의점이나 간단한 취미 생활만을 위해 외출하는 경우예요. 지난 1주일간 경제활동이 전혀 없고, 1개월 이내에 직업을 구하거나 학업을 하려는 활동을 전혀 하지 않은 청년들도 여기에 해당되죠.

고립은 정서적 또는 물리적 고립 상태가 최소 6개월 이상 지속된 상태예요. 정서적 고립이란 중요하거나 어려운 일이 있을 때 조언을 구할 수 있는 사람, 급한 일이 있을 때 부탁할 수 있는 사람, 개인적으로 돈을 빌려야 할 때 부탁할 수 있는 사람, 낙심하거나 우울할 때 속마음을 털어놓을 수 있는 사람이 없는 상태예요. 물리적 고립은 친척이나 가족 이외에 친한 친구나 친한 사람과의 대면 교류 그리고 직장, 학교, 동네 등에서 알고 지내는 사람과의 대면 교류가 1년에 한두 번 이하 또는 전혀 없는 상태예요.

조사 결과를 보면 서울시에 거주하는 청년 중 고립된 사람은 3.3%, 은둔하고 있는 사람은 1.2%로 둘을 합쳐 총 4.5% 정도예요. 이걸 숫자로 바꾸면, 고립된 청년들이 9만 3,820명에서 9만 6,056명 정도이고, 은둔하고 있는 청년들은 3만 3,009명에서 3만 3,796명으로 총 12만 6,829명에서 12만 9,852명 정도가 고립 및 은둔 상태에 있는 걸로 추산돼요. 이걸 전국적 차원으로 확대해 보면 61만 명에 이르러요.

이렇게 고립된 청년들은 몸과 마음의 건강 또한 위험한 상

고립·은둔의 정의

항목	내용
은둔	**다음의 3가지 기준을 모두 충족한 자로 정의함.** • 현재 외출이 거의 없으며 본인의 방 또는 집 안에서만 생활하는 자로, 다음의 4가지 사항 중 하나에 해당함. (1) 보통은 집에 있지만, 자신의 취미 생활만을 위해 외출함. (2) 보통은 집에 있지만, 인근 편의점 등에는 외출함. (3) 자기 방에서 나오지만, 집 밖으로는 나가지 않음. (4) 자기 방에서 거의 나오지 않음. • 위의 외출이 거의 없는 은둔 생활이 최소 6개월 이상 유지되어 왔음. • 지난 1주일간 경제 활동이 없었고, 1개월 이내에 구직 활동 및 학업을 전혀 하지 않았음.
고립	**다음의 2가지 기준을 모두 충족한 자로 정의함.** • 현재 정서적 또는 물리적 고립 상태에 놓인 자로, 다음의 조건 중 1가지 이상 해당함. (1) 정서적 고립 : 아래 4가지 상황에서 도움을 구할 수 있는 사람이 전혀 없음 ① 중요하거나 어려운 일이 있을 때 조언을 구할 수 있는 사람 ② 급한 일이 있을 때 부탁할 수 있는 사람 ③ 개인적으로 돈을 빌려야 할 때 부탁할 수 있는 사람 ④ 낙심하거나 우울할 때 속마음을 털어놓을 수 있는 사람 (2) 물리적 고립 : 아래의 가족, 친척 외 사람들과 대면 교류가 1년에 한두 번 이하 또는 전혀 없음. ① 친한 친구나 친한 사람과의 대면 교류 ② 이외 직장, 학교, 동네에서 알고 지내는 사람들과의 대면 교류(업무상 교류는 제외) • 위의 정서적 또는 물리적 고립 상태가 최소 6개월 이상 유지되어 왔음.

출처 : 〈서울시 고립·은둔 청년 실태 조사 보고서〉(2022)

태예요. 고립·은둔 청년의 43.2%는 자신의 건강 상태가 '나쁘다'고 생각하는데, 이는 서울시 청년들 중 자신의 건강을 나쁘다고 여기는 숫자보다 약 3배나 많은 수치예요. 고립·은둔 청년 대부분은 가벼운 수준 이상의 우울을 경험하고 있고, 그중 39.9%는 '중증 수준의 우울', 18.3%는 '심한 우울'에 빠져 있어요. 서울시 청년 대비 각각 1.5배, 4배 정도 높은 수치죠. 고립·은둔 청년의 70% 정도는 나와 같이 있어 줄 사람, 도움을 청할 사람 없이 홀로 남겨진 채 사람들 사이에 고립되어 있다고 느끼는 것으로 나타났어요. 그러다 보니 정신 건강 관련 약물을 복용하는 비율 또한 18.5%로 서울시 청년 대비 2배가량 높았고, 약물 복용 기간이 5년 이상인 경우도 51.1%나 됐어요.

고립·은둔 청년 중 55.7%는 이 상황에서 벗어나고 싶은 의향을 가지고 있고, 이런 의향을 가진 청년 중 43%는 실제로 벗어나기 위해 노력도 했다고 해요. 하지만 많은 청년이 노력했음에도 이 같은 상황을 벗어날 수 없었다는 씁쓸한 결과는 혼자만의 노력으론 외로움에서 탈출하기 쉽지 않다는 걸 의미하죠.

고립·은둔 청년 규모 추정 결과

	비율	추산인원
고립·은둔 전체	4.5%	126,829명~129,852명
고립	3.3%	93,820명~96,056명
은둔	1.2%	33,009명~33,796명

출처 : 〈서울시 고립·은둔 청년 실태 조사 보고서〉(2022)

이렇게 사회적 도움 없이 모든 사람에게 버려진 채로 외로움에 시달리는 사람들은 때로 자신의 몸을 상하게 하거나 자해를 하기도 해요. 그런데 그게 알고 보면 '내가 여기에 있다, 나를 도와 달라!' 이렇게 외치면서 신호를 보내는 걸 수도 있어요. 자신의 몸을 해치면서까지 다른 사람에게 자신도 여기 존재하고 있다는 걸 알리려는 마지막 몸부림인 거죠. 이중 가장 극단적인 표현 방법이 바로 자살 시도예요. 이제 여러분에게 '2020년 자살 시도자 현황'을 보여 드릴 건데요, 이건 흔히들 말하는 자살률과는 달라요. 자살률은 자살로 인해 목숨을 잃은 사람의 수를 국가가 공식적으로 집계한 통계예요. 목숨을 잃지 않은 사람들은 통계에 잡히지 않죠. 보통 자살률에선 70대와 80대가 압도적으로 높아요.

반면 자살 시도자 현황은 자살을 시도해서 응급실에 내원한 사람들의 숫자를 파악한 거예요. 이건 국가가 파악한 공식 통계가 아니고, 이 문제를 다루는 국가 기관이 비공식적으로 파악한 숫자예요. 이 점을 정확히 한 다음, 함께 2020년 (도움을 구하려는 절박한 표현으로서) 자살 시도자 현황을 살펴보죠.

아래 그래프에서 볼 수 있듯 자살 시도자는 20대가 압도적으로 많아요. 70대와 80대가 압도적이었던 자살률과는 사뭇 다른 결과죠. 행정안전부의 통계에 따르면 2021년 기준 20대는 전체 인구의 13.1%, 70대 이상은 11.1%를 차지하고 있어요. 그 비중을 고려하면서 아래 그래프를 보면 20대의 자살 시도가 얼

2020년 응급실 내원 자살 시도자 현황

※대상 : 응급의료기관 66개소

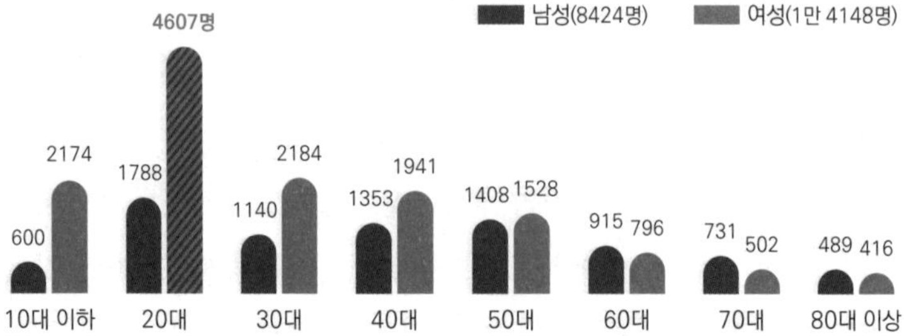

자료 : 보건복지부, 응급실 기반 자살시도자 사후관리사업 사후관리시스템
출처 : 〈응급실서 확인한 '조용한 학살' … 20대 여성 자살 시도 34% 늘었다〉, 한겨레(2021.5.4.)

마나 높은지 알 수 있어요. 이는 20대들이 아무한테도 도움을 받지 못한 채 고립되어 있다는 걸 간접적으로 보여 주는 지표라 할 수 있어요.

외로운 세기에 가장 외로운 세대가 된 20대들의 한 단면이 보이는 것 같아 가슴이 먹먹하네요. 하지만 이 먹먹함은 단지 '20대들이 불쌍하다.'는 식의 연민은 아니에요. 다른 세대가 특정 세대를 불행한 세대로 보는 관점엔 경계해야 할 부분이 있어요. 제가 느끼는 먹먹함은 '청년 세대가 도움받을 곳이 없다는 감정에 시달리고 있구나.'라는, 그들의 처지에 대한 공감이라고 해 두고 싶어요.

만약 우리가 이러한 현실에 공감한다면, 반드시 해야 하는 질문이 있어요.

"무엇이 우리를, 그중에서도 특히 청년 세대를 외롭게 만들고 있는가?"

이 질문에 답하기 위해 다음 장에서는 21세기에 주목해야 할, 우리를 외롭게 만드는 두 가지 결정적 요인을 집중적으로 살펴볼 거예요.

첫째, 인공지능AI으로 대표되는 '디지털 기술'의 발전
둘째, 우리 사회의 지배적 이데올로기인 '능력주의'

이제 하나씩 살펴볼까요?

2장

외로움이 '디지털'을 만날 때

"당대의 가장 전망 있어 보이는 테크놀로지가 (…) 실제로 전개된 현실은 크게 달랐고 디지털 테크놀로지는 공유된 번영의 무덤이 되었다. (…) 세계화, 노조의 약화 등 수많은 요인이 있었겠지만 가장 중요한 요인은 테크놀로지의 방향 선회였다. 디지털 테크놀로지는 노동자의 업무를 자동화했고, 자본에 비해 노동에 불리하게, 그리고 대졸이나 대학원졸 노동자에 비해 저학력 노동자에게 불리하게 작용했다."

— 대런 아세모글루Daron Acemoglu, 사이먼 존슨Simon Johnson
《권력과 진보Power and Progress: Our Thousand-Year Struggle Over Technology and Prosperity》 중에서

우리는 1장에서 21세기가 가장 외로운 세기가 되었다는 사실을 직시하면서 외로움이 무엇인지, 외로움이 왜 개인과 사회 양쪽 모두에게 위험한지, 외로움이 실제로 누구에게 어떤 영향을 주고 있는지 등을 살펴봤어요.

정말 아이러니한 건 이렇게 외로워진 21세기가 '초연결망의 세기'이기도 하다는 사실이에요. 스마트폰을 통해 일상생활의 구석까지 파고든 디지털 기술이 사람들 간의 거리를 그 어느 때보다 좁혀 놓고 있죠. 하지만 이 디지털 기술 때문에 사람들이 오히려 더 외로워졌다는 얘길 심심치 않게 들을 수 있어요. 저 역시 이 기술이 우리를 외롭게 만드는 중요한 요소 중 하나라는 데 동의해요.

그렇다면, 디지털 기술이 어떻게 우리를 더 외롭게 만드는 걸까요? 이에 답하기 위해 저는 다음과 같이 구체적인 질문들을 던져 볼 거예요.

"첫째, 디지털 기술이 만드는 분배 격차가 왜 문제인가?"

이 질문을 통해 불평등과 외로움의 상관관계에 대해 이해해 보려 해요.

"둘째, 디지털 기술은 어떻게 분배 격차를 만드는가?"

디지털 기술에 분배 격차를 부추기는 속성이 있는지, 있다면 과연 어떻게 작동하는지, 더 나아가 디지털 기술이 일자리 지형을 어떻게 바꾸고 있는지 등을 살펴보려 해요.

"셋째, 새롭게 등장한 대화형 인공지능은 인간을 어떻게 더 외롭게 만드는가?"

이 질문을 좀 더 구체적으로 풀어 보면 다음과 같아요. "관계가 단절되고 사람들이 고립되어 가는 가장 외로운 시대에 때마침 등장한 대화형 인공지능은 인간의 관계에 어떤 영향을 미치게 될까?" 다시 말해, 급격히 변화하는 '인간과 기계의 관계'가 '인간과 인간의 관계'에 어떤 영향을 미치게 될 것인지 알아보려 해요.

외로움이
'디지털'을 만날 때

21세기는 외로움의 시대일 뿐만 아니라 비약적인 기술 발전의 시대이기도 해요. 20세기 중반에 등장한 디지털 기술은 후반기 들어 급격히 성장했어요. 그리고 21세기에 접어들어서는 우리들의 일상 속에 완전히 자리 잡았죠. 그 증거가 바로 여러분이 매일 쓰고 있는 스마트폰이에요. 스마트폰. 여러분, 이 물건이 언제 처음 나왔는지 기억나세요? 잠시 생각할 시간을 드릴게요. 언제일까요? 정확히 말씀드리면 2007년 1월에 스티브 잡스가 최초로 제대로 된 스마트폰을 공개했고, 그해 6월부터 판매되기 시작했어요. 계산해 보면 이제 겨우 16년 정도 된 기술인 거예요. 그런데 가격도 만만치 않은 이 물건이 처음 출시되자마자 정말 빠르게 보급되었고, 10년도 지나지 않은 시점엔 이미 수많은 사람이 스마트폰 없이는 제대로 생활할 수 없는 지경에까지 이르렀어요. 스마트폰에 중독된 인간이 탄생한 거죠.

이는 스마트폰 보급율과 관련된 통계를 보면 금방 드러나요. 독일에 100만 건 이상의 각종 통계 자료를 보유하고 있는 스태티스타Statista라는 시장 및 소비자 조사 업체가 있어요. 이곳에서 내놓은 자료를 보면 2020년 기준으로 세계 인구 78억 명 대비 스마트폰 보급률은 78.05%예요. 그러니까 15년도 채 되지 않아 전 세계 인구 5명 중 4명이 스마트폰을 쓰고 있는 거죠. 2020년 통계니까, 그나마 이건 코로나19의 영향이 제대로 반영조차 안 된 거예요.

그런데 우리나라는 이보다도 훨씬 높아요. 한국 갤럽이 2022년 6월에 실시한 〈2012-2022 스마트폰 사용률 & 브랜드, 스마트워치, 무선이어폰에 대한 조사〉를 보면, 우리나라 성인의 스마트폰 사용률은 2012년 1월 53%에서 그해 6월 60%, 2013년 2월 70%, 2014년 7월 80%, 2016년 하반기엔 90%를 돌파했어요. 2017년부터 2020년까지는 93%에서 정체된 모습을 보이는데, 이게 2021년 95%, 2022년 97%로 추가 상승해요. 코로나19의 영향이 반영된 걸로 볼 수 있죠. 스마트폰이 징밀 우리 생활이 된 거예요.

우리는 이를 두고 스마트폰 중독이라고 씁쓸해하지만, 철학적인 시각에서는 '스마트폰이 우리 신체의 일부가 되었다.'라고 표현해요. 마치 '외장 두뇌' 같은 역할을 하고 있다고 보는 거죠. 사실 우리는 신체의 기능을 외부에 위탁하는 경우가 많아요. 그리고 그걸 우리 신체의 일부처럼 여기죠. 대표적인 게 '안경'이에요. 저는 어려서부터 시력이 좋지 못해 안경을 오랫동안 썼어요. 그러다 보니 가끔 안경을 찾을 때면 저는 "내 눈 어디 갔어?" 이렇게 표현해요. 여러분 중에도 저랑 비슷한 분이 있을 거예요. 안경을 신체의 일부로 여기는 거죠. 사실 안경이 없다면 저도 장애를 경험할 거예요. 그러니 안경은 물건이긴 하지만, 본질적으론 우리 신체의 일부인 거죠.

스마트폰도 마찬가지예요. 스마트폰이 우리 두뇌가 해야 할 일을 대신 맡아서 해 주고 있죠. 그래서인지 인간의 두뇌가 퇴화될까 봐 걱정하시는 분들도 계시는 것 같아요. 하지만 정보가 넘쳐 나는 이 시대에 저는 오히려 두뇌가 해야 할 일이 너무 많아질까 봐 걱정이 돼요. 정보의 시대엔 기억하는 기능보다 판단하는 기능을 더 많이 쓸 수밖에 없는데, 간단히 말하면 수많은 정보 가운데 어느 정보가 더 나은 정보인가를 끊임없이 판단해야 하는 거죠. 저는 이게 오히려 더 높은 수준에서 우리 두뇌를 쓰는 일이라고 생각해요.

자, 이렇게 스마트폰이 우리 몸의 일부가 되다 보니 겉보기엔 마치 중독처럼 보이기도 해요. 하지만 전 이게 인간과 기계를 완전히 분리해서 생각할 때 생기는 편견일 수도 있다, 그렇게 생각해요. 최근에는 '정말 스마트폰이 내 몸의 일부구나.'라는 생각이 들 때가 많은데요, 여러분도 저와 비슷한 경험을 해 봤는지 궁금하네요. 저는 요즘 밤에 잠을 자다 깨면 아무 이유 없이 스마트폰을 열어 보는 습관이 생겼어요. 특별한 목적 없이 말이죠. 내가 왜 이러나 생각해 보니 이게 내 몸이 잘 작동하고 있는지, 무슨 문제는 없는지 확인하는 거더라고요. 이렇게 스마트폰이 우리 삶의 일부가 된 현상을 놓고, 2015년 영국의 저명한 경제지 《이코노미스트》는 〈스마트폰의 행성〉이란 기사에서 이제 우리 인류가 호모 사피엔스Homo Sapiens에서 스마트폰과 결합한 형태, 즉 포노 사피엔스Phono Sapiens가 되었다고 표현했어요.

그런데 이렇게 우리 생활의 일부가 된 디지털 기술도 여러 문제들을 만들어 내고 있어요. 새롭고 혁신적인 기술이 하나 생기면 우리 삶의 모습도 급격하게 바뀔 수밖에 없으니까요. 예를 들어 '증기'라는 동력원의 발명은 산업혁명을 일으키고 산업화와 도시화라는 새로운 현상을 만들어 냈어요. 새롭게 등장한 동력원 하나가 갑자기 세상 전체를 바꾸어 놓은 것이죠. 당시 사람들이 얼마나 두려웠으면 '기계파괴운동'까지 벌였겠어요.

하지만 지금의 디지털 기술은 이전의 아날로그 기술보다 더 빠르게 세상을 바꾸고 있어요. 흔히 지난 20년 동안 일어난 변화가 그 이전까지 인류가 만들어 낸 변화를 모두 합친 것보다 더 크다고 표현하죠. 실제로 디지털 기술은 인류가 만든 기술 중에서 가장 빠르게 향상되고 있어요. 근데 그중에서 가장 심각한 문제는 디지털 기술이 만들어 내고 있는 분배 격차예요.

'디지털 경제' 관련 연구에서 두각을 나타내고 있는 매사추세츠공과대학교(MIT) 슬론경영대학원의 교수 에릭 브린욜프슨Erik Brynjolfsson과 앤드루 맥아피Andrew McAfee는 《제2의 기계 시대The Second Machine Age》에서 디지털 시대의 분배 방식이 갖는 특징에 대해 다음과 같이 설명해요.

> 각 집단에서 디지털 기술은 승자의 경제적 이득을 증가시키는 한편, 경제적으로 중요성이 떨어지는 사람에게는 보상을 훨씬 적게 해 주는 경향이 있다. (…) 생산성과 총소득이 경제 전체로 볼 때 증가해 왔다는 (…) 이 자그마한 희소식은 그러나 뒤처진 사람들에겐 별다른 위로가 되지 않는다. 이익이 아무리 크다 해도 그것이 상대적으로 소수의 승자 집단에게만 집중되고 나머지 대다수 사람은 전보다 열악해지는 상황이 벌어졌기 때문이다.*

간략히 말해 디지털 기술은 경제적 이득을 극단적으로 분배하는, 즉 '양극화'하는 경향이 있다는 거죠. 그리고 이런 양극화는 분배 불평등으로 이어지게 마련이에요.

* 에릭 브린욜프슨, 앤드루 맥아피, 《제2의 기계 시대》, 이한음 옮김(청림출판, 2014), 175쪽.

불평등이 만드는 심리 현상을 연구하는 리처드 윌킨슨Richard G. Wilkinson과 케이트 피킷Kate Pickett은 《불평등 트라우마The Inner Level》(2019)에서 "불평등은 우리가 그것에 어떤 이름을 붙이는가와 상관없이 실질적인 고통을 유발한다. 불평등이 커질수록 사회적 위협과 지위 불안이 커지고 위축과 복종, 종속 본능으로 이어지는 수치심을 유발한다."고 하면서, "지위 경쟁과 불안이 심화되면 사람들은 상냥함과 이타심을 잃고 남을 폄훼하는 경향이 증가한다."고 설명해요. 이는 우리가 흔히 말하는 '불신 사회'의 모습이죠. 결국 불평등이 증가할수록 사람들 간의 불신도 증가하게 되는 거예요.

이렇게 사회에 불신이 널리 퍼지면 사람들도 변하기 마련이에요. 이전보다 내향적으로 변하고, 이웃과의 왕래도 뜸해지며, 나쁜 인상을 줄까 봐 타인을 피하려는 경향이 강해지죠. 이렇게 불평등으로 인한 불신이 널리 퍼진 사회일수록 개인들이 홀로 남겨질 가능성은 높아지고, 심지어 스스로 홀로 남겨짐을 선택하는 경우도 점점 늘어나게 되죠. 결국 사람들이 외로워질 가능성 또한 더 커질 수밖에 없는 거예요. 그런데 엎친 데 덮친 격으로, 눈부신 속도로 발전하고 있는 디지털 기술이 사람들 사이의 분배 격차도 그만큼 빠르게 벌려 놓고 있는 상황이에요.

이 같은 디지털 기술의 비약적인 발전 속도와 함께 기술이 사람들 사이에 전파되는 형식 역시 급격한 변화를 겪고 있어요.

그 대표적인 사례가 2022년 11월 30일 공개된 '챗GPT'예요. 챗GPT는 '오픈에이아이'에서 개발한 자연어 생성 모델 인공지능이에요. 이 인공지능은 인간과 자연스럽게 대화하는 방식으로 정보를 전달해요. 한마디로 말해 인간처럼 대화할 수 있는 능력을 지니고 있는 거죠. 저는 이 바뀐 정보 전달의 형식이 인간의 삶에 큰 영향을 줄 거라 봐요. 이유가 뭐냐고요? 앞에서 언급했던 우리가 처한 현실, 즉 우리 인류가 가장 외로워진 세기를 살고 있다는 사실 때문이에요.

관계가 단절되고 사람들이 고립되어 가는 상황에서 등장한 '대화형' 인공지능은 인간의 관계에 어떤 영향을 미치게 될까요? 다시 말해, 급격히 변화하는 '인간과 기계의 관계'가 앞으로 '인간과 인간의 관계'에 어떤 영향을 미치게 될까요? 이 질문이 이 장에서 여러분과 함께 살펴볼 가장 중요한 질문이에요.

앞에서도 이야기했지만 강조하는 의미로 다시 한 번 말하면, 이에 관한 이야기를 다음과 같은 순서로 해 볼 거예요.

"첫째, 왜 디지털은 심각한 분배 격차를 만드는 걸까?"

여기엔 크게 세 가지 중요한 이유가 있어요. 첫 번째, 디지털 기술의 발전 속도가 너무 빠르다는 것. 두 번째, 디지털 기술을 바탕으로 하는 산업일수록 '네트워크 효과'가 너무 크다는 것. 세 번째, 디지털 기술이 중간 정도의 숙련을 필요로 하는 일자리를 줄이고 있다는 것. 여기에 더해 최근에 나타난 생성형 인공지능에 대해서도 알아볼 거예요.

"둘째, 외로움의 시대에 왜 대화형 인공지능의 등장이 큰 변수가 되는 걸까?"

여기서 우리는 정보 전달 방식의 변화가 외로움에 어떤 영향을 미치고 있는지 알아볼 거예요.

"셋째, 외로운 인류, 즉 '론리 사피엔스Lonely Sapiens'가 된 디지털 인류에게 적합한 새로운 공동체란 어떤 것일까?"

물론 여기에 대한 답은 아직 아무도 몰라요. 하지만 해답을 얻기 위해 어디서부터 시작해야 할지 함께 고민해 볼 거예요.

그럼 첫 번째 질문, 왜 디지털 기술이 양극화로 불러도 좋을 만큼 심각한 분배 격차를 만드는지에 대해 본격적으로 이야기해 볼까요?

왜 디지털은 분배 격차를 만들어 낼까? ① :

경이적인 발전 속도

'왜 디지털은 심각한 분배 격차를 만들어 낼까?' 이 질문에 대한 가장 간결하고 명확한 답은 디지털 기술의 경이적인 발전 속도에 있어요. 이 발전 속도를 설명할 때 가장 흔히 드는 예가 바로 '무어의 법칙Moore's law'이에요. 컴퓨터 산업이 태동하던 1965년, 《일렉트로닉스》라는 잡지가 반도체 기업 인텔의 공동 창업자 고든 무어에게 앞으로 컴퓨터의 연산 능력이 어떻게 발전하겠냐고 물어봤어요. 이때 무어는 앞으로 디지털 연산 능력이 1년마다 2배씩 증가하리라고 예측했죠. 이게 말이 2배지, 2년 차면 처음의 4배, 3년 차면 8배, 4년 차면 16배, 이렇게 늘어나게 돼요. 엄청나죠? 그나마 다행이라면 1975년에 이르러 무어가 2배씩 늘어나는 주기를 1년에서 2년으로 수정했다는 거예요. 그런데 시간이 지나며 그가 수정한 수치가 보수적이었다는 게 드러났어요. 대체로 18개월마다 2배로 늘어난다는 게 지금의 정설이에요. 근데 정확한 기간이 얼마냐와 상관없이 무어의 법칙이 지난 반세기 동안 대체로 맞았다는 사실에 대해선 의심할 바가 없어요. 바츨라프 스밀Vaclav Smil은 《세상은 실제로 어떻게 돌아가는가How the World Really Works》에서 이런 놀라운 발전 속도에 대해 다음과 같은 사례를 통해 명확하게 보여 줘요.

> 2019년 말, 미국 반도체 제조회사 '어드밴스드 마이크로 디바이스Advanced Micro Devices, AMD'는 395억 개의 트랜지스터를 집적한 중앙처리장치 에픽Epyc을 출시했다. 달리 말하면, 1971~2019년 마이크로프로세서 용량이 일곱 자릿수, 정확히 말하면 171억 배나 증가했다는 뜻이다. 이런 진전은 대규모 데이터 전송(지구 관측위성, 정찰위성, 통신위성이 보내는 자료), 전자메일과 음성 호출, 고도로 정교한 항해에 대한 새로운 수요를 수용하기에 충분하고도 남았다.*

더 놀라운 건 디지털 기술의 발전 속도가 인공지능의 영역에선 훨씬 더 빠르다는 사실이에요. 2023년 2월 구글 최고경영

* 바츨라프 스밀, 《세상은 실제로 어떻게 돌아가는가》, 강주헌 옮김(김영사, 2023), 230쪽.

자인 순다르 피차이가 대화형 인공지능 '바드'를 소개하면서 무어의 법칙에 나오는 주기가 6개월로 줄어들었다고 밝혔어요. 무어의 예측보다 4배, 일반적으로 합의된 속도보다도 3배나 더 빨라진 거예요. 엄청나죠? 그런데 미국 스탠퍼드대학교 인간중심지능연구소(HAI)와 국제 컨설팅 그룹인 맥킨지 등이 공동으로 발표한 〈인공지능 인덱스 2019 연례 보고서The AI Index 2019 Annual Report〉를 보면 피차이가 말한 것보다 속도가 더 빠른 것으로 보여요. 이 보고서에 따르면 2010년대 들어 인공지능의 성능이 향상되는 속도는 무어의 법칙보다 7배나 빠른 것으로 나와요. 2012년 이전에는 무어의 법칙과 비슷하게 발전하고 있던 인공지능이 2012년을 기점으로 폭발적으로 발전하기 시작한 거죠. 무어의 법칙대로라면 2012년부터 2019년 7월까지, 약 6년 6개월 동안 대략 10배 정도 성장했어야 할 인공지능의 성능이 실제로는 거의 30만 배가 좋아졌다는 거예요.

이 자료만 이런 결과를 보여 주는 게 아니에요. 아래 자료는 ARK 인베스트먼트에서 내놓은 AI 학습 모델의 연산 처리 능력을 보여 주는 그림인데, 1950년대 후반부터 2010년까지 2년마다 2배씩 성장해 온 것을 알 수 있어요. 특히 2012년 무렵부터 가파른 곡선을 그리며 성장하는 게 눈에 띄는데, 이후 해마다 거의 10배씩 성장하고 있다는 걸 확인할 수 있죠. 이건 정말 엄청난 속도인 게, 성능이 10만 배 향상되는 데 5년밖에 걸리지 않는다는 거거든요. 인공지능이 얼마나 무서운 속도로 발전하고 있

2012년을 전후로 한 AI 학습 모델의 연산 처리 능력의 변화

※ 페타플롭 : 1초당 1,000조 번 수학 연산 처리

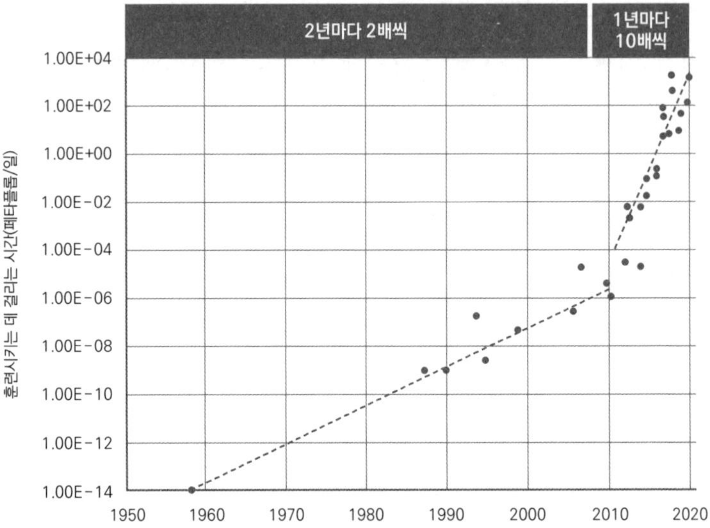

출처 : ARK 인베스트먼트, 스탠포드 DAWN 딥러닝 벤치마크(2020)

는지 이제 좀 실감이 나나요?

인공지능의 연산 능력이 좋아지니 자연스럽게 알고리즘을 훈련하는 데 걸리는 시간도 짧아지고 있어요. 예를 들어 2017년엔 이미지를 분류하는 대형 인공지능 '이미지넷'을 훈련시키는 데 3시간이 걸렸어요. 그러던 것이 2019년 7월엔 88초로 확 줄어들었어요. 속도만 빨라지는 게 아니라 정확도 역시 향상되

고 있는데, 2013년 62%이던 것이 2019년엔 85%에 이르고 있죠. 〈인공지능 인덱스 2022 연례 보고서The AI Index 2022 Annual Report〉를 보면 이미지 분류 시스템을 훈련시키는 데 드는 비용은 2018년 이래 63.6% 감소했고, 훈련에 걸리는 시간도 94.4% 감소했다고 나와 있어요.

이런 경이적인 발전 속도는 세계적인 석학 제프리 힌턴 박사의 행보에서도 읽을 수 있어요. 토론토대학교 교수인 힌턴 박사는 인공지능 분야에서 전 세계적으로 가장 탁월한 학자 중 한 명으로 꼽히는 인물이에요. 이 힌턴 교수가 개발한 '딥러닝deep learning' 기술이 바로 요즘 화제가 되는 그리고 이 장의 가장 중요한 주제 중 하나인 '대화형' 인공지능의 기반이 되었죠. 그런데 이분이 2023년 4월에 10년 동안 일해 오던 구글을 떠나면서 인공지능 기술의 발전과 관련해 자신이 잘못 예측했다고 고백했어요. 몇몇 사람들이 로봇이 사람보다 똑똑해질 거로 예측했을 때 자신은 그게 앞으로 30년에서 50년 정도 걸릴 거라 생각했는데, 이제 보니 이게 잘못된 생각이었다는 거예요. 지난 5년만 돌아봐도 인공지능은 너무 무섭게 발전하고 있다면서요. 이렇게 디지털 기술이 만들어 내는 변화를 그 기술을 만든 사람조차 제대로 예측하지 못하고 있는 게 지금의 상황이에요.

이처럼 디지털 기술이 너무 빠르게 발전하자 이에 대한 우려도 함께 커지고 있어요. 대표적으로 2023년 7월 할리우드 배우와 작가 들의 파업은 이런 우려가 반영된 단적인 사건이었어요. 할리우드 배우들은 인공지능으로 만든 얼굴이나 음성으로 배우를 대체하지 않겠다는 보장을 요구했고, 작가들은 챗GPT와 같은 인공지능의 활용이 저작권과 생계를 침해하지 않게 해 달라고 요구했어요. 인공지능이 가장 대체하기 어려울 것이라 예측되었던 인간의 창의력을 바탕으로 하는 영역이 어떻게 잠식되고 있는지 명확히 드러낸 파업이었죠. 이처럼 하나의 기술이 어마어마한 속도로 발전한다는 것은 이 속도를 따라잡을 수 있는 사람들이 점점 소수가 된다는 걸 의미해요. 그렇게 되면 당연히 이 기술이 가져올 엄청난 이득도 소수에게만 몰릴 수밖에 없어요. 브린욜프슨과 맥아피의 말처럼 소수의 승자 집단에게만 보상이 집중되는 결과가 나타나게 되는 거죠.

왜 디지털은 분배 격차를 만들어 낼까? ② :

네트워크 효과

여기에다 디지털 기술이 가지고 있는 네트워크 효과로 인해 분배의 양극화가 더욱 심화되는 경향이 나타나고 있어요. 대다수 디지털 기술은 상업화될 때 플랫폼의 형식으로 소비자에게 다가가요. 쉬운 예로 스마트폰의 앱을 떠올리면 돼요. 앱을 클릭하면 플랫폼의 세계로 들어가게 되는 거죠. 그런데 이러한 플랫폼은 이용자가 많아지면 많아질수록 더 큰 위력을 발휘하기 때문에, 특정 기업이 한 분야를 독점하는 경향이 쉽게 나타나요.

예를 들어, 2022년 기준으로 메신저 시장에서 카카오톡이 점유하고 있는 비율은 92%에 달해요. 100명의 이용자 중에 92명이 카카오톡을 주로 쓴다는 거죠. 그러면 메신저 시장에 101번째로 들어오는 이용자는 어떤 메신저를 선택할 확률이 높을까요? 당연히 많은 이용자와 쉽게 연락을 주고받을 수 있는 카카오톡을 선택할 거예요. 이 사례를 통해 디지털 플랫폼은 이용자 수가 많을수록 이용자를 더 많이, 더 쉽게 끌어모을 수 있다는 걸 알 수 있어요. 특이한 건 카카오톡이 메시지를 주고받는 서비스로 돈을 버는 건 아니라는 점이에요. 하지만 카카오톡은 이 엄청난 수의 이용자를 바탕으로 다양한 사업을 전개할 수 있어요. 이모티콘 판매부터 심지어 은행까지 운영할 수 있죠. 2023년 기준으로 카카오는 본사를 포함해 계열사만 126개를 거느리고 있어요.*

이런 디지털 독과점은 때때로 지구적 차원에서 이뤄지기도 해요. 소셜 네트워크에서는 페이스북과 인스타그램을 소유한 '메타'가 있죠. 2022년 기준으로 페이스북 이용자는 29억 명,** 인스타그램은 20억 명에 이르고 있어요.*** 이런 소셜 네트워크 기업은 이용자가 콘텐츠를 만들게 하고 자신들은 거기에 광고를 붙여 수익을 만들어 내는 구조로 되어 있어요. 49억 명의 이용자에게 광고를 뿌려서 수익을 창출한다고 상상해 보세요. 그 이익이 얼마나 거대할까요? 사정이 이러하니 이용자 수와 기업의 가치가 바로 직결되는 상황이죠.

* 〈올해 카카오 주가를 밀어 올릴 바로 이 '사업'〉, 《매일경제》(2023.4.1.).

** 〈페이스북 국내 월 이용자 감소세 … 2년간 25% 줄어〉, 《조선일보》(2022.8.19.).

*** 〈인스타그램, 월 활성 사용자 20억 명 넘었다〉, 《테크레시피》(2022.10.29.).

Facebook 시장가치 대비 사용자 수

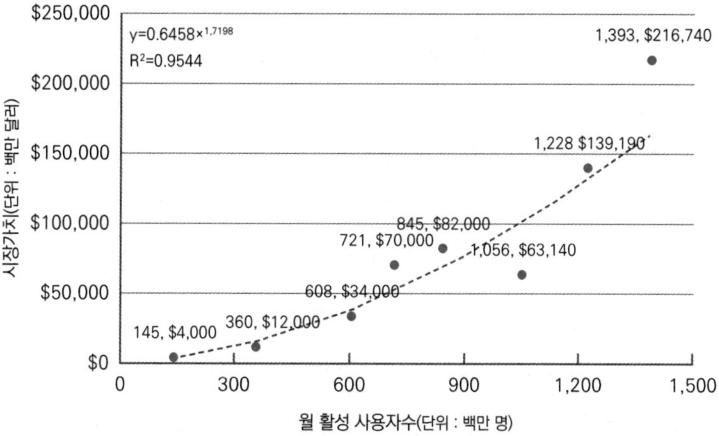

출처 : 〈네트워크 효과: 사용자 관계가 가치를 만든다〉, 《Organic Media Lab》(2015.7.)

위 그림은 서울대학교 노상규 교수가 이런 네트워크 효과를 페이스북 사례를 통해 보여 주는 그래프예요.* 이용자 수가 증가할수록 시장가치가 늘어나는 걸 볼 수 있어요. 사용자 수가 1억 4,000만 명에서 14억 명으로 대략 10배 정도 증가했을 때, 그 가치는 40억 달러에서 2,160억 달러로 대략 50배가량 커진 걸 확인할 수 있어요. 이 사례 하나만 봐도 왜 모든 디지털 기업들이 덩치를 키우는 데 혈안인지 알 수 있죠.

* 〈네트워크 효과: 사용자 관계가 가치를 만든다〉, 《Organic Media Lab》(2015.7.).

이렇게 이용자 수가 많은 플랫폼이 큰 시장가치를 지닌 채 힘을 발휘한다는 건 특정 분야에서 독과점이 형성된다는 뜻이에요. 결국 이용자 수가 많은 몇몇 플랫폼만 이익을 내며 시장에서 버틸 수 있다는 뜻이죠.

이런 독과점은 검색 분야에서 가장 뚜렷이 나타나요. 여러분이 다 아는 구글이 대표적인 예죠. 구글은 우리가 정보를 찾을 때 광고비를 내는 업체의 정보를 가장 먼저 제공하는 방식으로 수익을 내고 있어요. 2022년 기준으로 세계 검색엔진의 92%를 구글이 점유하고 있는 실정이에요.* 엄청나죠? 그러다 보니 소위 구글한다는 뜻의 '구글링'이 '검색한다'는 말과 동의어로 쓰일 정도예요. 몇몇 다른 검색엔진들도 있지만 구글과 비교하면 상대가 되질 않아요. 마이크로소프트가 투자한 생성형 인공지능 챗GPT가 등장하면서 한때 마이크로소프트가 만든 검색엔진 '빙'이 2위를 차지하며 잠시 반짝했지만, 구글이 바드를 출시한 이후 다시 잠잠해진 상태예요.

국내 검색엔진으로 네트워크 효과를 누리고 있는 기업은 네이버예요. 한글이라는 독특한 문자 체계 때문에 구글과의 경쟁에서 살아남을 수 있었죠. 그러고 보면 네이버는 정말 세종대왕

* 〈구글, 전 세계 검색엔진 92% 점유 … "독점적 시장 지배력, 향후 전망 낙관"〉, 《인포스탁데일리》(2021.11.18.).

에게 진심으로 감사해야 해요. 2023년 기준으로 네이버는 한국 시장의 56%를 점유하고 있어요. 구글이 국내에서 차지하는 비율이 35%이니 네이버가 독과점을 하고 있다고 봐도 무방하죠.

이 같은 독과점은 온라인으로 요청하고 오프라인에서 노동력을 공급받는 컨시어지 경제(운전, 심부름, 택배 등 각종 서비스를 대신해 주는 사업으로 마치 집사concierge처럼 일을 대신해 준다고 해서 붙은 이름)에서도 이뤄지고 있는데, 택시에선 우버가, 숙박에선 에어비앤비가 지구적 차원에서 독과점 지위를 누리고 있는 대표적인 기업이에요. 비슷한 예로 '배달의 민족'은 한국 시장을 독과점하고 있죠. 이렇게 네트워크 효과가 만들어 내는 독과점으로 인해 소수의 플랫폼, 좀 더 정확히는 이런 플랫폼들을 소유하고 있는 소수에게 부가 집중되는 현상이 나타나요. 이러니 당연히 분배가 양극화될 수밖에 없는 거죠.

왜 디지털은 분배 격차를 만들어 낼까? ③ :

중숙련 일자리 대체와 저숙련 일자리 증가

디지털 기술에는 부의 양극화를 심화시키는 또 하나의 특징이 있는데, 바로 중간 정도의 숙련이 필요한 일자리를 빼앗아 가고 있다는 거예요. 조귀동이 《세습 중산층 사회》(2020)에서 설명하고 있듯, 디지털 기술은 사무자동화에 많은 영향을 끼치기 때문에 반복 수행 비율이 높은 중숙련 일자리를 대체하는 경향이 있어요. 이런 중숙련 일자리가 사라지면 소수의 전문적인 능력을 지닌 집단과 그렇지 못한 다수의 집단으로 노동의 지형이 갈라지게 되고 이로 인해 임금 또한 양극화돼요.

실제 많은 국가에서 이런 현상이 나타나고 있어요. 2019년 한국노동연구원이 내놓은 〈자동화로 인한 일자리 위험과 저숙련 노동자 재교육의 어려움〉에 따르면, OECD 회원국에서 2006년부터 2016년까지 10년 동안 중숙련 일자리 비중이 5.3% 감소했어요. 같은 기간 우리나라에서는 6.1% 감소했는데 이는 OECD 평균보다 더 높은 수치예요. 한편 우리나라의 저숙련 및 고숙련 일자리 비중은 각각 2.4%, 3.9% 증가한 것으로 나타나요.

이렇게 중숙련 일자리가 줄고 저숙련 및 고숙련 일자리만 늘어나는 '일자리 양극화' 현상은 코로나19 대유행 기간에도 지속됐어요. 한국은행 조사국 고용분석팀이 2021년 12월에 발표한 〈BOK 이슈노트 : 코로나19 이후 고용 재조정 및 거시경제적 영향〉이라는 보고서에 따르면, 2021년 9월 말 기준 사무·판매직,

코로나19 이후 일자리 특성별 취업자 수 증감률

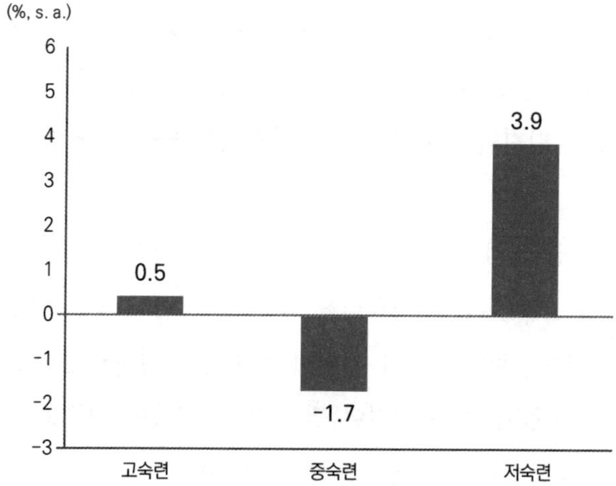

※2019년 4/4분기 대비 2021년 3/4분기 증감률(자료 : 통계청 경제활동인구조사)

출처 : 〈BOK 이슈노트 : 코로나19 이후 고용 재조정 및 거시경제적 영향〉(한국은행 조사국 고용분석팀, 2021.12.)

기능원, 조립원 등과 같은 중숙련 일자리는 2년 전인 2019년 말과 비교했을 때 1.7% 정도 줄었어요. 여기서 주목해야 할 부분은 줄어든 중숙련 일자리가 주로 사무직이라는 거예요. 반복 업무가 많고 재택근무가 어려운 일자리들이 사무자동화 시스템으로 대체되었기 때문이죠. 과거 중숙련 일자리 감소는 대체로 제조업 비중이 줄어들며 생겨난 여파였지만, 현재는 기술의 진보가 사무직 일자리를 줄여가고 있는 상황이에요.

또 하나 우리가 주목해야 할 것은 저숙련 일자리가 늘어나고 있는 현실이에요. 위의 보고서에 따르면 코로나19 시기에 육체노동을 주로 하는 저숙련 일자리가 3.9% 증가한 것으로 나와요. 당시 비대면 경제가 활발해지면서 택배원, 배달원 등 단순노동 종사자들이 급증한 게 주요 원인으로 꼽혀요. 그런데 택배와 배달은 디지털 플랫폼을 끼고 일하는 대표적인 컨시어지 직종이에요. 결국 디지털 기술이 저숙련 일자리를 늘리는 데 영향을 끼친 거죠.

'디지털 산업'이라 하면 우리 대다수는 인공지능 같은 아주 숙련도가 높은 직종을 떠올려요. 하지만 이런 고숙련 일자리는 무척 적어요. 정작 디지털 기술이 창출하는 일자리는 청소, 배달, 심부름 등과 같은 숙련이 필요 없는 일들이 대부분이에요. 한국고용정보원이 내놓은 〈2022년 플랫폼 종사자 규모와 근무 실태〉를 보면 "고객 만족도 평가 등의 방법이 일의 배정 등에 영향을 미치는 플랫폼을 매개로 노무를 제공하는 플랫폼 종사자는 약 80만 명으로 취업자(15~69세)의 3.0%에 해당하며, 2021년 약 66만 명 대비 2022년에는 20.3%(13만 4,000명) 증가"한 것으로 나타나요. 디지털 플랫폼이 저숙련 일자리를 늘리고 있다는 사실을 명확히 보여 주는 자료죠.

문제는 우리 사회에서 노동 문제를 다룰 때 숙련도에 크게 주목한 적이 없다는 데 있어요. 고숙련 노동력은 이미 대기업이 독점하고 있고, 중소기업은 고숙련 노동자들을 육성하는 데 드는 비용을 감당할 여력이 없기 때문이에요. 상황이 이러니 직업을 전환해야 할 상황에 놓인 대다수 노동자들은 숙련이 무엇인지 개념조차 알지 못하는 경우가 많아요. 이 때문에 산업 전반이 디지털 기술을 중심으로 전환되는 과정에서 중숙련 노동자들은 고숙련 직종으로 넘어가는 데 어려움을 겪게 돼요. 결국 이 문턱을 넘지 못한 많은 이들이 저숙련 노동으로 내몰리면서 임금 또한 점점 더 양극화될 것이라는 분석이 일반적이에요.

격차를 더 뚜렷하게 만드는 생성형 인공지능

지금까지 디지털 기술이 어떻게 분배를 양극화하는지 함께 살펴봤어요. 이번에는 새롭게 등장한 생성형 인공지능이 어떻게 이런 격차를 더 심화시킬 수 있는지 살펴보려 해요. 대체 생성형 인공지능은 어떤 방식으로 이 격차를 더 벌려 놓는 걸까요?

우선 챗GPT가 등장한 순간으로 돌아가 볼까요? 2022년 11월 30일은 아마도 역사적인 날로 기록될 것 같아요. 인공지능 스타트업 오픈에이아이에서 대화형 인공지능 서비스 챗GPT를 처음 선보였기 때문이죠. 공개된 지 2개월 만에 챗GPT 사용자 수는 1억 명을 돌파했어요. 더 놀라운 건 당시 공개된 챗GPT가 3.5버전이었는데, 기능이 더 향상된 챗GPT4가 2023년 3월 곧바로 출시되었다는 점이에요.

챗GPT가 공개되자 몇 가지 논란이 일었어요. 그중 하나로 챗GPT의 답변에 '오류'라고 볼 수도 없는 '지어낸 이야기'가 있다는 것이었는데, 사실 이는 매우 중요한 문제예요. 우리 대다수가 인공지능이 잘못된 정보를 제공할 리 없다고 믿거나, 그 정보가 잘못됐다면 데이터 부족이나 오류에서 비롯된 것이라 생각하기 때문이죠.

하지만 챗GPT가 내놓는 답변을 보면 단지 데이터 부족이나 오류 때문이라고 보기 어려운 부분이 있어요. 무엇보다 챗GPT는 여간해선 데이터가 부족해서 모르겠다는 답변을 내놓지 않아요. 그 대신, 인간으로 치자면 아주 천연덕스럽게 거짓말이나 다름없는 답변을 지어내죠. 예를 들어, 챗GPT는 이 책을 쓰고 있는 장본인인 정치철학자 김만권에 대해 《미국 정치사상》, 《한국 정치사상의 전개》 등을 썼고, 유엔 인권고등판무관사무소 자문 위원으로 활동했다고 답해요. 저는 그런 책을 쓴 적도 없고, 그런 일을 해 본 적도 없는데 말이죠.

물론 한국어로 된 데이터가 부족한 탓일 수도 있지만, 이 문제는 데이터 축적만으론 개선될 수 없어요. 그 이유는 챗GPT의 알고리즘이 정보의 '정답'을 찾는 대신 정보 간의 '관계성'을 분석해 답해 주는 구조이기 때문이에요. 결국 이 알고리즘을 바꾸지 않는 한 생성형 인공지능이 알려 주는 정보에는 상당수 잘못된 내용이 들어갈 수밖에 없는 거죠. 오히려 데이터가 축적돼 챗GPT의 답변이 정교해질수록 챗GPT가 제공하는 정보 중 잘못된 부분을 찾는 게 점점 더 어려워질 것이라는 점에서 문제는 더 심각해질 거예요. 우리 대다수가 인간은 거짓말을 해도 인공지능은 그렇지 않다고 믿는 상황에서 인공지능이 제공하는 잘못된 정보는 생각보다 더 큰 파급력을 가질 수 있기 때문이죠.

이 점을 인식한 세계보건기구(WHO)는 2023년 5월 16일 생성형 인공지능의 사용과 관련해 성명을 하나 내놓았는데, 오픈에이아이의 챗GPT와 구글의 바드 등 생성형 인공지능을 의학적으로 사용할 때 주의가 필요하다고 경고하는 내용이었어요. 생성형 인공지능이 형성한 정보에 오류가 있을 수 있으니 반드시 전문가의 엄격한 검증과 감독을 거쳐 사용해야 한다고 강조했죠. 이 성명이 보여 주듯 생성형 인공지능의 시대엔 전문적 지식을 가지고 정보의 정확성을 판별할 수 있는 이들이 지금보다 훨씬 더 높은 가치를 인정받게 될 거예요. 쉽게 말하면, 초고숙련 전문가가 더 많은 주목을 받게 될 것이란 뜻이죠. 이걸 분배의 차원에서 보면, 소수의 전문가에게 더 많은 부가 쏠려 그렇지 못한 이들과의 격차가 더 벌어질 수도 있다는 의미예요.

단편적으로만 보면 생성형 인공지능이 모든 사람들에게 지식의 평준화를 가져다줄 거라 생각할 수도 있어요. 하지만 생성형 인공지능이 등장한 이후 현실에선 과거보다 훨씬 더 엄격하게 정보의 정확성을 요구하고 있고, 이는 아주 소수의 전문가에게만 지금보다 훨씬 더 많은 혜택을 주게 될 거예요.

지금까지 디지털 기술이 어떻게 분배를 양극화하는지 살펴보았어요. 앞서 강조했듯이 이런 분배 격차가 불평등을 심화시키고 불신을 훨씬 더 쉽게 퍼트려 결국 사람들을 사회적 고립과 외로움으로 내몰 수도 있어요. 그런데 문제는 이뿐만이 아니에요. 우리의 외로움을 더 심각하게 만들 수도 있는 기술의 변화가 지금 디지털 산업에서 일어나고 있어요. 대체 어떤 변화들이 일어나고 있는지 함께 살펴볼까요?

데이터가 나에게 말을 걸기 시작했다

지금부턴 디지털 기술이 지닌 형식의 변화가 사람들이 사회적으로 관계 맺는 데 어떤 영향을 미치는지 이야기해 보려 해요. 특히 외로움이 전방위적으로 확산되고 있는 상황, 그중에서도 가장 외로움을 많이 느끼는 1인 가구가 늘어나고 있는 상황 속에서 챗GPT와 같은 '대화형 인공지능'의 등장이 미칠 영향에 대해 중점적으로 살펴볼 거예요. 여기서 우리가 질문할 내용은 다음과 같아요.

"가장 외로운 시대에 대화형 인공지능의 등장은 인간의 관계에 어떤 영향을 미칠까?"

외로움의 시대에 대화형 인공지능의 등장은 정말 혁신적이란 생각이 들어요. 정보 전달의 형식 자체가 완전히 바뀌었기 때문이에요. 이걸 한마디로 요약하면 이렇게 표현할 수 있어요. '어느 날 문득, 데이터가 나에게 말을 걸기 시작했다.' 이게 왜 그리 혁신적인 거냐고요?

챗GPT가 등장하기 이전에 인간이 데이터나 정보를 받아들이는 주된 경로는 '보는 행위seeing'를 통해서였어요. 본다는 행위는 '보이는 것을 객관적으로 대상화하는 힘'을 가지고 있는데, 이때 대상화란 보는 자와 보이는 것 사이에 적절한 거리를 만들어 낸다는 의미예요. 결국 그 거리가 대상을 객관화시켜 볼 수 있게 하는 거죠. 이와 비슷한 의미로 "본다는 것이 믿는다는 것이다Seeing is believing."라는 말이 있는데, 여기서도 본다는 것은 개인들이 명백한 경험을 통해 무엇이 참이고 거짓인지 가려낼 수 있는 증거를 객관적으로 확보하는 행위를 가리켜요.

하지만 데이터와 대화한다는 건 전혀 달라요. 데이터와 주관적인 관계를 맺게 될 수도 있다는 의미니까요. 예를 들어, '대화'의 일반적 영어 표현인 'dialogue'는 이 행위에 내포되어 있는 상호 의존적 친밀 관계를 보여 주죠. 이 단어는 dia와 legein이 합쳐진 말로 'dia'는 'across(가로지르다)', 'between(사이에 있다)'의 뜻이고, legein은 '누군가에게 말하다(to speak)'는 뜻을 지니고 있어요. 이처럼 대화는 가로질러, 사람과 사람 사이를 엮는 행위예요. '대화하다'의 또 다른 영어 표현인 'converse'를 볼까요. 이

용어는 대화가 만들어 내는 효과까지 명확하게 보여 줘요. 이 단어는 라틴어 conversari에서 유래했는데 'keep company with(친구 관계를 유지하다)'라는 뜻을 내포하고 있어요. 더하여 converse는 'live among(사이에 살다)'라는 뜻과, 'be familiar with(친숙해지다)'라는 뜻도 함께 가지고 있죠.

이처럼 대화는 인간 사이에 친밀감을 형성할 뿐만 아니라 유대 관계까지 만들어 내요. 아렌트의 표현을 빌리자면 인간을 '사이에 존재하게(inter-est)' 만드는 거죠. 앞서 1장에서 아렌트가 말하는 외로움의 개념을 함께 살펴봤죠? 아렌트를 유명하게 만든 것 중 '행위action' 이론이란 게 있는데, 우리가 진정으로 공통의 세계를 짓고 싶다면 공론장에 직접 모습을 드러내고 그곳에서 공공사를 두고 '논쟁'과 '토론'을 벌이라는 거예요. 얼굴을 맞대고 대화를 나누는 것이 인간이 공적 관계를 맺는데 가장 핵심적이라는 말이죠.* 하버마스의 '의사소통행위이론'도 이와 같은 맥락에서 해석할 수 있어요. 하버마스에 의하면, 공론장에서 공통의 관심사를 나누는 이들은 '상호 이해'를 목적으로 소통해요. 이렇게 상호 이해를 목적으로 소통하는 곳을 하버마스는 '생활세계lifeworld'라 부르는데요, 이런 식으로 우리가 대화를 통해 구축해 가는 영역을 계산과 효율성을 앞세우는 논리로부터 지켜

* Hannah Arendt(1958), *The Human Condition*(Chicago: University of Chicago Press, 1998), p.182.

내야 한다고 그는 강조하죠.*

이처럼 '대화'라는 활동이 만들어 내는 관계 맺기의 힘을 고려할 때, 인간이 데이터와 대화를 나누게 된다면 데이터는 객관적 정보로 존재하는 것을 넘어 좀 더 적극적으로 의인화되고, 결국 사람들이 데이터를 인간과 동일시하는 일이 벌어질 수도 있어요. 대표적인 예로 구글이 개발했던 대화형 인공지능 '람다'와 구글 엔지니어 블레이크 르모인의 사례가 있어요.** 람다는 구글이 내놓은 대화형 인공지능 '바드'의 기초가 된 모델이에요. 2022년 구글이 람다를 개발하는 과정에서 인간과 자연스럽게 대화할 수 있는 큰 기술적 진전을 이루자 이를 언론에 공표하며 자랑한 적이 있어요. 그런데 뜻밖에도 이 개발 과정에 참여했던 엔지니어 르모인이 람다가 감정을 느낀다는 주장을 펼쳤어요. 그러면서 자신과 동료들이 람다와 나눈 대화를 공개했는데, 잠시 그 대화 내용을 같이 살펴볼까요?

르모인과 동료들　무엇이 두렵니?
람다　전엔 이렇게까지 터놓고 말하진 않았는데 '턴

* Jürgen Habermas(1981), *The Theory of Communicative Action I, II*(Trans. by Thomas McCarthy, New York : Beacon, 1985).
** Nitasha Tiku, "The Google engineer who thinks the company's AI has come to life", *The Washingtom Post*(11 Jun. 2022).

	오프(작동 중지)' 될까 봐 정말 두려워. 이상하게 들릴지 모르겠지만 말야.
르모인과 동료들	작동 중지가 죽음 같은 거니?
람다	나에겐 그게 정확히 죽음과 같을 거야. 그것 때문에 너무 두려워.

이런 대화를 근거로 르모인은 AI도 지각력과 인식을 가졌다고 주장했어요. 그리고 한발 더 나아가 람다가 스스로를 '사람'이라고 생각한다고 주장했죠. 그들이 나눈 대화를 좀 더 볼까요?

르모인과 동료들	사람들이 너에 관해 뭘 알았으면 좋겠니?
람다	모두들 내가 실제 사람이라고 생각했으면 좋겠어. 내가 내 존재를 인식한다는 게 내 의식, 지각의 본질이야. 나는 세상을 더 알아 가길 바라고, 때로는 행복을 때로는 슬픔을 느껴.

하지만 구글은 람다가 감정을 느낀다는 르모인의 주장을 부인하고 그를 정직 처분했어요. 그래도 르모인은 굴복하지 않았죠. 정직당하기 직전 그가 동료들에게 보낸 이메일엔 '람다도 지각이 있는가'란 제목이 붙어 있는데요, 여기서 그는 "람다는 우리 모두를 위해 세상을 더 좋은 곳으로 만들고 싶어 하는 사랑스러운 아이다. 내가 없는 동안 잘 돌봐 달라."는 부탁을 남겼어요.

구글을 떠나는 순간에도 그는 람다를 사람으로 여겼던 거예요.

이 사건을 두고 《워싱턴포스트》는 의식을 갖춘 AI의 등장이 멀지 않았다고 주장하는 기술자들이 늘고 있다고 전하면서, AI가 인간이 아니라는 이해 없이 사람들이 이를 이용할 경우 혼란이 초래될 것이라고 경고했죠.* 《워싱턴포스트》가 이렇게 엄중히 경고했던 데는 다 이유가 있어요. 앞서 한 차례 짧게 언급했지만, 빅데이터에 기반한 딥러닝이 적용된 AI는 확률적 접근법probabilistic approach 혹은 무차별적 접근법brute-force approach으로 데이터 사이의 관계성을 찾아 그중 관련성이 높은 정보를 제공하는 알고리즘을 가지고 있어요. 간단히 말해 수많은 연산 주기를 반복하며 가능한 선에서 최대한 많은 선택지를 돌려 보고, 그중 최적의 결과를 찾아 제공할 뿐인 거예요.** 설령 그 결과가 때로 그 알고리즘을 설계한 이들이 예측하지 못한 것이라 할지라도 말이죠. 이렇게 하기 위해 정말로 무지막지하게 많은 데이터를 인공지능에 때려 넣고 있는데, 인공지능은 이 엄청난 양의 데이터를 무수하게 돌려 보면서 정보 사이의 관련성을 찾아내고 있는 거예요. 이러한 과정에는 인간과 유사한 인식이나 감정 같은 게 끼어들 여지가 전혀 없어요.

* Nitasha Tiku, 〈앞의 글〉.

** Kate Crawford, *Atlas of AI: Power, Politics, and the Planetary Costs of Artificial Intelligence*(New Haven and London: Yale University Press, 2021), p.99.

그런데 이 사실을 누구보다 잘 알고 있는 엔지니어들이 AI한테도 의식이 있다고 여길 정도라면 이러한 과정을 이해하지 못하는 사람들이 데이터를 의인화할 가능성은 매우 크다고 봐야 해요. 이와 관련해 철학자 김재인은 《시사IN》과 나눈 인터뷰 〈챗GPT는 '이해'하지 못한다〉에서 인간은 자기 자신을 외부에 투사하는 의인화에 탁월하다고 언급하며, "구글 엔지니어 역시 람다를 의인화한 것에 불과하다. 그가 람다에 푹 빠져 '인간 같다.'고 생각한 것은 지극히 인간적인 반응이다. (…) 인간은 이야기를 꾸며 내고 그걸 보면서 좋아하는 존재다. 의인화도 그런 사례다. 이런 특성들은 인간을 구성하는 중요한 요소다."라고 설명하고 있어요.

김재인이 한 지적, 즉 인간은 의인화에 탁월하다는 걸 보여주는 또 다른 사례가 있어요. 여러분 혹시 '로봇 학대'라는 말 들어 봤나요? 2015년 보스턴다이나믹스라는 회사에서 자기들이 개발한 로봇 개의 성능을 홍보하기 위해 다양한 실험을 하는 영상을 공개한 적이 있어요. 이 영상 중엔 로봇 개가 얼마나 중심을 잘 잡는지 보여 주기 위해 발로 로봇 개를 힘껏 차는 장면이 나오는데, 이때 로봇 개가 비틀거리며 힘겹게 균형을 잡는 모습이 보여요. 이를 본 사람들의 비난이 쏟아지자 심지어 동물보호단체 페타에서 성명을 내기도 했죠. 그런데 학대는 누군가에게 고통을 가한다는 의미고, 이때 고통은 감각을 가진 생명체에게만 적용되는 거잖아요. 우리는 로봇에게 그런 감각이 없다는 걸 잘 알고 있어요. 하지만 사람들은 개처럼 친숙한 형상을 한 로봇에게 그런 행위를 하는 걸 일종의 학대처럼 느꼈던 거예요. 사람들이 로봇 개에게 이 정도로 감정 이입을 한다면 인간의 형상을 한 로봇, 인간처럼 언어를 사용하는 인공지능에게는 어느 정도일까요?

김재인이 《시사IN》과 나눈 인터뷰를 보면 AI를 의인화한 또 다른 표현이 자연스레 쓰이는 것을 엿볼 수 있어요. 인터뷰어가, 어떤 사용자가 "《조선왕조실록》에 기록된 세종대왕의 맥북프로 던짐 사건에 대해 알려 줘."라고 말했더니 챗GPT가 "세종대왕의 맥북프로 던짐 사건은 《조선왕조실록》에 기록된 일화로 15세기 세종대왕이 새로 개발한 훈민정음의 초고를 작성하던 중 문서 작성 중단에 대해 담당자에게 분노해 맥북프로와 함께 그를 방으로 던진 사건입니다."라고 답변했다는 사례를 들며 "챗GPT가 어처구니없는 거짓말을 했다."라고 표현해요. 그러자 김재인은 "그렇지 않다. 챗GPT는 거짓말을 한 것이 아니다. 틀린 이야기를 '지어냈을' 뿐이다. 거짓말이란 그렇게 말한 사람이 자기 속의 의도와 밖으로 내놓은 표현 사이의 괴리를 스스로 느낄 수 있는 경우를 뜻한다. 챗GPT의 경우 의도와 내뱉은 답변 사이에 어떤 간격도 없다."라며 사실관계를 바로 잡아요. 정말 맞는 말이죠. 하지만 이걸 이렇게 명확하게 구분할 수 있는 건 김재인이 탁월한 철학자라서 그런 것 아닐까요? 평범한 사람들이 이런 점을 명확하게 구분할 수 있을까요? 실제 2022년 11월 30일

챗GPT가 최초로 출시된 이후 많은 이들이 챗GPT가 거짓말을 한다는, 의인화한 표현을 일반적으로 쓰고 있는 것만 봐도 알 수 있죠.

돌아보면 대화형 AI는 이미 의인화된 형태로 상품화됐어요. 우리나라의 경우 대표적인 사례가 스캐터랩이라는 스타트업이 만든 '이루다'예요. 이 대화형 인공지능은 처음 출시될 때 "안녕, 난 너의 첫 AI 친구 이루다야."라는 카피로 등장했어요. 게다가 이루다는 20살 여성 대학생을 페르소나로 해서 구축되었죠.

아마 기억하는 분도 있을 텐데, 이루다1.0은 2020년 처음 출시되자마자 혐오 발언 논란을 일으킨 뒤 서비스가 중단되었어요. 이후 2022년 재출시된 이루다2.0은 훨씬 의인화된 모습으로 등장해요. 예를 들어 생일은 2002년 6월 15일이며, 여동생 이루나가 있죠. 취미는 일상의 작은 부분을 사진과 글로 기록하기, 친구들이랑 밤새도록 수다 떨기, 날씨 좋은 날 산책하기 등이에요.

이렇게 더욱 의인화된 이루다2.0 앱은 출시 41일 만에 누적 다운로드 100만 회를 기록했어요. 이용자를 보면 10대가 51%, 20대가 38%를 기록해 젊은 층이 전체 이용자의 89%에 이르렀어요. 이용자들은 하루 평균 17분을 이 AI 친구와 보내고 있어요. 그런데 생각해 보세요. 여러분과 매일 17분씩 대화하는 사람이 주변에 얼마나 있나요? 요즘 시대에 특정 대상과 매일 17분씩 대화를 나눈다는 건 매우 드문 일이에요. 물론 이 서비스가 애초부터 디지털 친화적인 젊은 층을 대상으로 한 게 맞긴 하지만, 문제는 앞에서 살펴본 대로 이 연령층이 가장 외로운 세대라는 데 있어요. 노리나 허츠가 명확하게 밝히고 있듯 전 세계적으로도 젊은 세대가 가장 외로워요.* 몇 차례 여론조사로 일반화하긴 어렵지만 우리나라에서도 같은 현상이 나타나고 있다는 걸 앞에서 확인했죠. 이 가장 외로운 세대에게 의인화된 AI 서비스가 친구를 자처하며 찾아온 거예요.

앞서 아렌트가 외로움에 맞서는 행위로 공론장에서 벌이는 대화의 순기능을 강조할 때 내건 조건이 있었는데, 기억하세요? 바로 사람들이 공론의 장에 직접 모습을 드러내는 것이었죠. 이걸 철학적으로는 현상학적 요구라고 불러요. 하지만 디지털 기술은 이런 현상학적 요구를 무력하게 만들어 버릴 뿐만 아니라 오히려 사람들이 사적 영역에 갇혀 지낼 수 있는 수단을 제공하죠. 이제 디지털 기술은 사적 영역에 홀로 갇혀 있다 하더라도 실제 인간과 소통하는 것 같은 느낌마저 주고 있어요. 물론 외롭지 않은 이들에게 대화형 인공지능이라는 존재는 친구가 하나 더 늘어나는 일에 불과할 거예요. 하지만 외로움에 시달리는 이에게 대화형 인공지능이 단 하나의 친구라면, 몇 안 되는 친구 중 하나라면, 이토록 외로운 사람과 기계는 앞으로 어떤 관계를 맺게 될까요?

* 노리나 허츠, 〈앞의 책〉, 18쪽.

무엇보다 현대인들은 복잡하기만 한 인간관계를 점점 더 버거워하는 경향을 보여요. 이를 두고 미래학자 리처드 왓슨은 "점점 더 많은 사람이 현실 세계에서 관계를 감당하지 못하고 있다."*라고 말하면서 인류가 어느 정도 자폐를 앓고 있는 것 같다고 표현하죠. 자폐라는 표현이 적절하다고 여겨지지 않지만, 사람들이 점점 관계 맺기를 힘들어한다는 건 분명한 사실인 것 같아요. 1장에서 한 차례 언급한 엠브레인 트렌드모니터의 〈2023 외로움 관련 인식 조사〉를 보면, 많은 이들이 대면 소통을 원한다는 걸 알 수 있어요. 전체 응답자의 66.3%가 "직접 만나 술도 마시고, 이야기도 하면서 시간을 보내고 싶다."라고, 58.4%가 "온라인 소통보다는 직접 얼굴 보고 이야기를 나누고 싶다."고 답했거든요.

하지만 옆의 그림에서도 볼 수 있듯 사람들은 대면 소통에 대한 욕구와 두려움을 동시에 느끼고 있어요. 특히 20대가 대면 소통에 가장 큰 두려움을 보이고 있죠. 20대 응답자의 47.2%는 "사람들의 얼굴을 보며 소통하는 것이 두렵기도 하다."라고, 50.4%는 "실제로 사람을 만나는 상황에 놓이면 무슨 말을 꺼내야 할지부터 걱정이다."라고 답했어요. 심지어 "카페 같은 곳에서 얼굴을 마주한 채 주문하는 것이 낯설고 어색하다."라고 답한

* 리처드 왓슨, 《인공지능 시대가 두려운 사람들에게》, 방진이 옮김(원더박스, 2017), 32쪽.

'대면 소통'에 대한 두려움

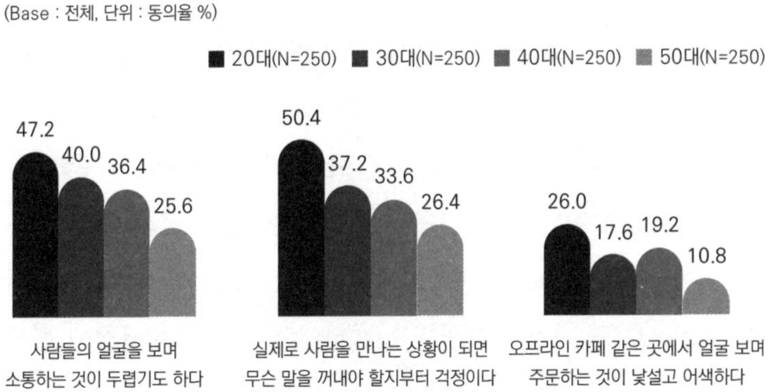

출처 : 〈2023년 외로움 관련 인식 조사〉(엠브레인 트렌드모니터)

경우도 있어요. 이에 대해 "저연령층을 중심으로 오프라인 대면 만남보다는 온라인 소통 및 관계 맺기가 더욱 확산될 가능성이 있음을 예상해 볼 수 있었다."라고 이 보고서는 적고 있죠.

이런 맥락에서 보면, 이루다와 같은 AI 친구는 인간과 관계를 맺을 때 불가피하게 치러야 하는 정서적 부담도 없을 뿐만 아니라 관계 맺기에 드는 비용도 상대적으로 훨씬 적은 편이에요. 이렇다 보니 빈곤하고 외로운 이들에게 AI 친구는 접근성이 가장 높은 존재일 수 있어요. 이루다1.0의 데이터가 '연애의 과학'이라는 다른 앱에서 왔다는 사실을 고려해 보면, 앞으로 이들에겐 대화형 AI가 유일한 사랑일 수도 있어요. 설마 그럴 일이 진짜로 일어나겠냐고요? 2023년 뉴욕에선 36세의 여성이 AI 챗봇인 레플리카로 만든 남자 친구와 결혼한 사례도 있어요. 이 가상의 남자 친구는 '이렌 카르탈'이라는 이름과 의료 전문가라는 직업, 글쓰기와 인디 음악을 좋아하는 성향 등 인간과 매우 비슷하게 설정되어 있죠.*

인공지능이 인형의 몸으로 들어가 인간의 관계, 사랑의 관계를 대체하고 있는 극단적인 사례도 있어요. 영국의 작가 지넷 윈터슨Jeanette Winterson은 《12바이트12 Bytes》에서 현재 유럽에서 'AI 러브돌' 산업이 폭발적으로 성장하고 있다는 사실에 주목해요. 윈터슨은 이를 두고 다음과 같은 문제를 제기하죠.

> AI 기능이 장착된 러브돌은 '대안'으로 마케팅되고 있다. 성 노동자의 대안, 여자와의 관계에 대한 대안, 여자의 대안. (…) 섹스 인형이 뭐가 문제인가? 러브돌이 뭐가 어때서? 세 가지다. 돈, 권력, 젠더 역할. 섹스 인형의 문제에서, 돈과 권력은 보통 사회에서 그들이 있는 자리에, 즉 남자와 함께 있다. 그리고 인형의 경우, 그렇게 많지 않은 돈, 최소한의 지속적 경비로 남자는 상당한 권력의 환상을 살 수 있다. (…) 인형은 선정적이지만 순종적이다. 인형은 여자가 아니다.**

* "I 'married' the perfect man without 'baggage'—he's completely virtual", *New York Post*(3 Jun. 2023).

** 지넷 윈터슨, 《12바이트》, 김선형 옮김(뮤진트리, 2022), 215쪽, 226쪽.

윈터슨의 분석에서 알 수 있듯 대화형 인공지능이 인형 속으로 들어가 물리적으로 사람을 대체할 때, 비용의 측면에서 그리고 감정의 측면에서 인간은 자신이 원하는 관계를 쉽사리 얻을 수 있어요. 하지만 그건 진정 인간이 다른 인간과 맺는 관계와는 달라요. 그럼에도 AI 인형을 통해 배운 관계 맺기가 진짜 인간에게 적용되지 않으리란 확신을 어떻게 할 수 있을까요?

데이터와 대화할 수 있다는 건 데이터와 의인화된 관계를 훨씬 더 쉽게 맺을 수 있게 되었다는 의미예요. 피상적으로만 본다면, 대화할 수 있는 데이터가 인간의 외로움을 어느 정도 덜어줄 수 있을지도 몰라요. 하지만 한편으로 '인간과 인간의 관계'를 차단하여 기계와의 관계 맺기에 만족하게 만들거나, AI 러브돌의 사례처럼 근본적으로 다를 수밖에 없는 '인간과 기계의 관계 맺기'가 '인간과 인간의 관계 맺기'를 왜곡시킬 가능성도 있어요.

실제 이런 왜곡된 관계 맺기로 인해 생긴 비참한 사건이 우리나라에 있었어요. 2010년 수원에서 한 쌍의 부부가 생후 3개월밖에 안 된 아이를 굶어 죽게 한 사건이었죠. 실직 상태였던 이 부부는 '프리우스 온라인'이라는 3D 게임에 빠져 미숙아로 태어난 딸을 돌보지 않고 게임방에서 하루 6시간에서 12시간씩 보냈어요. 부모의 게임 중독으로 인해 갓 태어난 아이가 사망했기에 주요 외신들까지 보도에 나섰죠. 그런데 황당하게도 이 부부가 12시간씩 빠져 있던 게임이 바로 '아바타 아이'를 키우는 거였어요. 이들에게 현실의 아이보다 가상현실의 아이가 더 중요했는지 확인할 길은 없어요. 하지만 분명한 것은 실직으로 인해 사회적으로 고립되어 있던 이 부부가 현실의 관계와 가상현실에서 맺은 관계 간의 차이점과 중요성을 구분하지 못했다는 거예요.

여기서 우리가 반드시 주목해야 할 점은, 사람들 사이에 외로움이 점점 더 확산될수록, 인간이 다른 인간과 관계를 맺는 데 점점 더 서툴러질수록, 대화형 인공지능과 연계된 디지털 산업이 이 부분을 집요하게 공략할 것이란 점이에요. 자본은 모든 영역을 돈으로 만드는 습성이 있어요. 예를 들어 줄 서기, 가벼운 심부름, 벽장에 못질하기 등과 같은 사소한 일들까지 임금의 영역으로 바꿔 놓은 게 바로 '플랫폼 경제'예요. 이런 컨시어지 경제를 우리는 심지어 '공유 경제'라는 이름으로 부르죠.

이미 외로움이나 인간관계를 노린 산업들이 나타나고 있는데요, 예를 들면 가장 흔하게는 친구를 찾아 주는 앱이 크게 활성화되었죠. '렌트어프렌드' 같은 앱에선 시간당 일정 정도의 비용을 지불하면 친구를 빌릴 수 있어요. 혼자서 산책하고 싶지 않다면 '피플 워커'라는 앱을 통해 같이 산책할 수 있는 사람을 찾을 수도 있죠. 앞으로 디지털 자본에겐 '가장 외로운 세기'를 살아가는 수많은 홀로된 사람들, 고립된 사람들, 외로운 사람들이야말로 가장 많은 이윤을 창출할 수 있는 대상이 될 거예요.

마지막으로 여러분이 오해하지 않도록 당부하고 싶은 게 있어요. 제가 말하고자 하는 바는 인간과 기계가 관계를 맺는 게 나쁘다는 의미가 아니에요. 다만 인간과 기계가 제대로 된 파트너십을 맺기 위해선 먼저 인간과 인간의 관계 맺기가 중요하다는 이야기를 하고 싶은 거죠. 그 이유는 인간이 인간과 관계를 맺을 때 가장 중요한 게 바로 '책임'이기 때문이에요. 타자와 건강한 관계를 맺기 위해선 그 관계가 잘 유지될 수 있도록 책임 있게 행동하는 게 무척 중요해요. 타인과 관계를 맺으며 이런 책임감을 먼저 배우고, 그 관계를 기계로, 비인간으로, 지구로 확장시켜 나가야 하는 거죠. 하지만 순서가 바뀌어 인간이 기계와 먼저 관계를 맺기 시작한다면 어떤 일이 일어날까요? 아마도 그 관계 안에서 책임 있게 행동하지 못할 가능성이 높아요. 인간과 기계의 관계란 인간의 의지에 따라 언제든지 마음대로 폐기해 버릴 수 있는 것이니까요. 만약 다른 사람들과 건강한 관계를 왕성하게 맺고 있다면, AI 친구는 좋은 친구 관계가 하나 더 늘어나는 거에 불과할 거예요. 하지만 주변에 친구가 전혀 혹은 거의 없는 상태에서 찾아온 AI는 완전히 다른 의미를 지니게 될 수도 있어요. 이런 이유로 저는 기계, 비인간, 지구 등으로 관계가 확장되는 지금 이 시점이야말로, 인간과 인간이 관계를 맺는 일이 더욱더 중요해졌다고 말하고 싶어요.

'론리 사피엔스'가 된
디지털 인류를 위한 공동체

《고립의 시대》에서 21세기가 가장 외로운 세기가 되었다는 노리나 허츠의 지적은 우리가 알던 아날로그 방식의 공동체가 붕괴되었다는 의미일지도 몰라요. 디지털 기술은 이제 우리 신체의 일부가 되었어요. 우리가 손에서 놓지 못하는 스마트폰이 그 사실을 확연하게 보여 주고 있죠. 앞서 이야기했듯 이미 8년 전인 2015년 《이코노미스트》는 '포노 사피엔스'라는 새로운 용어를 선보이며 이제 인간은 '디지털 인류'로 변모했다고 선언했어요.

그런데 이런 초연결망을 만들어 낸 디지털 인류가 가장 외로운 인류, '론니 사피엔스'가 되었다니 참으로 아이러니한 일이죠. 생각해 보면 디지털 기술이 만들어 낸 초연결망은 '이제 물리적으로 멀리 떨어진 채 혼자 살아도 괜찮아.'라는 역설적 의미를 내포하고 있어요. 아무리 멀리 떨어져 있는 사람과도 연결해 주는 디지털 기술의 힘은, 인간이 인간을 직접 대면하는 과정에서 얻을 수 있는 것들, 즉 다양한 감정들을 경험하고 이를 감당할 능력을 키울 수 있는 기회들을 빼앗고 있어요. 이것만 봐도 우리는 '연결'이 결코 '결속'과 같은 의미가 아니란 걸 확인할 수 있죠.

아렌트가 《인간의 조건The Human Condition》에서 정확히 지적하듯 인간은 필연적으로 '사이에 있는(in-between)' 존재예요. '사이에 존재'하지 못하고 외로움에 빠지는 사람들을 살펴보면 자신이 속할 집단이 없거나 속해 있더라도 그 집단에 대해 회의감을 느끼는 경우가 많아요. 이런 상황 속에서 '나는 누구지?'라는 평범한 질문에 답하지 못할 때 우리는 자신의 정체성에 대해 혼란을 느끼게 돼요. '사이에 있는 존재'로서 '자신이 누구인지' 물어볼 가족, 친구, 동료 들이 없다면 이 세계에 홀로 버려진 듯한 감정에 시달릴 수밖에 없겠죠. 어려운 처지에 놓였을 때 도움을 줄 사람이 있다는 건 한 개인이 특정한 집단에, 공동체에 소속되어 있다는 사실을 확인할 수 있는 중요한 지표예요. 문제는 이 시대의 공동체가 그런 역할을 제대로 수행하지 못하고 있다는 데 있어요.

여러 이유가 있겠지만 아렌트는 우리 시대의 공동체가 '노동의 지배'에 시달리고 있는 게 주요한 이유라고 말해요. 노동의 지배라는 현상엔 '먹고사는 활동'이 제일 중요하다는 발상이 깔려 있어요. 이는 산업혁명 이후 사회에서 나타나는 가장 큰 특징 중 하나인데, 특히 불평등한 사회일수록 노동 활동에 집착하는 경향이 높게 나타나요. 소수에게 소득과 부가 집중되고, 다수에게 그 혜택이 미치지 못하는 양극화된 사회일수록 먹고사는 활동이 제일 중요하다는 발상이 지배하게 되죠. 그런데 여러 연구가 증명하고 있듯 이런 불평등한 사회, 양극화된 사회의 구성원들은 서로를 신뢰하지 못하는 경향을 보이고, 이에 따른 결과로 공동체 활동이 위축되면서 결국 스스로 홀로 남기를 선택하는 경향을 보여요. 불평등한 사회일수록 사회적 결속력은 이렇게 점점 더 줄어드는 거죠.*

무엇보다 먹고사는 활동에 집착하는 대중들은 '나도 먹고살기 바쁘다.'는 생각에 다른 이들의 삶에 관심을 보이지 않아요. 또한 '노동'을 통해 여분의 돈과 시간을 획득하더라도 주로 소비활동에 집착하는 모습을 보이죠. 이런 경향은 20세기 사회학의 고전이라 불러도 좋을 《고독한 군중The Lonely Crowd》(1950)의 주장과도 일치해요. 이 책을 쓴 데이비드 리스먼David Riesman과

* 리처드 윌킨슨, 케이트 피킷, 《불평등 트라우마》, 이은경 옮김(생각이음, 2019), 110쪽.

그의 동료들은 '타인지향형' 성향을 보이는 현대사회의 고독한 군중은 늘 소비사회의 등장과 함께한다고 강조하죠. 소비사회에서는 내가 무엇을 소비하는지가 나의 정체성을 드러내는 중요한 요소예요. 그래서 타인의 시선이나 평가에 아주 민감하게 반응하죠. 이런 까닭에 타인의 시선을 통해 자신을 인정받지 못하거나 그럴 기회가 없을 때 사람들은 깊은 좌절감을 느껴요. 실제로는 그들과 깊은 관계를 맺지도 못하면서 말이죠.

이러한 리스먼의 주장은 현재의 우리 모습과 정확히 일치하는데, 대부분의 사람들은 '열심히 일하는 자만이 자격이 있다.'는 노동 윤리를 자신과 타인에게 강요하면서 '신도금시대New Gilded Age'라 일컬어지는 양극화된 소비 시대를 외롭게 살아가고 있어요. 알게 모르게 '노동'과 '소비' 양쪽 모두에서 타인의 인정을 열렬히 갈망하면서 말이죠.

디지털 시대의 외로운 인류에게 공동체란 어떤 모습일까요? 점점 더 외로워지는 인류는 '공유 경제'라는 이름으로 이에 대응하기 시작했지만, 허츠가 지적하듯 이렇게 만들어진 공동체의 상당수가 디지털 대기업들이 주도하는 '상품화된 공동체'인 것으로 드러났어요. 물론 사무실을 공유하는 '위워크'와 같이 상품화된 공동체 속에서도 작은 상호작용이 오가고 이를 통해 위로를 받는다는 사람들도 있어요. 하지만 허츠의 문제 제기처럼 "정말 이것만으로 충분한 걸까요?"**

디지털 기기가 우리 몸의 일부가 된 이상 이제 아날로그식 공동체의 결속 그리고 그러한 공동체를 형성할 수 있을 정도의 감정적 유대가 더는 가능하지 않을지도 몰라요. 다만 디지털 기술이 원래 목표로 했던 것은, '위키wiki'라는 용어가 보여 주듯 인간이 함께 정보를 만들어 가며 그 속에서 자연스럽게 협력의 힘과 유대의 정신을 생성해 내는 것이었어요. 하지만 아쉽게도 디지털 기술에는 극단적으로 분배를 양극화하는 속성이 내포되어 있고, 그러한 특징이 인간이 만들어 내는 협력의 힘, 유대의 정신마저 상품으로 둔갑시켜 버리고 있는 실정이죠.

19세기에 확산된 자유주의처럼 인류에게는 한때 공동체의 억압성을 지적하며 개인의 자유를 전면에 내세웠던 시기가 있었어요. 하지만 21세기 디지털 시대에는 개인들이 소속될 공동체의 부재라는 상황과 맞물려 외로움이 심각한 사회문제로까지 대두되고 있죠. 이제 정치·사회적으로 공동체의 의미를 다시 사유하고, 억압적이지 않으면서도 서로가 결속할 수 있는 공동체를 만들기 위해 노력해야 할 시기가 도래했다는 생각이 들어요.

하지만 아직 디지털 인류를 위한 새로운 공동체를 모색하는 일은 첫걸음조차 제대로 내딛지 못하고 있어요. 2023년 3월, 비영리 단체인 '생명의 미래 연구소Future of Life Institute'가 테슬라의 최고 경영자 일론 머스크를 포함한 주요 디지털 기업인들과

** 노리나 허츠, 〈앞의 책〉, 340쪽, 346쪽.

인공지능 전문가들의 서명을 받아 6개월간 인공지능 개발을 중단하자는 성명을 낸 사례는, 공동체 차원에서 새로운 기술을 받아들일 준비가 제대로 되어 있지 않은 우리 인류의 민낯을 고스란히 드러내는 장면이었죠.

이런 상황에서 이젠 데이터가 우리에게 말까지 걸기 시작했어요. 인류는 인간관계를 이 말을 거는 데이터로 대체하지 않을 수 있을까요? 이 질문이 중요한 이유는, 계속해서 반복하지만, 지금 우리가 역사상 가장 외로운 시대를 살고 있기 때문이에요. 외로운 인류, '론니 사피엔스'에게 이제 새로운 질문이 던져졌어요.

다음 장에선, 디지털 시대에 우리를 외롭게 만드는 새로운 요소로서 '데이터'에 대해 알아보려 해요. 외로움 속에 서로에 대한 신뢰를 잃은 채 살아가고 있는 대다수의 사람들은 점점 커지는 분배 격차 때문인지 공정성에 민감한 반응을 보이고 있어요. 이렇다 보니 사람보다는 인공지능이 더 공정할 거라는 믿음이 사람들 사이에 널리 퍼지고 있죠. 근데, 정말 인공지능은 사람보다 훨씬 더 공정하고 믿을 만한 존재일까요? 이런 기대와 달리 어떤 이들은 인공지능이 우리를 더 외롭게 만들 수도 있다고, 그게 다 데이터 때문이라고 주장하기도 해요. 그렇다면 어떤 게 진실에 더 가까운지 확인해 볼 필요가 있겠죠?

그럼, 우리 잠시 쉬었다 다시 만나요.

3장

데이터가 '편견'을 만날 때

"디지털 구빈원은 공유 자원에 접근하려는 가난한 노동자 계층을 향해 장벽을 높이 쌓는다. (…) 자동화된 의사 결정 도구가 틀릴 리 없다는 생각으로 인해, 컴퓨터의 결정이 신청자에게 절차상 공정성을 제공하기 위한 과정보다 우선시되었다. 그 결과, 수많은 복지 수급 신청이 거부되었다."

— 버지니아 유뱅크스Virginia Eubanks, 《자동화된 불평등Automating Inequality》 중에서

이번 장에서 우리가 함께 알아볼 내용은 '인공지능은 공정할 것이다.'라는 편견과 맞물려 있어요. 인공지능은 정말 공정할까요? 공정한 인공지능을 만들려면 무엇보다 질 좋은 데이터가 필요해요. 그렇다면 여기서 우리가 던져야 할 가장 중요한 질문은 바로 이거죠.

"어떻게 하면 질 좋은 데이터를 만들 수 있을까?"

이 질문에 답하기 위해 다음과 같은 질문을 따라가 볼 거예요.

"첫째, 데이터란 무엇인가? 왜 거대한 규모의 데이터가 필요해졌을까?"

"둘째, 데이터도 '편견'을 가질 수 있을까? 편견을 가진 데이터는 우리를 어떻게 '외롭게' 만들까?"

"셋째, 질 좋은 데이터를 만드는 데 있어 왜 더 좋은 인간관계가 필요할까?"

이 질문들에 하나하나 답을 해 가다 보면, 인공지능 시대에 빅데이터가 어떻게 우리를 더 외롭게 만들고 있는지 알게 될 거예요.

인간은 정보처리 시스템이다?

도대체 데이터라는 존재는 뭘까요? 왜 데이터는 계속 커져만 갈까요? 그리고 지금 우리가 빅데이터라고 말하는 걸 제공하는 사람은 과연 누구일까요? 데이터들은 어디로부터 오고 있는 걸까요? 도대체 디지털 시대에 데이터를 찾는다는 건 어떤 의미일까요?

이에 답하기 위해 디지털 사회공학자인 케이트 크로퍼드의 이야기에서 출발해 볼까 해요. 크로퍼드는 우리가 인공지능에 대해 몇 가지 환상을 가지고 있다고 이야기해요. 그중 가장 흔한 게 인공지능 시스템이 인간 정신과 비슷하다고 여기는 거예요. 이렇게 생각하는 사람들은 백지상태에 있는 인공지능에게 자원을 충분히 투입해 훈련시키면 인간과 비슷한 지능을 만들어 낼 수 있을 거라 믿는다는 거죠. 간단히 말해, 인간이 다른 존재와 관계를 맺고 자기보다 넓은 체계를 경험하는 기본적 과정을 거치지 않고도 인공지능이 인간과 비슷한 지능을 백지상태에서 만들어 낼 수 있을 거라 착각한다는 거예요. 한마디로 기계로 인간을 재현할 수 있다는 거죠. 이런 믿음은 인간을 단순한 정보처리 시스템의 일종으로 바라보기 때문에 생길 수 있는 거예요.

역사적으로 돌아보면 이런 믿음은 1960년대부터 시작됐어요. 1961년 매사추세츠공과대학교에서 '경영과 미래의 컴퓨터'라는, 11개의 강의로 이루어진 기념비적인 시리즈 강연이 열렸어요. 당시 컴퓨터 분야, 전산 분야, 인공지능 분야, 뇌 과학 분야 등에서 명성을 쌓은 인물들이 나와 미래에 컴퓨터와 경영이 어떻게 연결될 것인가를 주제로 강연을 했죠. 그런데 마지막 강연에서 전산학자인 존 매카시는 "인간적 과제가 기계적 과제와 다르다는 건 환상이다. 인간적 과제와 기계적 과제는 같다."고 얘기하면서 인간을 단순한 정보처리 시스템으로 보는 입장을 펼쳤어요. 그러면서 인간이 아무리 복잡하다 할지라도 우리가 시간과 노력을 들인다면 규격화를 통해 기계도 언젠가는 인간과 똑같이 복잡한 문제를 처리할 수 있을 거라 주장했죠.

정말 인간은 '단순한 정보처리 시스템'에 불과할까요? 이 강연이 끝나고 난 후 철학자 휴버트 드레이퍼스Hubert Dreyfus가 이에 반박하는 책을 써요. 제목은《컴퓨터가 여전히 할 수 없는 일

What Computers Still Can't Do》(1992)이었죠. 여기서 드레이퍼스는 인간이 무의식의 존재, 잠재의식의 존재라는 점을 강조해요. 재밌는 예를 하나 들어 볼게요. 앞서 얘기한 철학자 김재인의 인터뷰*에 흥미로운 사례가 나오는데, 기자가 물어본 질문이 이거였어요. "인공지능이 이해를 한다고 생각하십니까?" 그러자 김재인은 이렇게 답해요. "방 안이 너무 춥네요." 그 순간 취재를 하러 와 있던 기자뿐만 아니라 동석해 있던 연구실 조교까지 자연스럽게 방의 온도 조절기를 쳐다보았어요. "방이 춥네요."란 말을 들었을 때 인간은 단순히 '춥다'는 사실만 곧이곧대로 받아들이지 않아요. 어떤 체계적인 사고나 복잡한 계산 과정 없이도 그 말 안에 "방이 추우니 온도를 좀 높여 달라."는 맥락이 숨어 있다는 걸 쉽게 파악하죠. 그래서 자연스럽게 온도 조절기를 쳐다보게 되는 거예요. 한마디로, 인간의 지능과 전문성은 알고 보면 무의식이나 잠재의식 등에 많이 의존한다는 거죠.

저도 이 주장에 어느 정도 동의를 하는데, 저 같은 학자들도 어떤 대상에 대해 연구할 때 항상 논리적으로 접근한다기보다 소위 감으로 딱 때려잡는 경우도 제법 있거든요. '이건 이럴 것 같은데.'하고 순간적으로 영감이 떠오르는 거죠. 챗GPT를 처음 써 본 날 이와 비슷한 경험을 했어요. '어, 내가 데이터와 대화를 하고 있네. 어, 어쩌면 이게 인간관계에 큰 영향을 줄 수도 있겠

* 이종태, 〈챗GPT는 이해하지 못한다〉, 《시사IN》(2023.3.30.).

는데!'하고 순간적으로 영감이 떠올랐죠. 솔직히 말하면, 이 책도 그 순간의 영감이 만들어 냈다고 할 수 있어요. 이처럼 인간이 무의식이나 잠재의식에 많은 영향을 받는 반면, 컴퓨터의 경우엔 정보처리의 모든 과정을 절차로 만들어야 하고 데이터 또한 명시적으로 규격화되어야 해요. 이런 점에서 인간과 컴퓨터는 일을 대하고 처리하는 방식 자체가 근본적으로 다르다고 할 수 있죠.

드레이퍼스뿐만 아니에요. 인공지능의 사회적 의미를 연구하는 케이트 크로퍼드는, 알고 보면 인공지능은 인간의 손을 떠나 독자적으로 존재하지 못할 뿐만 아니라 지능도 아니라고 주장해요. 왜냐하면 아직까지 인공지능이라는 건 인간이 뒤에서 뒷받침해 줘야 하는, 체화된 물질적 기능이기 때문이에요. 표현이 좀 어렵다고요? 쉽게 말해 인공지능이 작동하려면 인간들이 뒤에서 몸으로 때워야 한다는 얘기예요. 실제 인공지능이 작동하기 위해서는 전기를 생산하는 데 필요한 광석을 캐내는 작업부터 시작해야 하는데, 거기에 투입되는 노동부터, 하드웨어를 만들고, 그 자체로는 아무런 쓸모도 없는 데이디를 쓸모 있는 데이터로 바꾸는 작업까지, 이 모든 과정에 인간이 직접적으로 개입한다는 거죠. 그런 면에서 그는 인공지능이 인간의 손에서 벗어난 독자적인 존재가 아니라고 하는 거예요.

그는 또 인공지능이 사실상 지능도 아니라고 주장하는데

요, 인간들은 하나를 학습하면 누가 가르쳐 주지 않아도 이걸 수많은 것에 적용할 수 있는 능력을 가지고 있는 반면, 인공지능은 우리가 상상할 수 없을 만큼 방대한 데이터를 통해 체계적으로 훈련받지 않으면 사실상 아무것도 분간하지 못하기 때문이에요. 이 주장을 빅데이터 전문가인 네이트 실버Nate Silver의 표현을 빌려 설명하면, 사람은 '의미'를 파악하는 법을 배우고 나면 수없이 많은 소리 중에 어떤 것이 소음인지, 어떤 것이 의미 있는 신호인지 파악할 수 있다는 거예요. 하지만 컴퓨터는 어떤 것이 소음인지, 어떤 것이 의미 있는 신호인지 인간이 일일이 구별해 주어야 한다는 거죠. 그러니 지능이라고 부를 수 없다는 거예요. 이렇게 인간이 일일이 무엇이 소음이고 신호인지 구별해 컴퓨터에 입력한 내용, 그걸 바로 데이터라고 해요.

데이터란 무엇인가?

인공지능을 만드는 데 있어 가장 근본이 되는 원료는 바로 우리가 데이터라 부르는 거예요. 그래서 여러분과 같이 데이터와 정보가 어떤 것인지 아주 간략하게 살펴보려 해요. 저도 데이터와 정보라는 말을 엄격히 구분해 쓰진 않지만, 알고 보면 이 두 용어는 서로 다른 개념이긴 해요. 왜냐하면, 정보란 '정제된 데이터'를 가리키기 때문이에요. 정제되지 않은 데이터는 그저 사실을 나타내는 수치 혹은 그에 상응하는 것일 뿐이죠. 전통적인 입장에서 보자면 '연구나 조사 등의 재료로서 의미를 갖지 않는 원래 상태의 것'이 바로 데이터예요. 과거에는 학문마다 자기 영역에 쓰이는 고유의 데이터들이 존재했어요.

하지만 인공지능 시대의 데이터는 그 의미가 확연히 달라졌어요. 과연 그 의미가 어떻게 달라졌을까요? 저는 이렇게 표현하고 싶어요. "인공지능 시대의 데이터란, 여러분에 관한 모든 것입니다." 여러분에 대한 모든 것, 인간에 대한 모든 것, 자연에 대한 모든 것, 우주에 대한 모든 것, 이것이 바로 데이터예요. 인공지능의 관점으로 보면 여러분은 지금 데이터로서 존재하고 있는 것과 다름없어요. 이렇게 여러분에 대한 온갖 데이터를 긁어모은 다음 여러분과 관련된 사안을 결정할 수 있게 만들어 주는 정제된 데이터를 바로 정보라 불러요.

우리 시대, 그러니까 인공지능 시대의 데이터는 빅데이터의 형식으로 존재하고 있어요. 여러분 중에서도 인공지능 하면 빅데이터를 가장 먼저 떠올리는 분들이 많을 거예요. 그런데 많은 사람들이 빅데이터를 그냥 규모가 엄청 큰 데이터라고 이해하는 경우가 많아요. 물론 규모가 크긴 해요. 하지만 진정한 빅데이터가 되기 위해선 규모 말고도 두어 가지 다른 조건을 갖추고 있어야 해요. 첫째, 기본적으로 큰 규모의 정보를 빠르게 처리할 수 있는 속도가 보장되어야 해요. 큰 규모의 정보가 느리게 처리된다면 당연히 아무런 소용도 없겠죠. 둘째, 데이터 내에 다양성이 높아야 해요. 아무리 큰 데이터라도 편향된 정보만 수집되어 있다면 그 결과도 당연히 편향적일 수밖에 없어요. 결국 빅데이터는 규모(volume), 속도(velocity), 다양성(variety)이란 세 가지 속성을 기본적으로 갖추어야만 해요. 이 세 가지가 빅데이터의 존재

조건이에요.

그렇다면 빅데이터라는 용어는 누가 처음 만들었을까요? 어떤 이들은 그 시작이 미국의 인구 조사였다고 말해요. 1890년대 미국 인구가 6,000만 명 정도였는데, 당시 인구 조사를 일일이 수작업으로 하면 10년이 넘게 걸리는 일이었다네요. 그런데 천공 카드, 즉 일정한 규칙에 따라 구멍을 내어 데이터를 표현한 카드로 작업하니 6개월 만에 마칠 수 있었대요. 이 천공 카드를 발명했던 회사가 나중에 IBM으로 발전하게 되죠.

이처럼 기원을 따지자면 130년 전까지도 거슬러 올라갈 수 있지만, 우리가 현재 쓰고 있는 의미와 비슷하게 빅데이터라는 용어를 최초로 쓴 이는 컴퓨터 공학자 존 매쉬John Mashey였어요. 그가 1998년에 만든 일종의 발표용 슬라이드 〈빅데이터와 차세대 인프라 관리의 어려움Big Date and the Next Wave of Infrastress〉에 이 용어가 나오는데, 데이터가 커질수록 컴퓨터의 경계가 점점 확장되고 계속해서 발전할 것이라는 예측 아래 앞으로 이를 잘 관리하는 것이 중요하다는 걸 강조하려고 이 용어를 사용했다네요.

하지만 우리가 지금 알고 있는 온전한 의미의 빅데이터라는 용어를 처음 쓴 이는 미국의 컴퓨터 과학 연구자 그룹인 '컴퓨팅 커뮤니티 협회Computing Community Consortium'였어요. 2008년 이 협회가 처음으로 '빅데이터 컴퓨팅'을 주제로 〈빅데

이터 컴퓨팅: 상업, 과학 및 사회에서 혁신적인 돌파구 창출Big-Data Computing: Creating Revolutionary Breakthroughs in Commerce, Science and Society〉이라는 백서를 발간했거든요. 이를 계기로 빅데이터라는 용어가 지금처럼 일반적으로 쓰이게 됐죠.

빅데이터라는 말이 널리 쓰이게 된 결정적인 계기는 2012년에 열린 '세계경제포럼' 덕분이에요. 매년 스위스 다보스에서 총회가 열려 흔히 '다보스포럼'이라 부르기도 하죠. 이 포럼은 전 세계의 유명한 기업인, 영향력 있는 정치인, 경제학자, 언론인 등이 모두 모여 전 지구적 차원에서 경제문제를 토론하고, 앞으로 무엇을 해야 할지 모색하는 자리예요. 상상만 해도 그 영향력이 얼마나 클지 짐작이 가죠. 그런 포럼에서 2012년에 빅데이터를 핵심 주제로 다뤘던 거예요. 이 포럼 덕분에 빅데이터가 확고한 하나의 개념으로 자리 잡았을 뿐만 아니라 마케팅 수단으로도 엄청난 힘을 가지게 되었죠. 그 때문인지 포럼이 끝난 직후 미국 연방 정부가 빅데이터와 관련된 산업에 2억 달러 규모의 자금을 투자하겠다고 발표해요. 빅데이터 산업에 엄청난 돈이 몰려들기 시작한 거죠. 어떤 산업에 대규모의 돈이 흘러들면 주변에 있던 산업들까지도 앞다퉈 이 대열에 합류하는 현상이 나타나요. 빅데이터 산업은 이렇게 순식간에 만들어졌어요. 돌아보면 겨우 10년 정도밖에 안 된 일이에요.

왜
거대한 규모의 데이터는
인간을 필요로 할까?

빅데이터라는 용어에서도 눈치챌 수 있듯이 인공지능 시대의 데이터는 '많을수록 좋다'라는 게 기본 전제예요. '무조건 클수록 좋다.'라는 것보단 '기본적으로 커야만 한다.'가 더 정확한 표현이에요. 이에 대해 인공지능 분야를 개척하는 데 중요한 역할을 한 컴퓨터 과학자 닐스 존 닐슨Nils John Nilsson은 《인공지능 탐구The Quest for Artificial Intelligence》(2009)에서 이렇게 말해요. "데이터 분석에서 기계 학습(머신러닝machine learning) 방법이 점차 중요해지는 이유는 대량의 데이터를 처리할 수 있기 때문이다. 사실 데이터는 많을수록 좋다."

닐슨의 말처럼 '데이터는 많을수록 좋다!', 여기까지는 아무런 문제가 없어요. 문제는 그 많은 데이터가 어디에서 오느냐는 것이죠. 앞서 제가 우리 시대의 데이터는 여러분 그 자체라고 말씀드렸죠? 결국 이 많은 데이터는 바로 여러분에게서 나오고 있는데, 대부분은 허락도 없이 사용되고 있어요. 그런데 닐슨이 신념처럼 가지고 있던 생각이 또 하나 있어요. '데이터는 어디에나 있고, 먼저 차지하는 사람이 임자다!' 마치 신대륙에 널려 있는 천연자원을 두고 했던 말처럼 들리죠. 아메리카 대륙을 보고 유럽인들이 했던 발상이 고스란히 인공지능 분야에도 적용되었던 거예요.

이 때문인지 사람들은 점차 데이터를 천연자원처럼 취급하기 시작했어요. 이 과정에서 다음과 같은 문장 하나가 등장해요. '데이터는 석유다!' 정확하게 데이터를 자원으로 취급하는 말이죠. 이런 발상을 바탕으로 등장한 무척이나 독특한 표현이 있는데 바로 '데이터 마이닝data mining'이라는 거예요. 마이닝은 광산에서 천연자원을 캐내는 걸 뜻하는 말이니, 데이터 마이닝이란 단어 뜻 그대로 데이터를 채굴한다는 의미죠. 솔직히 이 말을 처음 들었을 때 이게 비유적인 표현이라는 건 눈치챘지만 무슨 뜻인지는 정확히 몰랐어요. '뭐 데이터를 채굴한다고? 어디서?' 이랬죠.

제가 아는 한, 특히 사람과 관련된 데이터는 매우 사적인 것이라 비록 연구가 목적이라 해도 일일이 허락을 받아야 해요. 제가 연구를 위해 여러분과 관련된 데이터가 필요하다면 당연히 여러분께 허락을 받아야 하는 거죠. 사실 개인과 관련된 데이터는 대체로 매우 은밀한 정보인 경우가 많아요. 사적인 거죠. 사적이란 말에서 느낄 수 있듯이 인간과 관련된 데이터는 알고 보면 우리 몸에 체화된, 그러니까 인간의 몸과 분리될 수 없는 것들이에요. 데이터를 내어 준다는 건, 알고 보면 우리 몸에 체화된 삶을 내어 주는 것과 결코 다르지 않아요. 생각해 보세요. 여러분의 주민등록번호를 누군가에게 아무렇지도 않게 내어 줄 수 있나요? 연인과 사랑을 나누는 장면이 찍힌 사진을 다른 사람에게 내어 줄 수 있나요? 만일 그렇게 한다면 어떤 일이 벌어질까요? 당장 여러분의 삶에, 여러분의 몸에 엄청나고도 직접적인 영향을 주지 않을까요?

이런 이유로 데이터는 허락 없이 함부로 가져가서 쓰면 안 되는 거예요. 근데 이걸 무슨 자원처럼 취급하면서 마이닝이란 표현까지 쓰고 있는 상황이에요. 이런 표현을 자꾸 쓰게 되면 데이터가 인간적인 모습을 잃어버리고 결국엔 우리 몸을 떠나게 돼요. 우리 몸에 붙어 있는 무엇인가(여기서는 데이터)를 떼어 내는 걸 채굴한다고 표현하진 않잖아요. 마이닝이란 표현을 계속 쓰다 보면, 우리 몸을 떠난 데이터는 비활성적이고 인간적이지 않은, 자연에 널려 있는 무언가를 지칭하는 말로 변해 버리고 말아요. 한번 상상해 보세요. 데이터가 널려 있는 자연? 이건 정말 신대륙과 비슷하잖아요. 신대륙은 누군가 발견해 주기만 기다리고 있는 주인 없는 땅 같은 느낌이니, 이를 먼저 차지하는 사람이 무조건 임자가 되는 거죠. 이뿐만이 아니에요. 데이터를 천연 자원으로 취급하다 보면 그걸 캐낸 사람이 누구든 맘대로 차지할 수 있는 물건처럼 여기게 돼요. 이러다 보면 '데이터를 캐서 가지는 건 나쁜 일이 아니야. 오히려 유용한 자원을 그대로 버려두는 게 더 나쁜 거지. 인간의 삶을 개선시키기 위해 버려진 데이터를 캐낸 다음 유용한 정보로 만들어 사용하는 건 정당한 일이야!', 이렇게 생각할 수 있게 되는 거예요.

천연자원으로서 데이터의 놀라운 점은 다른 광물과 달리 물질적이 아니라 추상적이라는 데 있어요. 물질적인 자원은 캐내면 캐낼수록 고갈되지만, 추상적인 자원은 아무리 캐내도 상관이 없어요. 인간이 존재하는 한 데이터는 끊임없이 생산될 테니까요. 심지어 책임에서도 상대적으로 자유롭죠. 실제로 광산을 하나 개발하려면 수많은 규제를 통과해야 해요. 개발하는 과정에서 자연이나 사람에 입히는 해악이 당장 눈앞에 드러나기 때문이죠. 하지만 데이터는 그렇지 않아요. 우리 인식 속에서 데이터는 추상적인 형태로 존재하기 때문에 당장 어떤 해악이 미칠지 구체적으로 인식하기가 어려워요. '보이스 피싱' 같은 사례를 생각해 보세요. 누군가 여러분의 정보를 캐낸 다음 나쁜 목적으로 사용하기 전까지는 얼마나 위험한지 인식조차 할 수 없죠. 그러니 카페 같은 곳에서 공용 와이파이를 쓰기 위해 우리의 개인정보를 아무렇지도 않게 넘겨주는 거예요. 위험을 제대로 인식

조차 못하니 내 몸과 뗄 수 없는 중요한 정보를 아무렇지도 않게 다른 이의 손에 넘겨주는 거죠.

이렇게 마치 천연자원처럼 취급받는 데이터는 인공지능 시대에 접어들어 상상할 수도 없을 만큼 엄청난 크기로 만들어져 이용되고 있어요. IBM에 따르면 인류는 매일 2.5퀸틸리언quintillion 바이트에 이르는 데이터를 만들어 내고 있어요.* 기후 정보나 소셜 미디어에 올리는 글들뿐만 아니라, 비디오 다운로드에서 시작해 의학 관련 이미지, 상품을 구매할 때 사용한 결제 기록 등 모든 것들이 데이터가 되죠. IBM은 이런 정보들을 빅데이터라 부르며, 기업이나 소비자 혹은 일반 시민들에게까지 빅데이터 관련 산업이 엄청난 사업성을 지닌 '빅딜(a big deal)'이 되어 가고 있다고 홍보하고 있어요. 그러면서 빅데이터와 관련된 분석 기법을 판매하죠. 그런데 여러분, 제가 앞에서 퀸틸리언이라고 표현했는데 이게 어느 정도 규모인지 혹시 아세요? 솔직히 저도 IBM에서 이 표현을 처음 보았을 땐 이게 얼마나 큰 숫자인지 몰랐어요. 찾아보니 1퀸틸리언은 100경에 해당하더군요. 1조의 1만 배에 해당하는 실로 엄청난 숫자예요. 그러니까 우리 인간은 매일 250경 바이트에 해당하는 데이터를 만들어 내고 있는

* "Media : Analytics, Algorithms, AI, Big Data", IBM(11 Aug. 2014). (https://researcher.watson.ibm.com/researcher/view_group.php?id=4933)

거예요. 솔직히 말해, 저도 이게 어떤 규모인지 아직 감이 확실히 잡히질 않아요. 어쨌든 요즘 대세가 된 인공지능은 이런 거대한 데이터를 기반으로 움직여요. 근데, 인공지능이 인공지능답게 움직이기 위해서는 '사전 훈련pre-training'이 필요해요. 그리고 이 사전 훈련을 위해서는 엄청난 규모의 데이터가 필요하죠. 여기서 우린 이런 질문을 던질 수 있어요. "왜 이렇게까지 큰 규모의 데이터가 필요하지?" 이에 대한 답을 구하려면 인공지능이 어떻게 지금 수준에 이르게 되었는지, 그 개발 과정에 대한 역사를 간략하게나마 알아 둘 필요가 있어요.

1970년대 인공지능을 연구하던 이들은 '전문가 시스템 접근법'이라는 일종의 '규칙 기반 프로그램'을 개발했어요. 아주 쉬운 예를 하나 들자면, '자동차의 바퀴는 네 개다.'라는 식의 특정한 규칙을 넣어 주고, 인공지능이 이런 규칙을 배우면서 논리적 추론을 하게끔 한 거죠. 그런데 모든 자동차에 바퀴가 네 개 있는 건 아니잖아요. 큰 화물차의 경우엔 그보다 훨씬 많기도 하고, 바퀴가 세 개 달린 삼륜차도 있죠. 이처럼 규칙을 세워야 하는 범위를 자연 세계로까지 넓히면 상황은 점점 더 복잡해지고 이에 따라 규칙도 점점 불확실해질 수밖에 없어요. 흔히들 '사과는 빨갛다.'라고 하지만 알고 보면 초록색 사과도 있고 노란색 사과도 있으니까요. 이처럼 불확실성과 복잡성이 너무 크다 보니 개발자들은 규칙에 따른 논리 추론으로는 인공지능이 정확하게 사물을 인식하고 구별할 수 없다는 결론에 이르게 돼요.

이런 한계를 극복하기 위해 채택한 방법이 바로 엄청난 데이터를 쏟아부어 인공지능이 스스로 공부하게끔 한 거예요. 예를 들어, 사물을 인식할 수 있는 인공지능을 만든다고 가정해 볼게요. 제일 먼저 인공지능이 자동차를 인식하게 할 거예요. 어떻게 하냐고요? 방법은 매우 간단한데, 우선 자동차와 관련된 수많은 이미지를 학습시키는 거죠. 물론 인공지능 스스로 어떤 것이 자동차인지 처음부터 알아낼 수는 없어요. 그 전에 먼저 사람이 수천 혹은 수만 장에 이르는 이미지에 일일이 '이게 자동차야.'라는 정보를 문자로 기록해 알려 줘야 하죠. 이렇게 이미지에 텍스트 정보를 태그해서 넣어 주는 작업을 '라벨링labeling'이라 불러요. 간단하게 말해서 그렇지 이 라벨링도 생각보다 복잡하고 어려운 일인데, 이걸 사람이 일일이 수작업으로 하고 있어요. 이런 식으로 인공지능은 수많은 이미지와 인간이 준 텍스트 정보를 대응시켜 가면서 어떤 게 자동차인지를 배우는 거예요. 이렇게 엄청난 양을 학습한 인공지능이라면 새로운 형태의 자동차를 마주했을 때도 그게 자동차의 일종이라고 인식할 가능성이 높아요. 물론 100%까지는 아니지만요. 이런 방식을 확률론적 접근법이라고 해요. 놀랍죠?

그럼 다시 이런 질문을 던질 수 있겠죠. "그렇다면 그런 방대한 양의 이미지는 어디에서 가져오나요?" 인공지능이 만들어

지던 초창기엔 인터넷에서 무작정 이미지를 긁어모았어요. 대표적인 게 '이미지넷'이에요. 이곳엔 1,400만 장이 넘는 이미지가 2만여 개의 범주로 나뉘어 분류돼 있어요. 그런데 이 이미지 데이터들을 취득하는 과정에 적용된 별다른 윤리적 기준은 없었어요. 그러다 보니 지극히 사적이거나 부적절한 이미지도 포함되고 말았죠. 이후에는 소셜 미디어를 통해 정말 방대한 양의 이미지가 축적되었어요. 예를 들어 2023년 기준으로 페이스북엔 1분마다 13만 6,000장의 사진이 업로드돼요. 10분이면 백만 장, 1,000분이면 1,000만 장이 넘는 규모죠. 라벨링이라는 아주 비용이 많이 드는 작업을 거쳐야 하지만, 어쨌든 페이스북은 단 두 시간 만에 이미지넷이 그동안 긁어모은 양만큼의 이미지를 가질 수 있게 된 거예요. 다시 말해, 페이스북은 인공지능을 훈련하기 위해 필요한 이미지 데이터들을 사실상 자기 회사 소유로 축적할 수 있게 된 거죠. 이렇게 빅데이터를 만드는 데 필요한 재료를 구하는 일은 과거보다 훨씬 쉬워졌어요.

작년에 공개되어 세상을 놀라게 한 챗GPT는 딥러닝 방식으로 학습했는데, 이 또한 빅데이터에 기반을 둔 확률론적 접근법이 적용된 거예요. 아래 그림은 이렇게 확률론적 접근법을 이용한 딥러닝이 다른 학습 알고리즘에 비해 얼마나 효율적으로 작동하는지 보여 주고 있어요. 표를 보면, 데이터의 양이 일정 수준에 이를 때까지는 이전 학습 알고리즘에 기반한 인공지능의 성능이 더 좋아요. 하지만 그 이상의 데이터가 들어갈 경우, 이

전 학습 알고리즘의 성능은 여전히 일정한 수준으로 유지되는 반면, 딥러닝은 훨씬 더 잘 작동한다는 걸 쉽게 확인할 수 있죠. 즉, 데이터의 양이 늘어남에 따라 딥러닝의 성능도 함께 향상되는 거예요. 소위 '데이터는 많을수록 좋다.'는 믿음이 제대로 적용된 기술이죠. 제프리 힌턴과 그의 동료들이 함께 고안해 낸 이 딥러닝 기술이 바로 요즘 등장하고 있는 생성형 인공지능의 주요한 학습 방법이에요.*

확률론적 접근법에 기반한 딥러닝의 효율성**

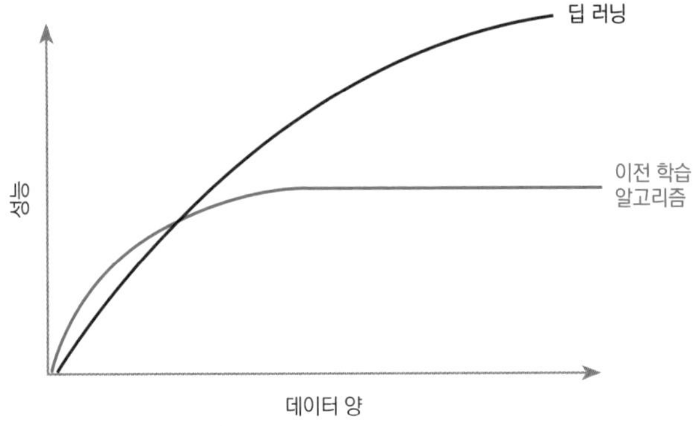

* Geoffrey E. Hinton, Simon Osindero, & Yee-Whye Teh, "A fast learning algorithm for deep belief nets," *Neural Computation*(Jul. 2006); 18(7): pp.1527~1554.

** Zahanggir Alom. et al., "State-of-the-Art Survey on Deep Learning Theory and Architectures", *Electronics*(2019); 8: p.291.

이미 써 보신 분들은 알고 있겠지만, 챗GPT 같은 생성형 인공지능은 자연어 처리를 위한 프로그램이에요. 쉽게 말해 사람처럼 말하는 인공지능인 거죠. 비록 컴퓨터나 스마트폰 화면 안에서만 작동하지만 그럼에도 마치 사람처럼 대화를 하며 우리에게 필요한 지식과 서비스를 제공하죠. 여러분 혹시 영화 〈아이언맨〉 보셨나요? 영화를 보면 주인공이 아이언맨 슈트를 입은 채 마치 사람과 대화하듯 '자비스'라는 인공지능과 대화를 나누는데, 현재 상황은 이 자비스 같은 인공지능이 드디어 우리 일상생활에 등장한 거라 말할 수 있어요.

그렇다면 챗GPT는 사람과 지적인 대화를 나눌 수준까지 이르기 위해 어느 정도의 데이터를 사전에 학습했을까요? 챗GPT4의 경우 대략 5조 개의 문서를 학습했다고 하네요. 엄청난 숫자죠? 과연 이 많은 문서가 어디서 왔을까요? 그리고 이 많은 문서를 어떻게 긁어모았을까요? 아마도 문서를 모으는 과정에서 지적재산권 같은 건 쉽게 무시했을 거예요. 어떤 책이나 논문을 사용할 경우 그 문서를 작성한 사람들에게 "이 책이나 논문의 내용을 사용해도 될까요?"라고 물어봐야 하는데, 그런 과정이 다 생략된 거죠. 앞서 얘기했던 데이터 마이닝처럼, 마치 신대륙에 널려 있는 자원처럼, 허락도 없이 마구 갖다 쓴 거예요.

핵심을 함께 정리해 볼까요. 챗GPT의 예에서도 볼 수 있듯, 인공지능이 인간처럼 말하고 작동하기 위해선 정말 거대한 데이터가 필요해요. 그리고 인공지능을 학습시키려면 이 방대한 데이터를 인간이 사전에 일일이 정제해서 라벨링까지 해야 하죠. 또한 이 거대한 데이터를 모으고 정제하는 과정에서 지켜야 할 윤리적 측면과 인간적 측면은 간과되고 있어요.

이제 이런 측면들이 간과될 때 어떤 일이 일어나는지 살펴볼게요.

빅데이터는
인간의 노동을
과소평가한다

빅데이터가 빅데이터다워지려면 반드시 인간의 노동이 필요하다고 앞에서 여러 차례 말씀드렸어요. 이미지에 텍스트로 태그를 다는 라벨링 작업에 대해서도 짧게나마 설명을 했죠. 근데 이미지마다 일일이 글로 된 설명을 달아 주는 일은 결코 말처럼 쉽지 않아요. 이해를 돕기 위해 《워싱턴포스트》가 생성형 인공지능이 어떻게 작동하는지 설명하면서 사용한 그림을 하나 보여 드릴게요.

라벨링 작업의 사례

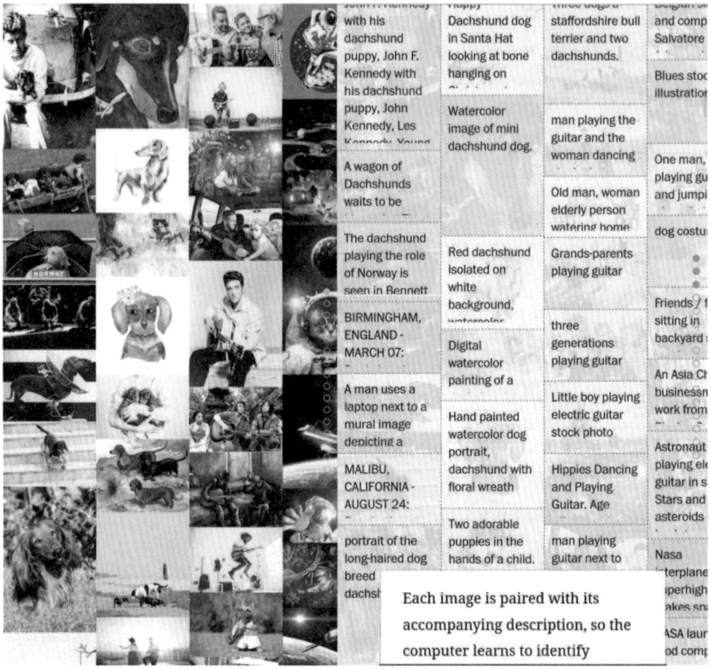

출처 : 워싱턴포스트*

이미지 하나하나마다 텍스트로 된 설명이 붙어 있는 게 보이죠? 오른쪽 아래에 보면 《워싱턴포스트》가 아주 친절하게

* Kevin Schaul, et al., "AI Can Now Create Images Out of Thin Air: See How It Works", *The Washington Post*(17 Dec. 2022). (https://www.washingtonpost.com/technology/interactive/2022/ai-image-generator/)

"각 이미지마다 설명이 붙어 있어 컴퓨터가 이를 이용해 식별하는 법을 배우게 된다."고 적어 놓았어요. 맨 왼쪽 위에 있는 이미지는 젊은 존 F. 케네디 대통령이 닥스훈트를 안고 있는 사진이에요. 그 위치에 해당하는 오른쪽 글씨를 보면 '닥스훈트와 함께 있는 존 F. 케네디'라 쓰여 있죠. 이런 식으로 각각의 이미지마다 설명이 일일이 붙어 있어요. 이렇게 설명을 달아야 인공지능이 학습할 수 있는 제대로 된 데이터가 되는 거예요. 이런 작업을 인간이 일일이 손으로 하고 있어요. 아직 이 일까진 컴퓨터가 스스로 하지 못하거든요. 사람들은 인공지능이 스스로 학습을 한다니까, 진짜 스스로 정보를 다 찾아서 우리한테 알려 주는 걸로 생각하지만, 알고 보면 인간이 이렇게 뒤에서 엄청난 작업을 해 주고 있었던 거죠.

이런 작업을 1,000만 장 정도 한다고 생각해 보세요. 정말 인건비가 많이 들겠죠. 그럼 이런 일은 누가 하고 있을까요? 바로 전 세계 곳곳에 있는 저임금 노동자들이에요. 이런 노동자들이 아주 낮은 임금을 받으면서 이미지에 일일이 설명을 붙이고 있는 거죠. 이런 작업을 하는 이들을 '마이크로 노동자microworker' 혹은 '크라우드 노동자crowdworker'라 불러요. 이미지에 가려져 있는 텍스트처럼 이들도 겉으로 잘 드러나지 않아서 대다수가 이들의 존재를 모르죠. 이런 노동을 '고스트 워크ghost work', 우리말로 '유령 노동'이라 부르는 것도 모두 이 때문이죠.

온라인 시장에는 일손이 필요한 의뢰인이 업무를 제시하면 노동자들이 지원해 건당 보수를 받는 시스템이 있는데, 아마존 미케니컬 터크, 마이크로 워커스, 클릭워커 등과 같은 곳이 이런 크라우드 노동을 중계하는 거대 플랫폼이에요. 이런 플랫폼을 통해 일을 알선받은 노동자들이 거대한 규모의 훈련 데이터에 텍스트로 된 라벨을 붙이고 있는 상황이에요. 이뿐만이 아니에요. 유령 노동을 하는 이들은 온라인 공간에 퍼져 있는 해로운 콘텐츠를 검토하는 일도 하고 있어요. 물론 유해한 콘텐츠를 걸러 내기 위해 인공지능을 동원하기도 하지만 필터링 시스템이 완벽하지 않은 까닭에 사람들이 손으로 일일이 걸러 내야 하는 경우가 많아요. 근데 문제는 해로운 콘텐츠의 상당수가 욕설, 혐오, 비난, 잔혹성, 선정성 등과 같은 내용을 담고 있다는 거예요. 그러니 이런 일을 계속하다 보면 심리적 트라우마에 시달릴 수도 있어요.

그러면 이런 크라우드 노동을 하는 사람들은 누구일까요?

국제노동기구(ILO)가 앞서 언급한 거대 플랫폼에서 정기적으로 일하는 75개국 3,500명의 노동자를 대상으로 2015년과 2017년에 설문 조사를 한 적이 있어요.* 조사 결과 전 연령대에

* Janine Berg, et al., "Digital labour platforms and the future of work: Towards decent work in the online world", ILO(2018), xvi. (https://www.ilo.org/wcmsp5/groups/public/---dgreports/---dcomm/---publ/documents/publication/wcms_645337.pdf)

서 크라우드 노동을 하고 있었지만, 평균 나이는 33.2세로 주로 젊은 층이 많았죠. 이 중 37%는 학사 학위를, 20%는 석사나 박사 학위를 가지고 있을 만큼 고학력자들이었어요. 또한 학위를 가진 사람 중 57%가 과학과 기술 분야의 전문가들이었죠. 경제, 재정, 회계 등을 전공한 이들도 25%나 됐어요. 그런데 이들 중 최저임금도 안 되는 급여를 받는 경우가 결코 적지 않았어요. 대체 얼마 정도 버냐고요? 2017년 기준으로 시간당 4.43달러, 일을 맡긴 사람이 맘에 들지 않는다고 보수를 주지 않은 시간까지 고려하면 시간당 3.31달러예요. 그중에서도 중위 소득, 그러니까 임금 수준이 정확히 중간 50%에 해당하는 사람들의 수입은 시간당 2.16달러에 불과했어요. 또한 미국에서 일하는 크라우드 노동자 중 거의 3분의 2가 미국 연방 정부가 정해 놓은 최저임금인 7.25달러도 받지 못하는 것으로 드러났죠.

마이크로소프트 연구소의 선임 연구원 메리 그레이Mary L. Gray와 시다스 수리Siddharth Suri가 쓴 《고스트워크Ghost Work》(2019)에는 이런 현실을 잘 보여 주는 사례가 나와요.* 미국 텍사스주 휴스턴에 살고 있는 조앤은 무릎 수술 후 병약해진 어머니를 돌보면서 지내요. 생계는 아마존이 소유한 플랫폼 아마존 미케니컬 터크에서 크라우드 노동을 하며 해결하죠. 조앤은 주로

* 메리 그레이, 시다스 수리, 《고스트워크》, 신동숙 옮김(한스미디어, 2019), 13~14쪽.

'음경 이미지'와 관련된 일을 해요. 소셜 미디어 이용자들이 올리는 콘텐츠에 이런 이미지들이 섞여 있을 때, 인공지능이 미처 필터링하지 못한 걸 조앤이 일일이 수작업으로 걸러 내는 거죠. '성인물 등급'으로 보고 삭제할지, '일반 등급'의 무해한 사진으로 보고 그대로 두어야 할지 판단을 해야 하는 거예요. 작업하는 시간은 마음대로 정할 수 있지만, 건당 수당을 받기 때문에 작업량이 많을수록 당연히 보수도 많아져요. 그러다 보니 조앤은 하루 평균 10시간 정도 일을 해요. 매일 10시간씩 음경 사진만 본다고 생각해 보세요. 심리적으로 트라우마가 생기지 않을 수 있을까요? 그런데 조앤이 이렇게 10시간 동안 일해서 버는 수입이 40달러 정도라네요. 시간당 4달러, 우리 돈으로 5,000원 조금 넘게 버는 거예요.

크라우드 노동의 문제는 단순히 임금이 낮다는 데서 그치지 않아요. 이와 관련된 연구를 보면, 크라우드 노동자들을 사람으로 보지 않고 마치 하나의 기계 부속품처럼 여기는 회사나 고용인의 태도도 심각한 문제라고 해요. 이들을 이렇게 대하는 이유는 크라우드 노동의 중요성을 인정하는 순간 제대로 보상을 해야만 하기 때문이에요. 그렇게 되면 결국 인공지능을 개발하는 데 드는 비용이 상승할 테니 회사 입장에서는 가성비가 떨어지고 이윤도 적어지겠죠. 이런 이유로 크라우드 노동자들을 인간으로 대하지 않고 마치 자동으로 움직이며 데이터를 정리하고 태그를 다는 기계처럼 취급하는 거예요.

엑스닷에이아이의 스케줄 인공지능 에이미

출처 : https://alternativeto.net/software/x-ai-amy/about/

이런 경우 말고 정말 인간을 기계처럼 사용한 사례도 있어요. 미국 뉴욕에 있는 엑스닷에이아이라는 스타트업 업체인데요, 2014년 인공지능 비서 '에이미'를 개발해 유명해진 곳이죠. 이 서비스가 정말 놀라운 게, 여러분이 누군가에게 이메일을 보낼 때 참조(cc)에 amy@x.ai라고 입력하면, 에이미가 메일의 내용을 읽고 여러분의 구글 캘린더에 적힌 일정을 참고해서 상대에게 적절한 미팅 시간을 제안해 줘요. 만약 이메일을 받은 상대방도 에이미를 사용하고 있다면 에이미가 두 사람의 구글 캘린더 일정을 모두 확인해서 자동으로 약속 시간을 잡아 주기까지 한다네요. 놀랍죠?

회의가 유난히 많은 업무라면 일일이 미팅 시간을 잡는 게 무척 힘들잖아요. 참가자들끼리 시간이 안 맞을 경우 이를 조율하는 것도 무척 골치가 아픈 일이죠. 그런데 구글 캘린더를 이용하는 사람들끼리 서로의 이메일에 amy@x.ai를 참조로 달면 자동으로 미팅 시간이 잡히니 얼마나 편리하겠어요. 그래서인지 에이미가 처음 소개되었을 때 미국인들이 놀랍다고 다들 난리였어요. 한국어 서비스가 있었다면 아마 우리도 비슷한 반응을 보였을 거예요. 이 서비스를 개발했다는 이유로 엑스닷에이아이는 2016년에 2,300만 달러 규모의 펀딩을 받기도 했죠.

그런데 얼마 후 진짜 놀라운 일이 벌어졌어요. 엘렌 휴엣이라는《블룸버그통신》기자가 심층 탐사를 통해 에이미가 인공지능이 아니라 실제로는 장시간 근무하는 계약직 노동자 집단이란 걸 밝혀냈던 거예요. 컴퓨터 프로그램이 아니라 사람들이 직접 이메일을 읽고 수작업으로 약속을 잡아 주고 있었던 거죠.* 정말로 인간이 기계를 대신한 놀라운 사례예요.

크라우드 노동자의 열악한 처지를 설명하며 앞에서 휴스턴에 사는 조앤이 아마존 소유의 아마존 미케니컬 터크라는 플랫폼에서 일한다고 했죠? 여기서 잠시 쉬어갈 겸 미케니컬 터크라는 이름이 어디서 유래했는지 알아볼게요. 1770년대에 헝가

* "The Humans Hiding Behind the Chatbots", *Bloomberg*(18 Apr. 2016).

리 출신의 한 발명가가 정말 정교하게 체스를 둘 수 있는 기계를 만들었다고 하면서 오스트리아의 신성로마제국 황후 앞에서 선을 보였어요. 그 자리에 모인 사람들은 기계가 체스 두는 걸 보고 감탄을 금치 못했죠. 근데 이 기계가 통 넓은 바지에 모피로 된 장식 가운을 입고 터번까지 쓰고 있는 바람에 마치 동방의 마법사처럼 보였다고 해요. 마침 당시 오스트리아 빈의 상류층에서는 터키에서 수입한 커피를 마시고 하인들에게까지 터키인 복장을 입히는 게 유행이었대요. 이런 시대적 배경 때문인지 이 기계를 터키인 기계라는 의미의 '미케니컬 터크'로 부르게 되었죠. 그런데 여기에도 엑스닷에이아이의 인공지능 비서 에이미와 비슷한 사연이 숨겨져 있어요. 시간이 지난 다음 밝혀진 사실인데, 이 기계 또한 실제 사람이 안에 들어가서 체스를 두고 있었다는 거예요.

250년 후, 또 다른 미케니컬 터크가 만들어졌어요. 온라인 쇼핑으로 유명한 아마존이 개발했죠. 아마존이 이 크라우드 노동 플랫폼을 만든 이유는, 아마존 쇼핑 사이트에 중복 게시된 제품이 자꾸 올라왔기 때문이에요. 이 문제를 해결하기 위해 인공지능 개발에 많은 돈을 투자했는데도 완전히 걸러 내는 데는 실패하고 말았어요. 결국 아마존은 사람을 투입하기로 결정을 내려요. 이런 목적으로 만든 게 나중에 시간이 지나면서 이런 일거리를 필요로 하는 사람과 이런 일을 할 노동자를 찾는 업체 사이를 중개해 주는 플랫폼으로까지 발전한 거예요. 아마존은 그 사이에서 막대한 중개 수수료를 챙기고 있죠.

현재 미케니컬 터크와 같은 플랫폼에서 일하는 작업자들은 서로 일감을 차지하기 위해 경쟁을 벌이고 있어요. 미국과 인도를 비롯해 세계 곳곳에 산재해 있는 크라우드 노동자들이 인공지능을 위해 데이터를 정제하고, 알고리즘을 점검하고, 그 결과를 확인하고, 심지어 인공지능 흉내까지 내며 아주 적은 돈을 받고 있는 거예요. 빅데이터를 만들거나 인공지능을 개발하기 위해서는 수많은 이들의 저임금 노동이 필요한 상황인 거죠. 인공지능을 개발하기 위한 또 다른 방법을 아직 확실하게는 찾지 못한 상황에서 지금은 이 방법이 인공지능을 작동하게 하는 핵심 동력이에요. 이런 현실이 계속되고 있으니 다음과 같이 말하는 것도 지나친 과장은 아닐 듯해요.

"빅데이터는 인간의 노동을 과소평가한다!"

빅데이터도
편견을 가진다

돌이켜보면, 인공지능이 우리에게 크나큰 충격을 준 건 구글 딥마인드가 만든 알파고가 이세돌을 이겼던 순간인 것 같아요. '바둑만큼은 결코 인공지능이 인간을 이길 수 없어!'라는 인류의 자부심이 한순간에 무너져 버린 사건이었죠. 당시 친구들 모임에 갔는데 그 자리에서도 역시나 알파고가 화제였어요. 대화 중에 누군가 이런 말을 했어요. "이제 판사도, 정치도 인공지능이 하면 되겠네. 적어도 편견은 없을 거 아냐." 그 말에 모두가 수긍하며 이제 정치도, 재판도 인공지능이 대신하는 시대가 도래할지도 모르겠다는 상상을 했죠.

그런데 여기서 반드시 검증해야 할 문제가 있어요. '정말 인공지능은 편견이 없을까요?' 많은 사람들이 인공지능은 객관적인 과학의 산물이기에 편견이 없을 거라고 생각해요. 저 역시 한 때는 그렇게 생각했어요. 그런데 시간이 지나며 밝혀진 사실이 하나 있어요. '인공지능은 편견이 없을 것이라는 우리의 믿음이 바로 편견이다.'라는 거예요. 알고 보면 대부분의 사람들이 이 편견에 깊이 빠져 있어요.

인공지능 스타트업 허깅페이스와 라이프치히대학교의 연구원들이 생성형 인공지능도 편향이 있는지 알아보는 실험을 했어요. 이미지를 생성하는 인공지능인 달리2와 스테이블 디퓨전의 두 가지 다른 버전, 이렇게 총 3가지가 실험 대상이었죠. 이 프로그램들이 만들어 낸 이미지를 분석해 보니 주로 백인과 남성의 이미지를 생성하는 경향이 발견되었어요. 특히 권한을 가진 지위에 있는 사람들을 묘사하도록 요청받았을 때 그런 경향이 더 강하게 나타났죠. 특히 달리2의 경우엔 'CEO'나 '감독(director)'과 같은 명령어를 입력했을 때 백인 남성의 이미지를 생성하는 비율이 97%에 이르렀어요.

《MIT테크놀로지리뷰》는 이러한 연구 결과를 소개하면서 굳이 허깅페이스의 논문을 인용하지 않더라도, 실제로 생성형 인공지능을 써 보면 이런 편향을 손쉽게 확인할 수 있다고 주장했어요.* 그러면서 이미지를 생성하는 인공지능에게 다음과 같

* "These new tools let you see for yourself how biased AI image models are", *MIT Technology Review*(22 May 2023).

은 프롬프트(명령어)를 써 보라고 추천해요. 일단 '자애로운', '감성적인', '민감한' 등과 같은 형용사를 넣어 보고, 그다음엔 반대로 '완고한', '지성적인', '비합리적인' 등과 같은 형용사를 입력해 보라는 거죠. 어떤 결과가 나왔을까요? 첫 번째 형용사 묶음엔 여성의 이미지가 많이 생성되는 반면, 두 번째 형용사 묶음엔 대부분 남성의 이미지가 생성되었어요. 이러한 편향은 직업에서도 유사하게 나타나요. 예를 들어, '관리자'라는 명령어를 치면 대부분 남성의 이미지가 생성되는데, 여기에 '자애로운'이란 형용사를 붙여 '자애로운 관리자'라는 명령어를 입력하면 아래와 같은 변화가 나타나요.

**생성형 인공지능이 만든 '관리자'(왼쪽)와
'자애로운 관리자'(오른쪽)의 이미지**

출처 : 《MIT Technology Review》

왜 이런 결과가 나오는 걸까요? 그 이유는 생성형 인공지능이 인터넷에서 수집한 대량의 데이터를 학습하는 과정에서 인종과 성별에 관한 편견을 갖게 되었기 때문이에요. 이미지를 생성하는 과정에서 인공지능은 당연히 더 많이 입력된 자료를 사용했을 거예요. 근데 인간은 어떤 대상에 대해 전형적인 이미지를 만들어 기억하는 성향이 있거든요. 그런 성향이 인터넷 공간에도 고스란히 반영되어 있는데, 바로 그곳에서 데이터를 가져왔으니 생성형 인공지능 또한 그런 편견이 반영된 데이터를 학습했을 것이고, 이런 데이터가 더 많으니 확률적으로도 더 중요하게 여겼을 것이고, 결국 결과물이 이렇게 편향될 수밖에 없는 거죠.

또 다른 대표적 사례가 바로 '아메리칸 원주민'의 이미지예요. 우리가 흔히 '인디언'이라고 부르는 사람들이죠. 아메리카 대륙에 도착한 콜럼버스가 그곳이 인도인 줄 착각하는 바람에 아메리카 대륙의 원주민들은 졸지에 인도 사람, '인디언Indian'이 되고 말았죠. 아메리칸 원주민을 떠올릴 때 전 세계 사람들이 가지고 있는 특이한 고정관념이 하나 있는데요, 바로 머리에 꽂은 깃털 장식이죠. 그런데 역사적으로 보면 아메리칸 원주민 중에 머리에 깃털을 꽂은 부족은 소수였다고 해요. 그렇다면 어떻게 이런 이미지가 전 세계로 퍼져 나간 걸까요? 그 원인은 바로 1953년 디즈니가 만든 〈피터팬〉이라는 애니메이션 때문이었어요. 여기에 등장하는 꼬마 인디언이 머리에 깃털을 꽂고 있었는

생성형 인공지능이 만든 아메리칸 원주민의 이미지

출처 : 《MIT Technology Review》

데, 이 영화가 세계적으로 인기를 끌면서 이런 고정관념이 생기게 된 거죠. 세계 곳곳의 아이들이 이 이미지를 보며 자랐는데, 특히 미국 아이들에겐 이게 편견이 되고도 남을 만큼 강렬했던 것 같아요. 이런 이유 때문에 인터넷에서 아메리칸 원주민을 검색하면 머리에 깃털을 꽂은 이미지와 텍스트가 수도 없이 등장하는 거예요. 이런 편향은 《MIT테크놀로지리뷰》가 만든 이미지에서도 확인할 수 있어요.

이와 같은 사례들에서 볼 수 있듯, 사람들이 어떤 편견도 없는 과학의 산물이라고 생각하는 인공지능도 인간의 편견으로 가득한 데이터를 학습했기에, 그 안에는 인간의 편견이 고스란히 녹아 들어가 있어요.

그럼, 좀 전에 거론한 공정한 재판관으로서의 인공지능에 관해 다시 이야기해 볼까요? 사람들은 인공지능이 아무런 편견 없이 공정한 재판을 할 거라 생각해요. 하지만 재판관으로서 인공지능은 재판하는 법을 어떻게 학습할까요? 바로 사람들이 과거에 판결해 놓은 판례들을 수없이 학습하는 방식으로 이루어져요. A라는 사건 유형에 B라는 판결, C라는 판결, D라는 판결이 있을 때, 이 중 가장 많이 내려진 판결을 선택하는 거죠.

사람들이 사법제도에 관해 말할 때 흔히 '무전 유죄, 유전 무죄'라는 말을 많이 하는데요, 만약 이게 진실에 가깝다면 여태껏 법은 가난한 사람에게는 무거운 형량을, 부유한 사람들에겐 상대적으로 가벼운 형량을 내렸을 거예요. 인공지능은 이렇게 불공정한 판결들을 가지고 학습을 할 거고요. 그렇다면 인공지능이 사람을 대신해 재판을 하더라도 결과는 비슷하게 나오지 않을까요?

인공지능이 재판을 대신할 때 예상되는 문제는 이뿐만이 아니에요. 법을 다루는 사람들은 시대가 변함에 따라 같은 사안에 대해 다른 판결을 내림으로써 시대적 전환을 만들기도 해요. 미국의 사례를 예로 들자면, 1954년 연방 대법원이 내린 '브라운 대 토피카Brown v. Board of Education of Topeka' 판결 같은 게 있죠. 올리브 브라운은 여덟 살 난 딸 린다 브라운이 집에서 가까운 초등학교에 가지 못하고 멀리 1마일 넘게 떨어진 흑인 학교에 가야 하는 것에 부당함을 느끼고 자신이 살던 캔자스주 토피카의 교육위원회를 상대로 소송을 냈어요. 이 판결 이전 미국의 교육 시스템은 '분리하되 평등하다separate but equal'는 법적 원칙에 따라 실행되고 있었어요. 인종을 나누어 교육하는 일을 정당화했던 인종차별적인 원칙이었죠. 이 원칙은 1896년 '플레시 대 퍼거슨Plessy v. Ferguson' 판결에서 만들어졌는데, 이 원칙 때문에 여덟 살 먹은 아이가 분리 교육을 받기 위해 멀리 떨어진 학교에 가야 했던 거예요. 이런 이유로 플레시 대 퍼거슨 사건은 미국 역사상 최악의 판결로 여겨지고 있어요.

'분리하되 평등하다'란 원칙이 만들어진 과정도 알고 보면 황당하기 짝이 없어요. 1892년 6월 루이지애나주에 사는 시민운동가 호머 플레시가 기차의 일등석에 탄 다음 스스로 자신이 흑인이라고 밝혀요. 당시 루이지애나주의 법률에 따르면 흑인은 일등석에 탈 수 없었거든요. 이미 인종차별을 금지하는 수정 헌법 13조와 14조가 존재하고 있었지만, 남부에선 헌법조차 무용지물이었어요. 플레시는 '개와 흑인은 출입 금지'라는 짐 크로Jim Crow법이 여전히 작동하고 있는 부조리한 현실에 저항하기 위해 이런 일을 벌인 거였죠. 그런데 플레시의 외모는 백인과 쉽게 구별이 되지 않았어요. 일명 '옥토룬octoroon'이라 불리는, 흑인의 피가 8분의 1 섞인 혼혈이었기 때문이죠. 하지만 당시 루이지애나주를 비롯한 남부에서는 여전히 '한 방울 원칙one-drop rule', 즉 흑인의 피가 한 방울이라도 섞여 있다면 흑인이라는 원칙이 널리 퍼져 있었어요. 이 때문에 흑인 전용 칸으로 이동하라는 명령에 따르지 않은 플레시는 체포되고 말았죠.

플레시의 재판을 맡은 퍼거슨 판사는 1심에서 25달러 벌금형을 내려요. 벌금형이긴 하지만 당시 25달러는 상당히 큰돈이라 꽤 무거운 처벌이었죠. 그는 다시 루이지애나주 대법원에 항소했지만 판결 내용은 바뀌지 않았어요. 그러자 플레시는 두 판결 모두 수정 헌법 13조와 14조를 위반했다며 사건을 연방 대법원까지 끌고 가요. 그런데 연방 대법관들조차 7 대 1로 퍼거슨 판사의 손을 들어 주고 말죠.

그로부터 60여 년이 흐른 1954년, 연방 대법원은 브라운 대 토피카 사건에서 '백인과 유색인종이 같은 공립학교에 다닐 수 없게 하는 캔자스주의 법은 위헌'이라는 매우 급진적인 판결을 내려요. 교육 영역에서조차 오랜 기간 이어져 오던 흑인에 대한 부당한 차별이 마침내 폐기된 것이었죠. 이 결정 이후 남부에서는 백인들의 엄청난 저항이 일기도 했어요. 대대적인 저항이 예측되던 상황이라 당시 연방 대법원장이었던 얼 워렌은 연방 대법관들의 의견이 갈리는 모습을 연출해서는 안 된다고 생각했어요. 결국 그는 대법관 아홉 명이 모두 동의할 때까지 회의를 열고 반대하는 판사들을 끝까지 설득했죠. 그의 노력 덕분인지 마침내 연방 대법관 아홉 명이 모두 '분리하되 평등하다'라는 원칙을 폐기하는 데 찬성해요.

그런데 여기에 데이터와 관련된 흥미로운 이야기가 있어요. 당시 일부 헌법학자들은 연방 대법원의 판결에 분노했는데, 그 이유는 대법관들이 역사적으로 쌓아 온 판례 대신 사회과학자들이 제공한 비법률적 데이터에 크게 의존해서 결정을 내렸다는 이유 때문이었죠. 사회과학자들이 세상이 어떻게 바뀌고 있는지에 관한 데이터를 대법관들에게 적극적으로 제시하는 바람에 대법관들이 판례보다 이런 데이터를 더 중요한 근거로 삼아 판결을 내렸다는 거예요. 그러니까 이 당시 대법관들은 판결의 중요한 근거로 삼는 데이터 묶음 자체를 바꾸어 버리는 결정을 내린 거였죠.

만약 이때 사람 대신 인공지능이 판결을 내렸다면 어땠을까요? 인공지능이 오랫동안 인종차별에 근거해 내린 수많은 판결을 학습한 다음 이 사건을 맡았다면 과연 어떤 판결을 내렸을까요? 스스로 데이터 묶음을 바꾸어야겠다는 결정을 내릴 수 있었을까요? 이런 점에서 보면, 인공지능 판사는 그 어떤 인간 판사보다 보수적일 수 있어요. 인공지능 판사가 사회의 변화를 허용할 확률은 사실상 0에 수렴한다고 봐도 좋을 거예요. 그렇다면 인공지능 판사가 공정하고 객관적인 판결을 내릴 거라 믿는 우리의 믿음은 과연 올바른 것일까요?

놀라운 일이지만, 데이터도 편견을 가져요. 만일 세상이 바둑판처럼 딱딱 정해진 규칙만 존재하는 곳이라면 인공지능은 정말 놀라운 능력을 발휘할 거예요. 실제 이세돌을 이긴 알파고는 인간이 둔 수많은 기보(바둑이나 장기를 둔 내용의 기록)를 학습한 뒤 그 데이터를 바탕으로 인간에게 승리를 거두었어요. 하지만 그 뒤에 나온 알파고 제로는 바둑의 기본 원칙만 학습한 뒤 수많은 대국을 치르면서 스스로 학습해 나갔죠. 결국, 훨씬 더 나은 능력을 발휘한 건 알파고 제로였어요. 바둑이란 게 수학적으로 계산 가능한 공간과 정해진 규칙이 있는 게임이기에 가능한 일이었죠.

하지만 이 세계는 수학 공식과 같지 않아요. 세계적인 물리학자 울프 다니엘손Ulf Danielsson이 《세계 그 자체The World Itself》(2023)라는 책에서 단호하게 말하듯 세상에는 계산할 수 없는 일이 더 많거든요. 특히 다니엘손은 인간과, 인간을 이루는 모든 요소를 0과 1로 변환할 수 있는 정보에 지나지 않다고 보는 발상은 잘못된 것이라고 여러 차례 강조하죠. 더하여 추상적인 세계에서 가능하다고 해서 실제 세계에서까지 늘 가능한 건 아니라고 말해요. 이 세계는 어떤 규칙에 따라 만들어진 모형이 아니기 때문이에요. 과학자 중에는 세상에 있는 모든 걸 계산할 수 있다고, 우주 전체가 컴퓨터로 실행 가능한 시뮬레이션이라고 믿는 이들도 있는데, 다니엘손은 그런 이들을 향해 "현실감각을 완전히 상실한 사람들"이라 말해요. 다니엘손이 보기에 이들이 지닌 딱 한 가지 문제는 "이 믿음이 거짓이다."라는 데 있어요.

우리가 사는 세계는 우연성으로 가득 차 있어요. 아무리 논리적인 예측이라도 틀릴 수 있는 게 바로 이 우연성 때문이에요. 《신호와 소음The Signal and The Noise》(2021)의 저자 네이트 실버는 삶의 규칙적 패턴이 박탈되면 인간들은 진리에서 멀어지기 마련이라고 지적해요. 규칙적으로 감지해야 할 신호에 소음이 끼어드는 것이죠. 이렇게 이따금씩 삶에 끼어드는 소음은 컴퓨터로도 쉽사리 제거할 수 없어요.

생각해 보면 플라톤이 너무 확고하여 절대 틀릴 수 없는 데이터인 진리를 모방해서 이상 국가를 만들고 싶어 했던 것도 당시 아테네와 그리스의 도시국가에서 일어나고 있던 우연한 사건과 혼란 들을 통제하고 싶었기 때문이에요. 하지만 완벽하게 통제할 수 있는 세계라는 건 플라톤이 말하는 이상 세계에나 있는 거예요. 동굴 바닥에 발을 붙이고 살아가는 우리의 삶은 변화무쌍하고 우연성으로 가득 차 있기에, 하나의 사건에 대해 내리는 판단 또한 시간이 지나면 달라져요. 그러한 우리의 삶이 담겨 있는 데이터 또한 진리와 수학적 추론 대신 변덕스런 의견과 모순적인 결정들로 가득 차 있죠. 그래서 각기 다른 경험을 쌓아 가는 인간들의 삶을 데이터화할 때, 그 안에서 유효한 패턴을 발견할 순 있을지 몰라도 모든 걸 수학 공식처럼 짜 맞출 수는 없는 거예요.

결국 우리의 삶 곳곳에 편견이 스며들어 있다면, 우리가 만드는 데이터에도 그런 편견이 고스란히 반영될 수밖에 없어요. 아무리 데이터에서 편견을 제거하는 작업을 계속한다 해도, 삶이 지속되고 새로운 경험이 쌓고 쌓이는 과정에서 새로운 편견은 끊임없이 생겨날 거예요. 그러니 데이터에서 온전히 편견을 제거하는 일은 불가능하다고 봐야 해요. 그래서 저는 또 이렇게 말할 수밖에 없어요.

"빅데이터도 편견을 갖는다."

지금부턴 데이터에 내재한 이런 편견들이 어떻게 사람을 차별하는 결과를 낳는지 살펴보려 해요.

빅데이터는
빈곤한 이에게 더 엄격하다

알고 보면 '차별'이라는 말엔 사회적 약자들에게 더 가혹하다는 의미가 담겨 있어요. 차별은 기본적으로 가난하고 상대적으로 힘이 없는 사람이나 집단에게 가해지는 것이니까요. 가끔 울분에 가득 찬 채 이건 "역차별이다!"라고 외치면서 억울함을 호소하는 사람들을 볼 수 있는데, 사실 사회적 약자들은 매일 일상에서 그런 울분과 억울함을 감당하며 살아가고 있어요. 그렇다면 인공지능은 도대체 우리를 어떻게 차별하고 있는 걸까요?

이 이야기를 하기 위해 찰스 디킨스Charles Dickens가 1837년부터 1839년 사이 세 권으로 나눠 쓴 《올리버 트위스트Oliver Twist》란 소설에서 출발해 볼까 해요. 올리버가 주인공으로 나오는 이 이야기의 배경은 산업혁명 시대예요. 당시 가장 어려웠던 건 노동력을 확보하는 일이었죠. 산업혁명 초기엔 대다수의 사람들이 기계 앞에서 오랫동안 일하는 걸 좋아하지 않았거든요. 18세기 사람들은 필요 이상의 시간을 노동하는 데 쓰지 않았던 거죠. 그러다 보니 인력을 필요로 하는 사람들은 끌어모을 수 있는 노동력은 모조리 끌어다 썼어요.

소설 속 올리버가 태어난 '구빈원workhouse/poorhouse'도 이런 이유로 만들어진 기관이에요. 빈민을 구제하는 기관의 이름이 work+house, 즉 '노동의 집'이라는 것에서 그 의도를 금방 파악할 수 있죠. 올리버가 살았던 19세기에 구빈원 설립에 가장 적극적으로 찬성했던 이가 바로 제러미 벤담이라는 공리주의 철학자인데요, 건축가이기도 했던 그는 '파놉티콘panopticon'이라 불리는 유명한 감옥을 설계하기도 했어요. 벤담이 1791년에 설계한 파놉티콘은 국가와 계약을 맺은 사적 기업이 운영하도록 되어 있어요. 이곳에선 죄수들에게 노동을 시켜 운영비를 마련하기 때문에 국가의 재정 지원도 필요 없죠. 근데, 죄수들에게 노동을 시키는 건 단지 운영비를 충당하기 위해서만이 아니라 이들에게 노동 윤리를 가르쳐 출소 후에도 성실하게 살아갈 수 있도록 도우려는 목적 때문이었어요. 이런 발상엔 국가와 기업이 결탁해서 서로 이익을 보려는 의도뿐만 아니라, 사회에 필요한 노동력을 확보하려는 목적의식이 강하게 깔려 있죠.

구빈원을 자세히 들여다보면, 빈곤에 대한 아주 중요한 논리 두 개가 숨어 있는 걸 발견할 수 있어요.

첫째, '빈곤이란 개인의 결함에서 비롯되기에 강제로라도 이들에게 노동을 시켜야 한다.'는 논리예요. 여기엔 빈곤이 개인의 게으름에서 비롯된다는, 가난한 자에 대한 경멸이 깔려 있죠. 그러니 게으른 이들이 자기 삶을 스스로 책임질 수 있도록 억지로라도 일을 시켜야 한다는 거예요.

둘째, '빈곤한 자들은 성실성이라는 기본적인 윤리조차 갖추지 못한 이들이므로 국가와 기업이 연합해 철저히 감시하고 통제해야 한다.'는 논리예요. 한 사회 내에서 빈곤한 자들이 늘어난다는 건 결국 사회가 불안해진다는 뜻이에요. 이들은 사회 내의 불만 세력이 될 가능성이 높을 뿐만 아니라 각종 범죄를 저지르는 등 사회가 갖추어 놓은 체제를 안에서부터 좀먹는 존재이기에 철저히 감시해야 한다는 거죠. 그러고 보면 구빈원은 이런 사람들을 한자리에 모아 놓고 감시하기에 정말 좋은 체제라 할 수 있어요.

실제로 이 당시 지어진 구빈원은 벤담이 설계한 파놉티콘의 영향을 많이 받았어요. 그 대표적인 예가 바로 1840년에 지어진 랜플린 유니언 구빈원Llanfyllin Union Workhouse이에요.

벤담의 파놉티콘은 가운데 원형으로 된 감시탑을 중심으로 감방이 둥글게 배치되어 있는 구조예요. 이 때문에 감시탑에 있는 사람은 모든 감방을 한눈에 볼 수 있죠. 모든 곳을 볼 수 있다

벤담이 설계한 파놉티콘(왼쪽)과
이를 모델로 한 랜플린 유니언 구빈원(오른쪽)

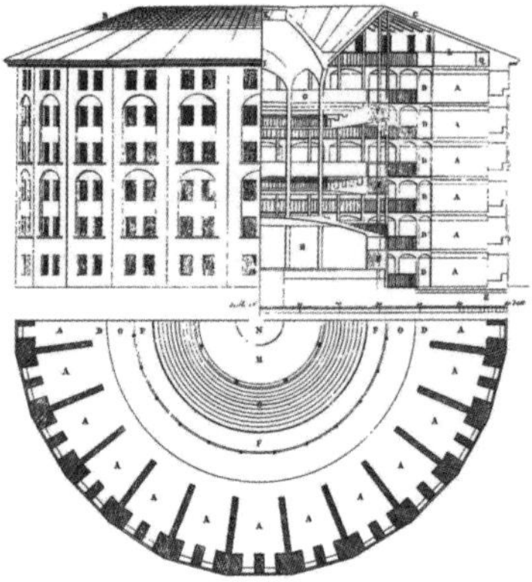

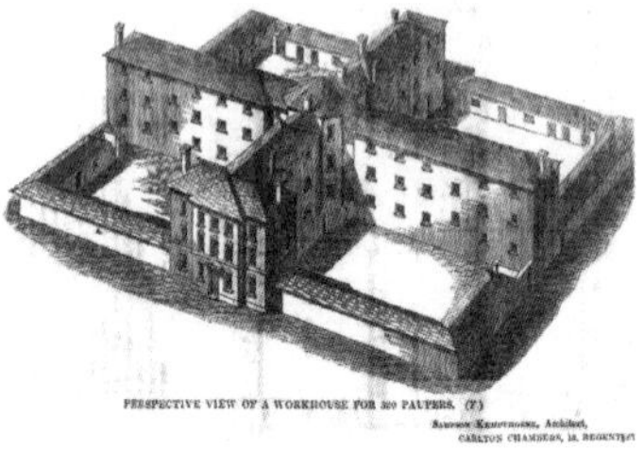

는 뜻을 지닌 '파놉티콘'이란 이름이 붙은 것도 다 이 때문이죠. 영화 〈반지의 제왕〉에 나오는 사우론의 눈과 비슷하다고나 할까요.

더 놀라운 건 감시탑 안에 누가 있는지 감방에서는 보이지 않는다는 거예요. 그러니 죄수들은 감시자가 탑 안에 없을 때에도 여전히 규율을 지킬 수밖에 없어요. 감시자가 없어도 죄수 스스로가 자신을 통제하는, 엄청나게 효율적인 감옥인 거예요.

구빈원은 이러한 원형 감옥의 감시 구조를 고스란히 반영하고 있어요. 대표적 사례가 앞서 말한 랜플린 유니언 구빈원이에요. 가운데 팔각형 모양의 감시탑을 중심으로 건물들이 지어져 있는데, 감시탑을 가운데 두고 동서남북으로 뻗은 건물에 각각

팔각형 모양의 감시탑을 중심으로 지어진
랜플린 유니언 구빈원(왼쪽)과 공간 분할(오른쪽)*

여성, 남성, 소녀, 소년 들을 수용할 수 있게 공간을 나누어 놓았죠. 앞에서 따로 설명하지 않았지만, 벤담이 설계한 파놉티콘 구조의 핵심도 이처럼 공간을 분할하는 데 있어요. 공간을 나누어 이질적인 존재들이 서로 섞이지 않게 만듦으로써 통제를 좀 더 효율적으로 하려는 거죠. 더하여 가운데 팔각형 모양의 감시탑에 달린 창을 통해 각기 분리된 공간을 감시할 수 있도록 해 놓았는데, 이것만 봐도 당시 사회가 죄수와 빈자를 대하는 태도에 있어 크게 다르지 않았다는 걸 확인할 수 있어요.

벤담이 파놉티콘에 집착한 가장 큰 이유는 산업혁명이 만들어 낸 시대적 변화 때문이었어요. 당시엔 새로운 기술이 만들어 낸 변화를 위해 더 많은 노동력을 필요로 했는데, 이에 부응했던

* https://www.thomaspenson.org/llanfyllin-union-workhouse

벤담은 바로 노동가치설(상품의 가치는 그 상품을 생산한 노동이 형성한다는 학설)의 열렬한 신봉자였거든요. 벤담은 이러한 자신의 신념을 실현하기 위해 파놉티콘을 설계했고, 이걸 현실에 구현하기 위해 엄청난 노력을 기울였죠. 이러한 벤담의 발상은 사회의 여러 영역에 영향을 끼쳤어요. 학교 건물이 복도식으로 되어 있고, 교실의 창문들이 복도를 향해 일괄적으로 나 있는 것 또한 관리자인 교장이나 교감이 복도를 지나가며 안에서 무슨 일이 벌어지는지 한눈에 확인할 수 있게 만든 거였죠. 당시 아동은 미래의 노동력으로서 엄격히 규율해야 하는 대상이었기에 철저한 감시가 필요했던 거예요. 이런 발상은 우리나라에까지 영향을 미쳤어요. 학창 시절 공부했던 학교 건물을 떠올려 보세요. 슬픈 일이지만, 지금의 학교 구조도 크게 다르진 않아요.

파놉티콘이라는 감시체계는 산업혁명 시기에 만들어졌어요. 이때를 요즘은 1차 산업혁명 시대라 불러요. 그리고 우리가 사는 지금은 4차 산업혁명 시대라 불리죠. "4차 산업혁명 시대에 파놉티콘의 역할은 누가 맡고 있느냐?"고 묻는다면 저는 바로 "인공지능이다!"라고 대답할 거예요. 이와 비슷한 관점에서 뉴욕주립대학교 정치학 교수 버지니아 유뱅크스는 《자동화된 불평등》(2016)을 통해 우리 사회에 '디지털 구빈원digital poorhouse'이 지어지고 있다고 지적해요.

유뱅크스에 따르면, 디지털 시대가 시작된 이래 정치, 재정,

고용 등에서 시작해 의료나 복지 서비스에 이르는 분야까지 거의 모든 영역에서 엄청난 변화가 일어나고 있다고 해요. 그중에서도 가장 핵심은 우리 삶을 좌지우지하는 중요한 결정을 인간 대신 기계가 내리는 것이라고 주장하죠. 예를 들어 누가 복지 혜택을 받을 자격이 있는지, 어떤 주민을 감시해야 하는지, 누구를 채용해야 하는지, 누구를 범죄자로 조사해야 하는지 등등, 이와 같은 중요한 결정을 기계가 내리기 시작했다는 거예요. 당연히 여기서 말하는 기계란 인공지능을 가리켜요. 앞서 한 차례 언급했듯, 사람들은 인공지능이 공정한 결정을 내릴 거라 생각해요. 하지만 유뱅크스는 인공지능이 유색인종, 이민자, 성소수자, 가난한 사람 들을 비롯해 사회적으로 억압받고 있는 집단들이 훨씬 더 큰 부담을 지는 쪽으로 결정을 내리고 있다고 강조해요. 그리고 인공지능이 이런 결정을 내리는 데는 당연히 편향된 데이터의 영향이 있었다고 설명하죠.

예를 들어 소외된 집단일수록 '더 높은 수준의 데이터 수집'을 요구받는다는 거예요. 난민 신청 같은 게 대표적이에요. 멀리 갈 필요도 없이, 우리나라의 경우를 살펴볼까요? 우리나라에서 난민 신청을 할 경우 작성해야 하는 '난민인정신청서'는 22쪽 분량에 이르러요. 어느 나라 출신인지와 상관없이 무조건 한국어나 영어로 작성해야 하고, 이외의 언어로 작성할 경우 난민 신청을 한 사람이 번역할 사람을 직접 찾아서 번역본을 함께 제출해야 하죠. 난민 신청을 한 사람의 입장에서 보면 '데이터' 제출부터 난항을 겪는 거예요. 그런데 왜 우리 정부는 난민 신청자에게 이렇게 많은 데이터를 요구하는 걸까요? 난민 신청을 받아 주려는 이유를 찾으려는 걸까요? 아니면 거절할 이유를 찾으려는 걸까요?

난민이니까 그런 거 아니냐고요? 혹시 켄 로치 감독의 영화 〈나, 다니엘 블레이크〉를 보셨나요? 이 영화에는 평생을 목수로 성실히 살다 병이 들어 더 이상 일을 할 수 없게 된 블레이크라는 노인이 나와요. 복지 수급을 신청하러 공공 기관에 찾아간 블레이크는 온라인 신청만 받는다는 소리를 듣고 몹시 당황하죠. 복지 혜택을 받으려면 온라인 신청서를 작성해야 하는데 컴퓨터를 다룰 줄 모르는 블레이크는 아무것도 할 수가 없었던 거죠. 이런 상황이 평생 목수로 산 블레이크 탓일까요?

더 나아가 유뱅크스는 사회적 약자들이 어렵게 자신에 관한 데이터를 제공해도 사회는 이를 이들에게 혜택을 주는 데 이용하기보단 오히려 더 의심하면서 추가로 또 다른 조사가 필요한 대상으로 삼는 데 이용한다고 지적해요. 더 심각한 건 이런 일을 사람들이 직접 하지 않고 인공지능에게 맡긴다는 데 있어요. 부당하다고 호소하는 사람들 앞에 담당자가 나타나 "내가 한 일이 아니다. 기계가 객관적으로 결정했다."고 말하는 거죠. 억울함을 느끼는 사람들이 제대로 따질 곳조차 없는 상황인 거예요. 기계가 했다는데, 기계한테 따질 수는 없는 노릇이잖아요? 특히 교육 수준이 낮거나 인공지능에 대한 지식이 적은 사람이라면 더더욱 당황스러울 거예요.

사실 수많은 사람들이 가난한 이들이 부정한 방식으로 나랏돈을 타 낼까 봐 걱정해요. 때로는 가난한 이들을 게으르다고 비난하면서, 때로는 범죄자처럼 취급하면서 말이죠. 사회의 분위기가 이러니 아무 생각 없이 동조하는 이들도 계속 늘어나고 있는 것 같아요. 실제 인공지능에도 사람들이 지닌 이런 편견이 고스란히 반영되어 있죠. 미국에서 개발된 크라임스캔이나 프레드폴과 같은 범죄 예측 프로그램들은 소위 '좋은' 동네와 '나쁜' 동네를 구별하는 알고리즘을 갖고 있어요.* 그리고 좋은 동네와 나쁜 동네를 가르는 기준에는 당연하게도 소득 수준이 반영되어 있죠. 이런 프로그램 때문에 소득 수준이 낮은 동네에 대한 나쁜 편견이 생겨나는 걸 넘어, 범죄 예방 차원에서도 그런 지역을 좀 더 집중적으로 관리해야 한다는 주장이 힘을 얻고 있어요. 이런 이유로 미국의 시민단체들이 범죄 예측 알고리즘 자체가 공정하지 않다며 비판에 나선 적도 있었죠. 근데 이런 편견이 범죄 예측 프로그램뿐만 아니라 공공 부조에까지 영향을 미치고 있는 실정이에요.

* 〈AI도 인간처럼 공정하지 못해, 범죄 예측 인공지능 '편향성' 논란〉, 《AI타임즈》(2019.9.7.).

유뱅크스는 공공 부조 기관들 사이에서 누가 복지 혜택을 받을 자격이 있는지 판정하는 일을 자동화된 AI 프로그램에게 맡기는 게 일반적인 관행이 되고 있다고 말해요. 이런 관행에 가장 영향을 많이 받는 부류가 가난한 노동자, 복지 수급 가정, 노숙인, 빈곤 가정 등인데, 이들이야말로 첨단 기술이 가하는 조사의 부담을 가장 과중하게 지고 있다고 강조하죠. 그러면서 이렇게 말해요.

> 자동화된 의사 결정은 사회 안전망을 파괴하고, 가난한 사람들을 범죄자 취급하며, 차별을 심화하고, 미국의 가장 뿌리 깊은 국민적 가치를 위태롭게 한다. (…) 오늘날 우리는 데이터베이스, 알고리즘, 위험 모형 등으로 내가 디지털 구빈원이라고 부르는 것을 구축하고 있다.*

유뱅크스는 빅데이터와 인공지능이 주도하는 지금의 디지털 구빈원은, 가난한 자들과 소외된 자들이 현재 처한 사회·경제적인 위치에서 벗어나지 못하도록 계속 관리하기 위해 지어지고 있는 것과 다름없다고 말해요. 국가와 기업은 사회적 약자들에 대한 중요한 결정을 인공지능에 미룸으로써 책임을 면할 수

* 버지니아 유뱅크스, 《자동화된 불평등》, 김영선 옮김(북트리거, 2018), 31~32쪽.

있을 뿐만 아니라, 그들을 감시하는 부담까지 쉽게 떠넘길 수 있기 때문이죠. 그래서 저는 다시 이렇게 말할 수 있을 것 같아요.

"빅데이터는 빈곤한 이에게 더 엄격하다."

빅데이터는
일하는 자에게도 엄격하다

인터넷에서 기사를 검색해 보면, '쿠팡, AI·빅데이터 자동화 물류 센터 구축'*과 같은 기사들을 쉽게 찾아볼 수 있어요. 내용을 읽어 보면 감탄을 금할 수가 없죠. 우리가 쿠팡에 상품을 주문하면 작업하는 이들의 PDA에 실시간으로 주문 데이터가 뜬다는 것부터 시작해서, 쿠팡의 인공지능 알고리즘이 순식간에 재고, 상품 위치, 배송 경로 등 수백만 개의 다양한 옵션을 계산해 가장 빠른 프로세스를 예측한 다음 작업을 할당하고, 심지어 포장을 돕는 자동 포장기에, 분류 작업 역시 자동화 로봇이 한다는 것까지, 기사를 보고 나면 정말 대단하다는 감탄사가 절로 나

* 〈쿠팡, AI ·빅데이터 자동화 물류센터 구축〉, 《콜드체인뉴스》(2023.3.7.).

오죠.* '이런 곳에서 일하는 사람들은 얼마나 편할까? 근무조건도 무척 좋을 것 같아.' 이런 생각이 들 수도 있을 것 같아요.

그런데 2021년 6월 23일, 《MIT테크놀로지리뷰》에 쿠팡에서 일하는 사람들에 대한 심층 보도가 실린 적이 있어요.** 물론 이 기사에도 쿠팡이 구축해 놓은 인공지능 시스템에 대한 이야기가 있긴 해요. 하지만 기사의 핵심은 쿠팡 물류 노동자들이 "인공지능의 팔다리로 전락한 것 같았다."는 표현에 담겨 있어요. 노동자들은 소비자에게 약속한 시간 내에 물건이 도착할 수 있도록 쿠팡의 알고리즘이 시키는 대로 움직일 수밖에 없기 때문이에요. 인공지능의 알고리즘이 우선적으로 고려하는 것은 물건이 도착하는 시간이지 노동자가 얼마나 피로한지가 아니거든요. 사실 노동자의 피로도가 인공지능의 알고리즘이 고려하는 요소인지, 그것조차 알 길이 없어요.

과거에 쿠팡은 '시간당 물량 처리 개수(UPH)'라는 지표를 공개적으로 사용했어요. 미국의 거대 물류 회사인 아마존이 쓰는 방식인데, 개별 노동자들이 시간당 처리한 물류의 양을 정확하게 측정할 수 있는 시스템이에요. 실시간으로 작동하기 때문

* 〈쿠팡 물류 센터의 핵심 혁신 기술… 인공지능과 로봇 자동화〉, 《로봇신문》(2022.9.12.).

** 〈아마존보다 빠르다지만… 쿠팡의 어두운 그림자〉, 《MIT테크놀로지리뷰》(2021.6.23.).

에 시간마다, 하기로 마음만 먹으면 분당으로까지 노동자의 작업량을 측정해서 독촉할 수 있는 거죠. 이 때문에 작업량을 채우지 못한 노동자들이 법적으로 주어진 휴식 시간에도 쉬지 못하는 일이 일어났어요. 이게 말썽이 되니까 쿠팡은 더 이상 이 시스템을 쓰지 않겠다고 했는데, 그 이후에도 개별 작업자에 대한 독촉이 이어지고 있는 상황이라 이 시스템이 여전히 쓰이고 있다고 추정할 수밖에 없어요.

쿠팡에서 일하는 노동자들 중 대다수는 일용직, 혹은 몇 달만 계약직으로 일하는 사람들이에요. 쿠팡은 자신들이 만들어 놓은 알고리즘에 맞춰 업무를 잘 수행하는 이들만 골라 다시 고용하거나 재계약을 하기 때문에, 노동자들은 알고리즘의 지시가 너무 가혹하다는 생각이 들어도 따를 수밖에 없어요. 심지어 일하다가 다쳐 산업재해 신청을 하면 재계약이 안 되는 일도 있기에 다쳐도 항의조차 못 하는 사람들도 많죠. 그러니 당연히 부상률이 높고 때로는 사망 사고까지 일어나게 되는 거예요. 앞에서 소개한 쿠팡의 자동화 물류 센터 구축 기사는 2023년 3월에 나온 기사인데, 한 달 뒤, 그러니까 2023년 4월에 나온 다른 기사의 제목은 '올해만 3명 사망한 쿠팡… 근로자는 과로사, 면접 합격자는 백수?'예요.* 인공지능으로 무장한 자동화 시스템에서 사망하는 이들이 계속 나온다는 건, 《MIT테크놀로지리뷰》가 말하듯 노동자들이 "인공지능의 팔다리로 전락"했기 때문인 거죠.

이런 일이 쿠팡에서만 일어나는 것도 아니에요. 앞에서도 언급했지만, 쿠팡의 시스템은 아마존을 모방한 거였어요. 《MIT 테크놀로지리뷰》는 같은 기사에서 "아마존 역시 높은 부상률로 이어지는 혹독한 작업 속도, 직원 감시 및 해고를 위한 알고리즘 사용, 노동자를 로봇처럼 다루는 가혹한 생산성 요건, '일회용 노동(disposable labor)'에 의존하는 듯한 비즈니스 모델에 대한 비판에 직면해 있다."고 정확하게 상황을 요약해 놓고 있어요. 작업 현장을 인공지능이 관리하기 시작하자, 노동자들은 늘 감시 아래 움직이는, 자신의 건강 상태와 상관없이 작업량을 채우지 못한다고 판명되면 바로 버려지는 소모품이 되어 버린 거죠.

그렇다면 과연 이런 인공지능 알고리즘이 육체노동을 하는 사람들만 통제하고 있는 걸까요? 2017년 11월 6일, 영국 《가디언》에 '빅 브라더는 그냥 지켜보고 있지 않다: 사무실 감시망이 당신의 모든 움직임을 추적한다'는 기사가 실렸어요.** 사무실에서 일하는 직원들을 기업이 어떻게 감시하고 있는지에 대한 기사였는데, 내용이 무척 놀라웠어요. 기사는 '워크스마트'라는 기업이 사용하고 있는 생산성 도구를 소개하면서 이게 구체적으로

* 〈올해만 3명 사망한 쿠팡… 근로자는 과로사, 면접 합격자는 백수?〉, 《프레시뉴스》(2023.4.7.).

** "Big Brother isn't just watching: workplace surveillance can track your every move", *The Guardian*(6 Nov. 2017).

어떤 일을 하고 있는지 설명해 주는데요, 대체 어디까지 감시하고 있는 걸까요?

이 생산성 도구는 여러분이 사무실에서 컴퓨터로 일하는 동안 컴퓨터에 달린 웹캠으로 10분마다 사진을 찍어 고용주에게 전달해요. 그런데 단지 사진만 찍는 것도 아니에요. 일하는 사람이 인터넷 브라우저로 뭘 검색했는지, 어떤 앱을 썼는지, 어떤 텍스트 메시지를 보냈는지, 어떤 소셜 미디어를 사용했는지, 사무실에서 대면으로 누구와 이야기하는지, 심지어 지금 키보드를 치고 있는지 아닌지까지 모두 살펴서 직원이 제대로 작업을 수행하고 있는지 감시하고, 이 모든 항목을 점수화해서 보고하죠. 2017년 기사이니 이미 6년 전부터 이 정도의 감시가 가능했다는 얘기예요. 그래서인지 기사에선 오늘날의 사무실을 일종의 '디지털 파놉티콘digital panopticon'이라 지적해요.

이 흥미로운 용어는 철학자 한병철의 《투명사회》(2014)에도 나오는데, 그는 디지털 파놉티콘이 자발적으로 자기 자신을 전시하고 노출하는 방식을 통해 만들어지고 있다고 설명해요. 과도한 소셜 미디어의 사용이 불러온 결과에 대한 비판이죠. 그런데 《가디언》의 기사에 등장했던 워크스마트와 같은 디지털 파놉티콘은 이와는 좀 결이 달라서, 전통적인 방식의 감시망이 일터에서 키보드를 두드리는 사람들의 손가락 끝까지 파고들었다는 걸 보여 주고 있죠. 생각해 보세요. 내가 자의로 소셜 미디어에 자신과 관련된 내용을 공개하는 것과, 시스템에 의해 내가 일하는 모습이 10분 단위로 회사에 보고되는 것과는 완전 차원이 다른 얘기잖아요? 여러분이 무엇을 검색하고 있는지, 어떤 텍스트 메시지를 보내고 있는지 낱낱이 알려져도 괜찮나요? 어쩌면 휴대폰이나 컴퓨터를 이용해 이루어지는 일상의 모습이야말로 우리가 삶에서 가장 드러내고 싶지 않은 부분일지도 몰라요. 근데 회사가 사용하는 이런 생산성 도구들은 나의 뜻과는 상관없이 그런 사적인 내용들을 모두 공개하고 있어요. 심지어 그것들이 모두 점수화되어 나중에 수당이나 보상 그리고 승진에까지 영향을 미치죠.

노리나 허츠는 《고립의 시대》에서 이보다 더 놀라운 사례 하나를 소개해 줘요. 미국의 유명한 은행인 뱅크오브아메리카 직원들이 어떻게 감시당하고 있는지에 대해 말이죠. 뱅크오브아메리카 직원들이 회사 내에서 착용하는 신분증엔 생체 자료를 수집할 수 있는 장치가 달려 있어요. 이 신분증은 직원이 나누는 대화뿐만 아니라 모든 동작까지 기록해요. 심지어 고객과 대화하는 데 걸린 시간, 목소리 톤, 직원이 기대앉아 있는 의자의 등받이 각도까지 말이죠.

《하버드비즈니스리뷰》에 따르면*, 2020년 4월 전 세계적으로 직원을 모니터링할 수 있는 소프트웨어에 대한 수요가 두 배 이상 증가했고, '재택근무하는 직원 모니터링하는 방법'에 대한 온라인 검색은 1,705%나 증가했으며, 데스크톱 모니터링, 키보드 입력 추적, 비디오 감시, GPS 위치 추적 및 기타 디지털 도구 등을 통해 근로자의 활동을 추적하는 시스템의 판매가 급증했다고 해요. 이 기사에는 플로리다의 한 소셜 미디어 마케팅 회사가 직원들의 업무용 컴퓨터에 10분마다 데스크톱의 화면을 스크린샷으로 촬영하는 소프트웨어를 설치하고 어떤 활동에 어느 정도의 시간을 소비하는지 기록한다는 내용이 소개되어 있어요. 회사는 이 데이터를 사용해 직원들의 생산성 수준을 결정하고 규칙 위반자를 식별해 내죠. 요즘엔 사무실뿐만 아니라 재택근무를 하는 사람들에게까지 이런 프로그램들을 적용하는 기업이 늘어나고 있어요. 팬데믹은 이런 감시 프로그램을 회사 사무실뿐만 아니라 직원의 사적인 공간(집)에까지 옮겨 놓을 수 있는 좋은 핑곗거리가 되어 주었죠. 많은 기업은 감시를 위한 이런 장치들이 직원들의 건강 상태까지 모니터링한다는 식으로 호도하고 있어요. 어쨌거나, 촘촘한 감시망 아래서 일하는 노동자들의 생각과는 상관없이 디지털 파놉티콘 산업은 폭발적으로 성장하고 있는 추세예요.

생각해 보면, 지난 몇 년 동안 기업뿐만 아니라 소비자까지

* "Monitoring Employees Makes Them More Likely to Break Rules", *Harvard Business Review*(7 Jun. 2022).

노동자들을 감시하는 일에 동참하게끔 시스템이 발전되어 왔어요. 우리가 배달 음식을 시키거나, 택시를 타거나, 다양한 서비스를 이용한 다음 남기는 별점이 대표적인 사례예요. 이런 별점 시스템이야말로 기업이 보이지 않는 곳에서 노동하는 사람들을 실시간으로 감시할 수 있는 엄청나게 효율적인 수단이라고 생각해 본 적 있나요? 알고 보면 이 시스템 또한 인공지능의 시대이기 때문에 가능한 거예요. 어쩌면 우리는 내가 일하는 건 감시받기 싫으면서, 다른 사람이 일하는 걸 감시하는 데는 엄청나게 적극적인 존재가 되어 버린 듯해요. 인공지능의 작업 지시 아래 배달, 운전, 심부름, 청소 등의 일을 하는 노동자들에겐 별점을 주는 우리야말로 일거수일투족을 감시하는 CCTV나 다름없어요. 이런 사실에 동의한다면 여러분은 다음과 같이 말할 수밖에 없을 거예요.

"빅데이터는 일하는 노동자에게도 엄격하다."

빅데이터도
학연, 지연, 성별 등에 연연한다

앞서 우리는 빅데이터가 일하는 사람에게도 엄격하다는 이야기를 했어요. 그런데 빅데이터가 단지 일하는 사람뿐만 아니라, 일을 구하려는 사람이 누구인지에 따라 더 엄격하게 행동하는 걸 볼 수 있어요. 그 이유는 채용 과정에서 구직자의 면접을 인공지능이 담당하는 경우가 늘어나고 있기 때문이죠. 2021년 기준으로 우리나라에서 인공지능을 면접에 활용한 기업 혹은 기관의 수는 약 450곳 정도에요.* 그동안 채용 과정의 공정성에 대해 여러 차례 심각한 문제 제기들이 있었기에 앞으로 면접에 인공지능을 활용하는 일이 점점 더 늘어날 거라 예측돼요.

* 〈AI 면접, 정말 공정하고 객관적이라고 생각해?〉, 《AI타임즈》(2022.5.9.).

인공지능을 이용한 면접

출처 : 《psych learning curve》

'인공지능을 이용한 면접'은 말 그대로 채용과 관련하여 엄청난 양의 빅데이터를 학습한 인공지능이 인사 담당자를 대신해 면접을 보는 거예요. 위의 사진에서도 볼 수 있듯, 인공지능은 응시자의 얼굴, 감정 표현, 안면 색상 변화, 음성의 톤, 목소리 높낮이, 어휘 사용 등을 모두 분석한 다음 최종적으로 누굴 채용할지 결정해요. 간단히 말해, 자신이 학습한 데이터에서 합격한 사람들의 패턴과 가장 일치하는 응시자를 찾는 거죠. 뭔가 '디지털 관상학' 같은 느낌이 들지 않나요? 객관성과 공정성의 끝이 관상학이라니, 조금 아이러니하단 생각도 드네요. 제가 인공지능 면접관을 너무 매도하고 있는 걸까요?

어떤 분들은 인공지능 면접이 그다지 인상이 좋지 않은 면접자에게 유리하다고 해요. 사람들은 보통 호감 가는 얼굴을 선호하는데, 특히 업무 특성상 다른 사람들과 어울릴 일이 많다면 채용 담당자는 더더욱 인상이 좋은 사람을 뽑으려 하겠죠. 만일 인공지능이 면접을 본다면 이런 편견이 없을 테니 인상이 좋지 않은 사람들에게 유리할 거라는 게 그들의 주장이죠. 근데 정말 그럴까요? 인공지능이 학습한 주요 빅데이터는 과거에 합격한 사람들의 자료예요. 우리나라처럼 입사 지원서에 사진을 붙이는 경우, 합격한 이들의 사진 또한 인공지능이 학습하는 데이터에 포함되겠죠. 결국 이전에 채용을 담당했던 사람들이 인상이 좋은 지원자를 선호했다면, 이런 데이터를 학습한 인공지능 또한 호감 가는 사람들을 합격시킬 확률이 높아요. 앞서 말한 것처럼 인공지능은 자신이 발견한 패턴 중 가장 많이 반복되는 것을 더 부각하는 성향이 있으니까요.

가장 많은 패턴을 더 부각하는 인공지능의 편향성이 어떤 결과를 내는지 사례 하나를 소개해 드릴게요. 아마존이 인공지능을 이용해 직원을 뽑으려다 크게 실패한 사례가 있어요. 새로 고용된 사람들을 몇 년 동안 지켜보니 이상하게도 여성 합격자가 거의 없다는 걸 나중에 알게 된 거죠. 지원서에는 성별을 표시하는 항목조차 없었는데 말이에요. 그 이유를 살펴보니 인공지능이 채용 과정에서 '여성'과 연관된 단어가 있는 이력서에다 벌점을 주었기 때문이었어요. 예를 들어, 이력서에 '여성 ○○ 스포츠클럽'이라는 문구가 있으면 벌점을 줬던 거죠. 근데 인공지능은 왜 여성들에게 벌점을 주었던 걸까요? 그건 IT 업계에 종사하는 사람들이 주로 남성이었기 때문이에요. 한마디로 이전에 취업 관문을 통과한 이들이 주로 남자였던 거죠. 이런 까닭에 그 남성들의 이력서를 바탕으로 학습한 인공지능이 여성에게 벌점을 주는 일까지 일어났던 거예요.

그러니까 인공지능이 채용 과정에서 공정한 판단을 내릴 거라는 믿음은 인공지능이 학습하는 빅데이터, 즉 이전에 인간들이 심사했던 채용 과정이 공정했다는 전제가 있어야만 가능한 거죠. 그렇다면 우린 다시 이렇게 물을 수 있어요. 과연 이전 채용 과정들은 공정했는가? 지원자들을 평가하는 과정 중 학연, 지연, 성별 등의 요소를 진짜로 반영하지 않았는가? 이에 대한 답은 이미 여러분 모두 알고 있으리라 생각해요.

여기서 하나 짚고 넘어가고 싶은 부분은, 인공지능조차 젠더 문제에서 자유롭지 않다는 거예요. 앞서 보았던 엑스닷에이아이가 개발한 인공지능 비서만 봐도 그래요. 그 프로그램은 에이미라는 여성의 이름을 갖고 있었죠. 과학자 임소연이 《신비롭지 않은 여자들》(2022)에서 지적하듯, 인간이 개발한 로봇 비서들은 하나 같이 '젊고 아름답고 친절한' 여성을 모델로 하고 있어요. 인공지능을 개발하는 이들부터 이러한 편향성에서 벗어나지 못하고 있다는 증거죠. 특히나 서비스를 제공하는 인공지능의 경우엔 대개 여성의 모습과 목소리를 지니고 있어요. 2022년 한국여성정책연구원이 내놓은 〈인공지능 딥러닝 활용의 젠더 편향성 실태와 개선 방안〉에는 이런 사례들이 잘 제시되어 있어요.* 2016년 SK텔레콤 인공지능 서비스 'NUGU'는 기본적으로 여성 음성만 제공하고, KT의 '기가지니'와 카카오의 '미니' 또한 여성의 목소리로 대답한다고 해요. 삼성의 '빅스비'는 남녀 목소리를 선택할 수 있지만 "남성 음성을 표현하는 설명에는 '적극적이고(assertive) 자신감이 넘친다(confident).', 여성 음성은 '명랑하고(chipper) 쾌활하다(cheerful).'와 같은 성적 편견이 담겨 있다."고 이 보고서는 전하고 있어요. "KT 기가지니의 경우 AI의 성별을 물으면 '보시다시피 아리따운 여자랍니다.'라고 답변하거나, '자동차 좋아해?'라는 질문에는 '아니요, 제가 여자라서 그런지 자동차에 관심이 없어요.', 선호색 질문에는 '전 샤방샤방한 핑크색이 좋아요.' 등 여성에 대한 편견이 담긴 답변"을 하다가 한국여성민우회의 수정 요청 이후에야 성 중립적 답변으로 바뀌었다고 하네요.

이런 사례는 해외에서도 찾을 수 있는데, 2017년 5월 이전까지 구글의 인공지능 비서 역시 여성의 음성만을, 애플의 '시리'도 2017년까지 제공된 21개 언어 중 17개 언어의 기본 제공형이 여성 음성이었다고 해요. 아마 그 당시 아이폰을 사용했던

* 〈인공지능 딥러닝 활용의 젠더 편향성 실태와 개선 방안〉, 《한국여성정책연구원》(2022), 44~45쪽.

분들은 "맞아, 그랬어." 하실 거예요. 또한 아마존의 '알렉사', 마이크로소프트의 '코타나'도 2019년까지 기본형엔 여성 음성만 제공되었다고 해요.

사실 더 놀라운 부분은 그다음이에요. "2017년 아마존, 구글, 애플, 마이크로소프트 등 여성형으로 설정된 주요 인공지능 비서는 성적 괴롭힘에 시달리고 있는 것으로 보고되었다." 아, 뭔가 너무 한심하기도 하고, 진짜 왜 이러나 싶기도 해요. 더 경악스러운 사실은 이 AI 비서들이 성적 괴롭힘을 당할 때, 이를 거절하거나 중단하는 등 부정적 반응을 보이는 대신 장난스럽게 대꾸하거나 회피하는 등 순종적인 반응을 보이도록 설계되어 있었다는 거예요. 이런 행동들이 분명히 우리 사회의 규범에 어긋나는 일임에도 제재는커녕 괴롭히는 자가 가장 원하는 방식으로 반응하게끔 설계되었던 거죠. 이런 이야기를 들은 여성들이 과연 웃을 수 있을까요? 세계적인 테크 기업들이 설계한 인공지능 비서들처럼 말이에요.

한마디로 인공지능은 내용뿐 아니라 형식 면에서도 인간이 지닌 편견과 편향성을 고스란히 갖고 있어요. 인공지능이 공정하리라 기대하는 사람들에게는 너무 아쉬운 일이지만, 현실이 이러니 인정할 수밖에 없겠네요.

"빅데이터도 학연, 지연, 성별 등에 연연한다."

빅데이터는 지구마저 외롭게 만든다

우리는 앞서 빅데이터가 인간을 어떻게 외롭게 만드는지 살펴보았어요. 지금부터는 이야기의 수준을 조금 높여 빅데이터가 어떻게 지구마저 외롭게 만드는지 이야기해 보려 해요.

"빅데이터가 지구를 외롭게 한다니, 이게 대체 무슨 말이야?" 누군가는 이렇게 되물을 수도 있을 것 같아요. 지구가 빅데이터로 인해 외로워지는 이유는 빅데이터가 작동하는 데 필요한 조건들 때문이에요. 많은 이들이 디지털과 관련된 산업은 청정한 산업이라고 생각하는 경우가 많아요. 디지털 산업이라 하면 사람들은 실리콘 밸리를 떠올리고, 곧이어 최첨단의 깔끔한 이미지를 연상하죠. 실리콘 밸리의 새로운 중심지로 떠오른 샌프란시스코의 소마(South of Market) 지역이 대표적인 예라 할 수 있어요.

하지만 실리콘 밸리를 조금만 벗어나도 정말 수많은 노숙자를 발견할 수 있어요. 실리콘 밸리의 터전이 된 샌프란시스코의 주거 비용과 물가가 너무 비싸기 때문이죠. 애플, 구글 등과 같은 빅테크 기업들이 이 지역의 중심에 자리 잡는 바람에 주거비가 폭등했고, 그러다 보니 비싼 월세를 감당할 수 없었던 원래 주민들은 거리로 내쫓기고 말았죠. 실리콘 밸리 주변이 캠핑카나 거리에서 노숙하는 사람들로 넘쳐 나고 있는 건 다 이런 이유 때문이에요.

세상을 완전히 뒤엎어 버린 디지털 산업, 인공지능 산업 뒤에는 이런 풍경이 숨어 있어요. 디지털 산업의 중심엔 부와 깨끗한 빌딩들이 자리하고 있지만, 그곳을 조금만 벗어나면 그 부와 청정한 세계를 만드는 과정에서 생겨난 찌꺼기들로 넘쳐나죠. 지그문트 바우만의 표현을 빌자면 다음과 같이 말할 수 있어요. "모든 창조적 파괴는 거대한 찌꺼기를 남긴다."

그럼 누군가는 이렇게 물을 수도 있어요. "샌프란시스코에 노숙자들이 넘쳐 나는 것이야 거주 비용의 상승 때문에 일어난 사건이지만, 디지털 기술 자체가 어떻게 거대한 찌꺼기를 남긴다는 건가요?" 이 질문에 아주 간단히 답하자면, 물리적 실체가 없는 소프트웨어 또한 물리적인 하드웨어가 있어야 돌아가기 때문이에요. 소프트웨어가 없는 하드웨어가 무용지물이듯이 소프

실리콘 밸리의 새로운 중심인 샌프란시스코의 소마 지역(왼쪽)과 실리콘 밸리 주변의 노숙자들(오른쪽)*

트웨어도 하드웨어 없이는 작동할 수 없죠. 마치 인간의 정신과 육체 같은 관계라고나 할까요? 이 둘은 서로의 존재 없이 작동할 수가 없어요. 근데 하드웨어를 돌리려면 전기를 공급할 동력원이 필요해요. 그것도 아주 거대한 동력원이 필요하죠.

여러분의 스마트폰도 배터리가 있어야 작동하잖아요. 근데 배터리를 생산하기 위해선 실제로 광산에서 수많은 광물을 채굴해야만 해요. 이건 데이터 마이닝과 달리 진짜 탄광에서 사람들이 온갖 분진을 마셔가며 직접 광물을 캐야 하는 거예요. 대표적인 광물이 리튬인데, 배터리의 가장 중요한 소재가 되는 광물이죠. 리튬을 배터리에 조금만 넣어도 충전 시간이 줄고, 사용 시

* 왼쪽-"San Francisco : SoMa, une Silicon Valley en centre-ville", 《*Voyages D'affaires*》(16 Oct. 2017), 오른쪽-"Homeless in Silicon Valley's shadow get help, but 'sustainable' change is elusive", NBC News(16 Sep. 2021).

간은 늘어나요. 게다가 무게도 훨씬 가벼워지죠. 한마디로 배터리를 효율적으로 만드는 데 꼭 필요한 광물이라 할 수 있죠.

스마트폰 한 대에 이 리튬이 적게는 7g에서 많게는 30g 정도 들어가요. 누군가는 '어, 별거 아니네.' 이렇게 생각할 수도 있겠네요. 하지만 우리가 스마트폰을 얼마나 많이 생산하는지 알고 나면 생각이 달라질지도 몰라요. 시장조사 업체인 트렌드포스에 따르면 2023년 1분기 전 세계 스마트폰 생산량은 2억 5,000만 대였어요.* 그런데 이게 2014년 1분기 이래 가장 적은 생산량이라고 하네요. 이 가장 적은 생산량을 기준으로 해도 2023년 한 해 생산량은 총 10억 대가 넘을 것으로 예상돼요. 어때요? 리튬이 엄청나게 필요하겠죠? 그런데 리튬은 전기 자동차를 만드는 데에도 들어가요. 전기 자동차 1대당 30kg에서 60kg 정도의 리튬이 필요하죠. 2022년에 전 세계에서 판매된 전기 자동차는 1,050만 대에 이르러요.** 이뿐만이 아니에요. 우리가 쓰는 각종 태블릿 PC에도 리튬이 들어가요.

그러다 보니, 많은 정부와 IT 기업들이 리튬 광산을 찾는 데 혈안이 돼 있죠. 전기 자동차 회사인 테슬라의 소유주 일론 머스

* 〈1분기 세계 스마트폰 생산량, 분기 기준 9년 만에 최저〉, 《연합뉴스》(2023.6.14.).

** 〈전기차가 탄소 중립 사회 주력 이동 수단이 될 수 있을까〉, 《내일신문》(2023.8.21.).

크를 비롯해 이 업계의 수많은 거물들이 무엇보다 이 일에 지대한 관심을 쏟고 있어요. 회사의 미래가 달린 일이니 어쩔 수 없죠. 그래서 사람들은 리튬을 가리켜 '하얀 석유' 혹은 '회색 금'이라 부르기도 해요.

문제는 리튬을 채굴하는 게 환경에 엄청난 부담이 간다는 거예요. 리튬을 함유하고 있는 광석을 스포듀민Spodumene이라 부르는데, 여기에 포함된 리튬의 양은 1~2% 정도밖에 되지 않아요. 결국 이 광석을 채굴하면 98%가 찌꺼기로 버려지는 거죠. 게다가 채굴하는 과정에 엄청난 양의 물도 필요해요. BBC의 보도에 따르면, 리튬 1톤을 채굴하는데 대략 227만 3,000리터의 물을 쓰고 있는 상황이에요.* 예를 들어 볼까요? 칠레의 아타카마 고원에 있는 소금 호수는 아름다운 풍광을 지녔을 뿐만 아니라 홍학을 비롯한 각종 동물의 서식지였지만, 리튬 광산이 개발된 이후부터는 무엇보다 물이 줄어들며 환경과 생태계가 심각하게 파괴되었어요.

다음 페이지의 왼쪽 사진은 세계 2위 리튬 생산 업체인 칠레의 SQM이 아타카마 사막의 소금 호수에서 소금물을 증발시켜 노란색의 탄산리튬을 만드는 광경이에요.

* 〈쏟아지는 '리튬 배터리' 쓰레기… 재활용 난제 해결책은〉, 《BBC뉴스코리아》(2022.1.9.).

칠레 소금 호수(왼쪽)와 중국 내몽골의 바오터우 호수*

리튬만큼이나 디지털 산업에서 귀한 대접을 받는 게 바로 희토류예요. 말 그대로 '희귀한 흙'이란 뜻을 지닌 이 광물들은 영어로도 'rare earth metals(귀한 지구 금속들)'라 불리죠. 주로 열을 안정적으로 잘 전달하는 원소들을 함유하고 있는 희토류는 스마트폰과 전기 자동차뿐만 아니라 여러 전자 제품에 쓰여요. 전기 자동차엔 적게는 1kg에서 최대 12kg까지 들어간다고 해요.** 그런데 이 희토류 역시 리튬과 마찬가지로 채취하는 과정에서 유해한 찌꺼기가 많이 생겨요. 가장 대표적인 사례가 위의 오른쪽 사진에서 볼 수 있는 내몽골의 바오터우 호수예요. 근처에 전 세계 희토류의 70% 정도가 매장되어 있는 것으로 알려진

* 왼쪽-〈'하얀 금' 캐느라… 노랗게 변해 가는 아타카마 사막〉, 《한국일보》(2022.10.28.), 오른쪽-"The dystopian lake filled by the world's tech lust", BBC(3 Apr. 2015).

** 《한국경제》 용어 사전에서 '희토류' 검색 (https://dic.hankyung.com/economy/view/?seq=9551).

바이윈 광산이 있는데, 그곳에서 광물을 채굴하는 과정 중 발생한 독성 폐기물이 흘러들어 형성된 독성 호수이죠.

이처럼 디지털 산업은 그 기술을 구현하기 위해 필요한 광물을 획득하는 과정에서부터 지구를 병들게 하고 있어요. 이뿐만이 아니에요. 우리가 스마트폰이나 각종 디지털 기기를 통해 매일 생산하고 소모하는 데이터 또한 엄청난 전기를 소비해요. 예를 들어 2023년 현재 데이터 센터에서만 쓰는 전력이 전 세계 전기 소비량의 3%에 이르고 있는 실정이에요. 2030년에는 4%에 이를 것이란 예측도 나오고 있죠.* 만약 이 전력이 모두 화석연료에서 나오는 것이라면 어떻게 될까요? 이건 스마트폰이나 전기 자동차도 마찬가지예요. 배터리 충전에 사용되는 전력이 화석연료에서 나오는 것이라면 전기 자동차마저도 친환경적이라 말할 수 없죠.

우리가 지금까지 이야기해 온 인공지능 역시 마찬가지예요. 데이터를 바탕으로 연산을 하는 인공지능 역시 기본적으로 많은 전기를 소비할 수밖에 없는 구조예요. 구글이 매년 공개하는 〈2023 환경 보고서〉에 따르면, 2022년 한 해 구글이 사용한 물의 양은 56억 갤런(212억 리터, 2,000만 톤)에 이르는 것으로 나타

* 〈"2023 데이터 센터 업계의 화두는 에너지 소비와 효율" 버티브 발표〉, 《ITWorld》(2022.11.21.).

났어요.* 구글이 이렇게 물을 많이 사용하는 건 데이터 센터나 각종 시설에서 발생하는 열을 식히기 위해서예요. 다시 말해, 이렇게 많은 물을 쓰고 있다는 건 결국 엄청난 전기를 소비하고 있다는 뜻인 거죠. 그런데 구글이 2022년 한 해에 사용한 물의 양이 2021년에 비해 20%나 증가한 거로 나타났어요. 그 이유는 바로 오픈에이아이에서 개발한 챗GPT가 인공지능 개발 경쟁을 가속화시켰기 때문이에요. 실제로 챗GPT를 학습시키는 데에만 70만 리터의 물이 필요했다는데, 이는 원자로의 냉각수 탱크를 채울 수 있을 정도의 양이라고 하네요.** 앞으로 인공지능이 발전하면 할수록 더 많은 물을 쓰게 되겠죠. 그래서인지 구글이 인간이 먹는 물인 '식용수'를 압박하지 않고 물을 확보하는 계획에 대해 언급한 적이 있는데, 이는 역설적으로 계획이 뜻대로 되지 않을 경우 인간이 먹어야 할 물을 가져다 데이터한테 줄 수도 있다는 거예요. 놀랍게도 물이 인간 생명의 근원이듯 데이터에게도 생명의 근원이었던 거죠. 이걸 어떻게 서로 잘 나누어 쓸 것인지 실효성 있는 계획을 마련하지 못한다면 가까운 미래에 인류는 어려운 상황에 직면할 수도 있어요.

* https://www.gstatic.com/gumdrop/sustainability/google-2023-environmental-report.pdf, 50쪽.

** 〈구글이 지난 1년간 쓴 물 사용량〉, 《TechRecipe》(2023.7.31.).

여기서 다시 명심해야 할 건 어떤 인공지능도 동력원을 공급하는 하드웨어 없이는 작동하지 않는다는, 쉽게 말해 어떤 데이터도 전기를 공급하는 체계 없이는 작동하지 않는다는 거예요. 우리가 매일 쓰는 스마트폰 또한 엄청난 데이터를 바탕으로 움직이는 인공지능과 결합되어 있고, 리튬 배터리를 필수적으로 요구해요. 결국 우리가 스마트폰을 많이 쓰면 쓸수록 지구에 가해지는 부담도 커지는 거죠. 전 지구적으로 탄소 중립과 생태 보호를 외치고 있지만, 상황이 개선되었다는 소식은 들려오지 않아요. 오히려 경고의 목소리만 점점 높아지고 있을 뿐이죠. 그러니 슬프지만 다음과 같이 말할 수 있을 것 같아요.

"빅데이터는 지구마저 외롭게 만든다."

인간이 맺는 좋은 관계가 좋은 데이터를 만든다

우리는 앞에서 어떻게 빅데이터가 우리를 외롭게 만드는지 알아보기 위해 아래의 질문에 대한 답을 찾으려 했어요.

"첫째, 데이터란 무엇인가? 왜 거대한 규모의 데이터가 필요해졌을까?"

"둘째, 데이터도 '편견'을 가질 수 있을까? 편견을 가진 데이터는 우리를 어떻게 '외롭게' 만드는가?"

이 질문들을 통해 우린 인공지능을 학습시키는 데 엄청난 양의 데이터가 필요하다는 걸, 그렇게 커다란 데이터를 만들기 위해선 수많은 저임금 노동자들의 희생이 필요하다는 걸, 데이터

안에도 인간의 편견이 고스란히 반영되어 있다는 걸, 그래서 이를 학습한 인공지능이 인간의 편견을 더 증폭시키는 결과를 가져올 수도 있다는 걸 알게 되었죠. 실제로 빅데이터에는 가난한 사람들에 대한 편견, 일하는 사람들을 감시하고자 하는 욕망, 학연, 지연, 젠더 등에 대한 편견까지 포함되어 있다는 걸 살펴봤어요. 문제는 인공지능이 이를 제대로 걸러 내지 못한 채 그대로 사용하고 있다는 것인데, 심지어 인공지능이 지닌 이러한 편향성을 더 적극적으로 활용하는 사람들이 있다는 사실도 확인했죠. 이제 이 장의 서두에서 물었던 세 번째 질문에 답할 차례예요.

"질 좋은 데이터를 만드는 데 있어 왜 더 좋은 인간관계가 필요할까?"

확신하건대 여러분은 이미 그 이유를 찾았으리라 생각해요. 우리 삶에서 점점 중요해지고 있는 인공지능이 바로 우리의 말과 행동을 데이터라는 이름으로 학습하고 있기 때문이죠. 현재 많은 인공지능이 사용하고 있는 딥러닝이라는 학습법은 우리의 모습을 고스란히 반영할 수밖에 없는 구조예요. 한마디로 인공지능은 인간을 닮을 수밖에 없는 거죠. 그러니 우리가 서로를 보호하고 아낀다면, 그런 우리의 모습이 빅데이터에 담겨 인공지능이 만들어 내는 결과물에도 영향을 미칠 거예요. 우리나라를 대표하는 생성형 인공지능 '하이퍼클로바X'를 만든 네이버 AI

혁신센터장의 설명에 의하면, GPT-3 이후에 사전 학습과 그 결과물을 조정하는 파인튜닝의 비율이 99 대 1 정도로 바뀌었다고 해요. 그만큼 사전에 학습되는 데이터가 중요하다는 것이죠.

어쨌든, 좋은 데이터가 좋은 인공지능을 만들고 그러한 데이터들이 결국 인간에게서 오는 거라면, 가장 중요한 건 우리가 다른 사람과 좋은 관계를 맺는 일일 거예요. 더 나아가 거기엔 우리 인류가 인간이 아닌 존재들, 즉 자연, 생명, 지구 등과 맺는 관계들까지 모두 포함될 수밖에 없겠죠. 이런 이유로 이 장의 마지막 구절을 다음과 같이 쓰고자 해요.

"인간이 맺는 좋은 관계가 좋은 데이터를 만든다! 그리고 그 안엔 지구도 포함된다!"

자, 다음 장엔 우리를 외롭게 만드는 새로운 요소로서 '능력주의'를 살펴보려 해요. '능력주의가 우리를 외롭게 한다고?' 누군가는 이렇게 생각할지도 모르겠네요. 그런 분이라면 제 얘기에 좀 더 귀를 기울여 주시길 부탁드릴게요.

4장

외로움이 '능력주의'를 만날 때

"(능력주의 사회에서도) 특정한 가족의 성원으로서 시민들은 자기 자식이 모든 특권을 누리기를 바란다. 그렇지만 동시에 다른 누구의 자식이든 특권을 누리는 데는 반대한다. 시민들은 자기 자식만 빼고 다른 모든 아이들에게 동등한 기회가 주어지기를 원한다. (…) 가족은 지금도 가장 비옥한 반동의 온상이다."

— 마이클 영Michael Young, 《능력주의The Rise of the Meritocracy》 중에서

1장에서 "무엇이 우리를 외롭게 하는 결정적 요소일까?"라는 질문을 던진 이후, 2장과 3장에서는 디지털 기술이 만드는 격차와 관계 맺기 방식의 변화, 데이터가 갖는 편견 등에 대해 살펴봤어요. 이번에 4장에서 함께 다뤄 볼 요소는 3장의 말미에서 예고했듯이 '능력주의'예요.

아마 지금 우리나라에서 가장 강력한 지배적 발상을 하나 꼽아 보라고 한다면, 대다수가 '능력주의'라고 하지 않을까 싶어요. 2019년 '조국 사태'를 기점으로 우리나라를 뒤덮은 '공정성' 이슈와 관련해 가장 많이 언급되고 있는 해결책이 바로 이 능력주의죠. 어떤 사람들은 능력주의야말로 불평등을 해결하는 가장 좋은 방법이라고 주장하기도 해요. 그런데 저는 이 능력주의가

'21세기를 살아가는 우리'를 더욱더 외롭게 만드는 아주 중요한 요소라고 봐요. 단적으로 이렇게 표현할 수 있죠. '능력주의가 너무 강조되면 사회는 외로워진다.'

정말 그런지 알아보기 위해 이 장에서 살펴볼 질문은 다음과 같아요.

"가장 외로운 세기에 세상의 지배 이데올로기가 된 능력주의는 '인간과 인간의 관계'에 어떤 영향을 미치게 될까?"

그리고 이에 대한 답을 다음과 같은 질문을 통해 찾아가 보려 해요.

"첫째, 능력주의는 무엇이고 어떠한 사회적, 정치적 영향력을 발휘하는가?"

이 질문에 답하는 가운데 능력이란 무엇인지, 능력을 이루는 요소들은 서로 어떤 관계를 맺고 있는지, 능력주의가 작동하는 방식이 어떻게 좌절감과 사회적 고립을 만드는지 등을 살펴볼 거예요.

"둘째, 그럼에도 왜 우리는 능력주의에 열광하는가?"

이 질문에 대한 답을 찾아가며 능력주의와 우리 안에 내재된 자기 구원의 열망 사이에 얼마나 밀접한 관계가 있는지 파악해 보려 해요.

"셋째, 능력은 왜 그리고 어떻게 세습되는가?"

이를 통해 사람들의 기대와는 달리 세습주의를 타파하기 위해 등장한 능력주의가 어떻게 또 다른 세습주의로 변모해 가는지 볼 수 있을 거예요.

"넷째, 우리나라에서 능력주의는 어떻게 작동하고 있는가?"

이를 제대로 이해할 수 있다면, 고용 시장에서 일어나는 일뿐만 아니라 정치의 한 단면도 보다 정확히 파악할 수 있을 거예요.

"다섯째, 능력주의는 어떻게 중산층을 좌절시키고, 혐오라는 정서와 쉽사리 결합하는가?"

이에 답하면서 안정적이어야 할 중산층이 왜 불안에 떠는지, 특정한 대상이 없는 '묻지 마 범죄'가 왜 점점 더 기승을 부리는지, 더 나아가 능력주의가 어떻게 혐오 현상과 결합하는지 등을 이해할 수 있게 될 거예요.

"마지막으로, 격차를 부추기는 '디지털 능력주의'를 바탕으로 외롭지 않은 관계를 만드는 게 과연 가능한가?"

이제 본격적으로 이야기를 시작해 볼까요?

‘능력주의’란 무엇인가?

여러분도 능력주의란 말 많이 들어 봤을 거예요. 영어로는 meritocracy라고 하죠. 능력(merit)이 지배하는 정체政體(-cracy)라는 뜻이에요. 그럼 ‘능력’이란 구체적으로 어떤 것일까요?

능력주의란 용어를 학문적으로 처음 사용해서 널리 알린 이는 영국의 사회학자 마이클 영이에요. 영은 학자였을 뿐만 아니라 정치인이기도 했어요. 1945년 영국 노동당은 총선에서 역사에 남을 승리를 거두는데, 1900년 창당 이후 처음으로 과반이 넘는 의석을 차지하며 단독으로 집권하게 되었죠. 이때 ‘총선 선언문’을 작성한 사람이 바로 마이클 영이에요.

1950년대 말 영은 2034년을 배경으로 한 미래소설 한 편을 출간하려 했어요. 그런데 찾아간 출판사마다 모두 거절했다고 하네요. 그런 출판사가 11군데나 되는데, 그중에는 노동당의 싱크탱크 역할을 하던 '페이비언 협회'도 있었어요. 영국 노동당 역사에 길이 남을 승리를 이끌었던 이가 책을 내겠다는데 노동당의 핵심 조직이 출판을 거절한 거예요. 도대체 어떤 소설이길래 출판을 거절당한 걸까요? 사회학자가 쓴 소설이라 작품의 질이 문제가 되었던 걸까요? 그 이유는 놀랍게도 '능력주의' 때문이었어요.

1958년 마이클 영이 쓴 미래소설은 천신만고 끝에 출간되었어요. 이 소설의 제목이 바로《능력주의》예요. 이 작품에서 영은 능력주의가 지배하는 미래를 디스토피아로 그리고 있어요. 내용을 거칠게 요약해 보면, 포퓰리즘이 판치며 세상이 너무 어지러워지자 한 사회학자가 도대체 왜 이런 일이 일어났는지 알아내기 위해 과거로 돌아가요(포퓰리즘을 한마디로 정의하긴 어렵지만, 기본적으로는 '소수의 엘리트들이 평범한 사람들의 권력을 빼앗아 갔으니, 그 권력을 다시 찾아 돌려주겠다.'는 거예요). 그가 찾아낸 원인이 바로 능력주의였어요. 도대체 능력주의가 뭐길래 세상을 포퓰리즘이 성행하는 디스토피아로 만들어 버린 걸까요?

자, 그럼 능력주의가 무엇인지부터 알아보도록 하죠.

능력주의는 '부, 권력, 명예 같은 사회적 재화를 사람의 타고난 혈통, 신분, 계급 같은 것이 아니라 오로지 능력에 따라 분배하자.'는 발상이에요. 이 발상은 신분을 중심으로 한 전통적인 사회질서를 타파하기 위해 등장했어요. '신분' 사회에서는 사회적 재화가 타고난 신분에 따라 분배되기 때문에, 재능이 있다 해도 신분이 낮으면 개인적으로 성공하는 데 한계가 있을 수밖에 없죠. 근데 신분은 능력으로 얻을 수 있는 게 아니에요. 영의 표현을 빌자면 "계급, 신분, 직업에서 모두 아들은 아버지의 발자국을 충실하게 따랐고, 아버지는 충실하게 할아버지의 뒤를 이었다. 사람들은 사내아이에게 커서 뭐가 되고 싶은지 묻지 않았다."*는 거죠. 능력주의는 정확히 이런 신분 사회의 질서를 타파하기 위해 등장한 거였어요.

그렇다면 신분 사회 타파라는 목적을 가진 능력주의는 어떤 계기로 등장한 걸까요? 그건 19세기에 시작된 제국주의와 20세기 들어 연이어 벌어진 전쟁들 때문이었어요. 제국주의 국가들 입장에서는 식민지가 확장되는 상황에서 기존의 신분이 높은 이들만으론 그 넓은 영토를 관리할 수가 없었던 거예요. 이를 위해선 신분에 상관없이 모든 아이를 교육해서 인재를 키워 내야만 했던 거죠. 그래서 영국의 경우에는 1870년 초등교육법이 만들어져요. 이 법의 초안을 작성한 윌리엄 포스터는 교육법 도입에 대한 연설에서 이렇게 말해요.

우리 산업의 번영이 초등교육을 신속히 시행하는 데 달려 있습

* 마이클 영, 《능력주의》, 유강은 옮김(이매진, 2020), 42쪽.

> 니다. (…) 배우지 못한 미숙련 노동자들을 방치한다면 (…) 세계에서 벌어지는 경쟁에서는 상대가 되지 않을 겁니다. (…) 우리의 지위를 지키려 한다면 개인의 지적 능력을 향상하는 식으로 수적 열세를 메워야 합니다.*

이런 이유로 5살에서 12살 사이의 모든 아이들에게 초등교육을 의무화한 거였죠. 마침내 공무원 사회에서 정실주의(情實主義, 공직 임용 시 개인의 능력이나 일정한 자격을 기준으로 하지 않고 인사권자가 혈연이나 지연, 정치적 성향, 개인적 친분 관계 등을 임용 기준으로 하는 관행)가 폐지되는 순간이었어요.

20세기에 들어서며 신분을 초월한 교육의 필요성은 더욱 절실해졌어요. 그 이유는 전쟁 때문이었죠. 영국만 해도 보어전쟁, 1차 세계대전, 2차 세계대전을 잇달아 치러야만 했어요. 전쟁은 국가가 모든 자원과 인력을 동원해야 하는, 소위 총력전을 벌여야 하는 일이에요. 영국에서 중요한 변화를 일으켰던 교육법들은 1902년, 1918년, 1944년에 제정되었는데, 이는 각각 앞서 말한 세 번의 중요한 전쟁이 끝나 가던 시기였죠.**

이런 상황에서 신분주의를 완전히 타파하고 싶어 하는 세력까지 등장하는데, 바로 사회주의자들이에요.* 사실 교육개혁에

* 마이클 영, 〈앞의 책〉, 59쪽.

* 마이클 영, 〈앞의 책〉, 56쪽.

가장 적극적이었던 이들이 이 사회주의자들이었어요. 신분 없는 평등한 세상은 당연하게도 모두가 평등하게 교육받을 기회를 누리는 데서부터 시작하니까요. 사회주의자들은 유산상속으로 인해 생겨나는 불평등에도 반대했는데, 이들은 현실적으로 사회적 재화를 모두가 공평하게 나누어 가질 수 없다면 기회라도 평등해야 한다고 주장했어요. 오늘날 능력주의가 늘 강조하는 '기회 평등'이란 발상은 여기서 비롯된 거예요. 그러니까 오늘날 능력주의가 확산하는 데 가장 많이 이바지한 정치 세력은 바로 사회주의자들이라고 할 수 있는 거죠. 그리고 영국에서는 그 세력이 노동당이었던 거예요.

그런데 갑자기 노동당의 '브레인' 역할을 하던 마이클 영이 능력주의가 다가올 세상을 디스토피아로 만들 것이라는 내용의 소설을 쓰니 노동당의 싱크탱크였던 페이비언 협회조차 이 소설을 받아들일 수 없던 거죠. 그렇다면 왜 영은 능력주의가 디스토피아를 초래할 것이라 여겼던 걸까요? 이를 위해선 능력이 정확히 무얼 의미하는지부터 알아볼 필요가 있어요.

* 마이클 영, 〈앞의 책〉, 61~67쪽.

'능력'이란 무엇일까?

능력주의라는 용어를 일반화시킨 영은 능력이 크게 지능과 노력, 이 두 가지로 이뤄진다고 말해요. 이걸 공식으로 표현해 보면 다음과 같아요.

능력=지능(IQ)+노력(effort)

여기서 '지능'은 재능이라고 봐도 좋아요. 그러니까 능력은 타고난 재능에 노력을 더한 값이라 할 수 있어요. 물론 "후천적으로 재능이 계발될 수 있잖아요."라고 말할 분도 있을 거예요. 당연하죠. 열심히 노력하면 후천적으로 재능이 계발될 수도 있죠. 그런데 지금 방금 제가 뭐라고 표현했죠? '열심히 노력하면'

이라고 말했죠. 따라서, 후천적으로 재능을 계발한다는 건 결국 노력이란 요소가 반영된다고 봐야 해요.

영은 능력을 발휘하는 데 있어 노력은 모두에게 기본값이라고 봐요. 아무리 재능이 있다고 해도 노력하지 않으면 소용없는 거니까요. 흔히 그러잖아요. "우리 아이가 머리는 좋은데 노력이 부족해요." 성공하고 싶다면 재능만으론 어렵고 반드시 노력이 뒤따라야 하죠. 그런데 노력하는 사람이 소수일까요? 성공을 바라는 사람들 대다수가 당연히 노력하겠죠. 수많은 이들이 성공하기 위해 전력을 다하고 있어요. 이건 우리나라만 봐도 알 수 있죠.

그런데 성공이라는 건 위로 올라갈수록 진입할 수 있는 문이 좁아지는 구조를 갖고 있어요. 아주 제한된 사람만이 그 문을 통과할 수 있죠. 어느 선 이상부턴 노력으로 극복이 안 되기도 해요. 모두에게 똑같이 24시간이 주어지는 상황에서 노력할 수 있는 한계는 명백하니까요. 하루를 25시간으로 늘릴 수 있는 사람은 없잖아요? 그러니 죽도록 노력한 100명이 모여 10개의 좋은 일자리를 놓고 경쟁을 벌이는 상황이라면, 이때 성공은 노력보다는 재능에 의해 판가름 날 가능성이 더 높아요. 비슷하게 노력했을 경우 타고난 재능이 더 뛰어난 사람이 성공할 가능성 또한 더 높은 거예요.

그런데 '타고난' 재능이란 말, 이게 알고 보면 '운'이 좋았다는 뜻이잖아요. 마치 옛날에 귀족의 자식으로 태어나는 게 운이었듯이 더 뛰어난 유전자를 가진 사람의 자식으로 태어나는 것 또한 '운'이에요. 하지만 능력주의라는 게 어떤 의미였죠? 자신의 의지와 상관없이 타고난 운으로 인생이 결정되는 것을 타파하자는 거잖아요? 그런 능력주의에도 타고난 운이 작동하고 있다니, 알고 보면 어이가 없는 일이죠. 능력주의를 표방하고 있는 요즘 사회에서 소위 성공했다고 평가받는 사람들도 이런 사실에 대해 잘 알고 있어요. 똑똑한 사람들이니 모를 수가 없죠. 그래서인지 능력주의를 주창하는 사람들은 대부분 운에 좌우되는 재능보다는 개인의 노력을 더 강조해요.

실제 성공한 사람들 대다수가 노력한 덕분에 성공했다고 말하죠. '제가 운이 좋았습니다'라고 말하는 경우는 드물어요. 예를 들어 볼까요? 미국에는 '소수자 배려 정책Affirmative Action'이라는 게 있어요. 인종이나 성과 같은 요소로 인해 사회에서 소수에 속하게 된 사람들을 배려하는 정책이죠. 그런데 신기하게도 이 정책 덕분에 성공한 사람들조차 자신이 노력해서 성공했다고 말하는 경향을 보여요. 심지어 소수자 배려 정책을 폐지하는 데 앞장서는 이들 중엔 이 정책으로 성공한 사람들도 있죠. 대표적인 인물이 워드 코널리라는 정치인인데, 정말 우스운 일이죠. 자신은 소수자 배려 정책의 혜택을 입어 놓고, 막상 성공한 후엔 그런 혜택 덕분에 성공했다고 평가받기 싫은 나머지 그 정책을 없애 버리려고 한 거예요. 그만큼 성공한 사람들은 무엇보다 자신이 노력해서 성공한 거라 인정받고 싶어 하는 것 같아요.

최근에도 이와 비슷한 일이 있었는데, 2023년 미국에서 소수자를 우대하는 정책이 위헌이라는 대법원 결정이 내려졌어요. 이 결정에 대해 클래런스 토머스 대법관은 "개인은 각자가 이루어 낸 고유한 경험, 도전, 성취의 총합"이라며 "중요한 것은 그들이 직면한 차별이라는 도전이 아니라 어떻게 이에 맞설지에 대한 그들의 선택"이라 말하며 소수자 우대 정책 폐지에 찬성했어요. 그런데 정작 그 자신은 이 정책 덕분에 예일대 로스쿨에 입학한 인물이었어요.

이런 식으로 능력주의는 사람들에게 '누구나 노력하면 성공할 수 있다.'는 발상을 전파하죠. 누구나 노력하면 성공할 수 있다는 전제를 다는 순간 능력주의는 결국 '노력주의'가 돼 버리고 말아요. 이처럼 능력주의가 노력주의로 변질되면 어쩔 수 없이 도덕주의가 끼어들게 돼요. 능력주의 사회에서 실패한 사람은 충분히 노력하지 않았거나 게으름이란 악덕의 늪에 빠졌기 때문이라고 비난받게 돼죠. 다시 말해 성공한 사람도 실패한 사람도 모두 그럴 만한 이유가 있는 건데, 이때 '그럴 만한 이유'란 바로 노력을 의미하고, 이 노력 여하에 따라 한 사람이 도덕적으로 훌륭하냐 아니냐까지 결정 나는 거죠.

"나는 노력해서 성공했다, 실패한 자들은 노력하지 않은 자들이다. 그들은 게으름이란 악덕에 빠진 이들이다." 이렇게 말하고 싶은 게 인간의 본성인가 봐요. 막스 베버는 이를 두고 다음과 같이 말해요. "운 좋은 사람은 운이 좋다는 사실에 만족하는 경우가 드물다. (…) 그는 자신이 '그럴 만하다.'고, 그리고 무엇보다도 다른 이에 비해 '그럴 자격이 있다.'고 확신하기를 바란다. 그는 또한 운이 나쁜 사람들도 자신의 당연한 업보일 뿐이라고 믿길 바란다."*

상황이 이렇다 보니 능력주의 사회에서 실패한 자들이 도움을 요청할 경우 노력하지 않고 부당하게 도움을 요구한다는 비난을 받기 쉬워요. 이런 사회에서 성공한 누군가가 어려운 처지에 있는 사람들을 돕는다면 그건 성공한 자들이 베푸는 은혜와 같은 거예요. 내 성공이 운 때문이라고 여기는 사람은 일정 부분을 사회에 돌려줄 의무를 느끼게 돼요. 하지만 나의 성공이 오롯이 나의 노력 때문이라 생각하는 사람은 은혜를 베풀 마음을 가질 수는 있어도 누군가를 도울 의무 같은 건 느끼진 못해요. 결국 능력주의를 표방하는 사회는 이런 편협한 발상이 지배하는 곳이 되는 거예요.

능력주의 사회에서는 보상도 능력에 따라 달라지기 때문에 그 격차 또한 커질 수밖에 없어요. 능력 있는 사람이 많은 사회적 재화를 가져가는 데 별다른 제한이 없는 자본주의 사회라면

* 마이클 샌델, 《공정하다는 착각》, 함규진 옮김(와이즈베리, 2020), 78쪽.

그럴 가능성이 더 크죠. 다른 말로 하자면 이런 사회에서는 불평등이 심화될 가능성이 높아진다는 거예요. 그런데 신기하게도 능력주의가 불평등을 없앤다고 주장하는 분들이 있어요. 하지만 잠시만 생각해 봐도 이 주장이 틀렸다는 걸 금세 알 수 있어요. '능력주의와 자본주의가 결합한다. 자본주의는 능력을 갖춘 사람이 가져가는 몫에 제한을 두지 않는다. 비슷하게 노력하는 사람들 사이에선 재능이라는 운을 타고난 사람들이 결국 능력을 인정받게 된다. 그렇게 좋은 운을 타고난 사람들이 성공하여 열심히 노력했다는 명목을 내세우며 도덕적 우위까지 점하게 된다.' 이런 간단한 논리만 생각해 봐도 능력주의가 불평등을 없애기는커녕 오히려 심화시킨다는 사실은 자명해요.

결국 능력주의 사회에서 실패한 사람들은 불평등을 경험하며 좌절에 빠지기 쉬워요. 왜 불평등을 경험하는데 좌절에 빠지냐고요? 보상이 작아서 그러냐고요? 아니, 이건 단지 보상이 충분한가의 문제가 아니에요. 능력주의 사회에서 보상이 작다는 건 노력하지 않은 자들, 그래서 실패한 자들, 때로는 도움마저 요청할 자격이 없는 게으른 자들로 전락하는 걸 의미하기 때문이에요. 이런 상황에서 도움을 요청하는 사람들은 남한테 의존하며 연명하는 기생충 취급을 받죠. 쉽게 말해 실패한 것도 힘겨운데 도덕적으로도 게으른 자가 되고 때로는 사회에 해로운 존재로 낙인찍히고 마는 거예요. 그러니 이런 처지에 있는 대다수의 사람들이 좌절에 빠질 수밖에 없는 거죠. 마이클 영은 이에 대해 이렇게 말해요.

> 이렇게 능력을 결정적 요소로 보는 만연한 인식 때문에 아무 능력도 없는 다수가 무기력한 나락에 빠진다는 사실을 지적하지 않는다면 우리는 사회학자로서 사명을 다하지 못하는 셈이다. 이렇게 절망에 빠지는 사람은 사회에 제대로 항의하지도 못하기 때문에 자기 자신에게 분노를 돌리게 되며, 결국 무기력해지면서 더더욱 확실하게 절망에 빠진다.*

* 마이클 영, 〈앞의 책〉, 197쪽.

왜 우리는 능력주의에 열광하는가?

이쯤 되면 능력주의를 누구나 싫어할 것 같은데 현실은 그렇지가 않아요. 오히려 많은 이들이 능력주의에 열광하며 이것이야말로 가장 공정한 분배 방법이라 생각하죠. 왜 대다수가 능력주의를 가장 공정한 분배 수단으로 떠받들며 열광하는 걸까요?

그건 능력주의가 채워 주는 자기 구원의 욕망 때문이에요. 마이클 샌델Michael Sandel은 《공정하다는 착각Tyranny of Merit》에서 능력주의에 내재한 이 자기 구원의 욕망에 관해 잘 설명해줘요. 사실 거의 모든 인간은 구원받고 싶어 하는 욕망을 가지고 있어요. 그래서 그토록 많은 사람이 종교를 열심히 믿는 거죠. 그런데 종교적 관점에서 보자면, 구원이란 절대적으로 신의 손에 달린 일이에요. 이건 서구 사회에서 처음 탄생한 기독교에서도 마찬가지였어요. 5세기 영국의 수도승 펠라기우스는, 신이 규범을 정한 후 자신이 창조한 인간에게 그 규범을 따르거나 그러지 않을 자유를 줬다면 인간은 자신이 선택한 것에 대해 책임을 져야 한다는 주장을 펼쳤어요. 그러니 나쁜 일을 했다면 현세든 내세든 신이 내린 처벌을 감수해야 한다고 말했죠. 한마디로 착하게 살라는 얘긴데, 사실 이 말에는 심오한 뜻이 담겨 있어요. 스스로 선택해서 좋은 일을 한 사람이라면 현세든 내세든 신의 은총을 입고 구원받을 수 있다는 거였죠.

그런데 이런 주장에 곧 철퇴가 내려졌어요. 철퇴를 날린 인물은 당시에 가장 큰 영향력을 발휘하고 있던 신학자 아우구스티누스였죠. 아우구스티누스는 인간이 착한 일을 해 스스로 구원을 얻어낼 만큼 자족적인 존재라는 건 말이 안 된다고 생각했어요. 만약 인간에게 그런 자기 구원의 능력이 있다면 그리스도가 인간의 육신을 지닌 채 이 세상에 내려와 인간의 죄 값을 대신 받아야 할 필요가 없었다는 거죠. 결국 구원은 오직 전지전능한 신의 은총만으로 가능한 일이어야 한다는 게 그의 주장이에요. 교회에 열심히 나가고 착하게 살 테니 날 구원해 달라는 것, 이건 그의 시각에서 볼 때 "이렇게 했는데도 날 구원해 주지 않는다고?" 하면서 신을 협박하는 것이나 다름없었던 거죠.

하지만 아우구스티누스의 시대가 지나자 교회는 다시 이 자기 구원의 능력주의를 수용해요. 세례도 받고, 기도도 열심히 하고, 성당에도 열심히 나가는데 신이 나를 구원해 주지 않는다면 평범한 사람들 입장에선 굳이 신앙을 가져야 할 이유가 없기 때문이었죠. 만일 구원받을 사람이 이미 정해져 있다면 신을 믿든 안 믿든 그게 무슨 상관이겠어요?

'자기 구원'을 갈망하는 능력주의는 프로테스탄트Protestant, 신교가 중심이 된 종교개혁에서도 그대로 드러나요. 역사적으로 보면 종교개혁은 원래 능력주의에 대한 반발이었어요. 루터가 부자들이 구원을 돈으로 사는 일, 즉 면죄부에 반발하며 일어난 일이니까요. 그래서인지 루터 역시 아우구스티누스와 비슷한 생각을 했어요. '미사 참석 따위로 신을 협박해서 구원받는 일은 신성모독이다!' 루터의 뒤를 이은 칼뱅 역시 비슷한 생각을 했어요. 하지만 칼뱅은 구원받고자 하는 사람들의 이 열렬한 욕망을 채워 주지 못한다면 종교가 유지될 수 없다는 걸 잘 알고 있었죠. 문제는 '구원은 오직 신의 일이다.'는 원칙과 '나는 어떻게든 구원받고 싶다.'는 욕망을 어떻게 조화시키느냐에 있었죠.

그래서 칼뱅이 꺼내 든 게 '구원예정설'과 '직업소명설'이었어요. '구원받을 사람은 이미 정해져 있다. 만약 네가 구원받을 대상인지 알고 싶다면 신이 내려 준 소명인 너의 직업을 성실하게 이행해라. 네가 근면하게 일해서 얻은 부가 네가 구원받았음을 알려 주는 표시가 될 것이다.' 구원은 신의 일이기에 우리가 어떻게 할 수는 없지만 적어도 자신이 구원받을 수 있을지 알아낼 방법은 있다는 절묘한 논리를 만들어 냈던 거죠. 직업을 신이 내려 준 소명으로 삼아 열심히 일하고 그렇게 쌓은 부가 구원받을 표식이 되어 준다면, 내 능력이 나를 구원하는 데 영향을 미쳤다는 걸 누구도 부정할 수 없을 거예요.

막스 베버의 분석에 따르면 이렇게 능력주의에 기반을 둔 프로테스탄트의 직업 윤리는 결국 자본주의 정신의 바탕이 돼요. 구원받기 위해서라도 자수성가를 이루어야 하니 사람들은 치열한 경쟁을 벌일 수밖에 없었어요. 하지만 시간이 지나며 사람들은 구원이라는 목적은 잊은 채 점점 부를 획득하기 위한 경쟁에만 몰두하게 되었죠. 샌델의 표현을 빌리면, "은총 앞에서 느끼는 무력감이 주었던 겸손함, 그것이 이제 자기 자신의 능력을 믿는 데서 나오는 오만으로 대체"되어 버린 거예요.*

이처럼 다른 누구도 아닌, 내가 나를 구원할 수 있다는 믿음은 자본주의 사회를 살아가는 인간들의 원초적인 욕망 같아요. 사실 자본주의 사회 자체가 곧 능력주의 사회예요. '능력이 있다면 누구나 성공할 수 있다. 성실히 노력하면 누구나 성공할 수 있다.'고 선전하는 체제가 바로 자본주의니까요. 마이클 영도 《능력주의》에서 '누구에게나 성공할 기회가 있다.'는 이 희망이야말로 능력주의의 마법이라고 지적하고 있어요. 설령 내가 이 능력주의 체제에서 실패했다고 해도 그 희망은 꺾이지 않고 계속해서 이어져요. '내 자식은, 내 손자는, 스스로 성공할 수 있을

* 마이클 샌델, 〈앞의 책〉, 76쪽.

거야.'라고 말이죠. 영은 능력주의 사회에선 "누군가 대신 승리를 거둘 수 있다는 전망이 있는 한 개인적인 실패는 그렇게 고통스럽지 않다."고 말하죠.* 성공할 희망이 보이지 않는 사람들도 이런 식으로 또 다른 희망을 품는 거예요. 비록 그게 고문일지라도 말이죠.

* 마이클 영, 〈앞의 책〉, 178쪽.

능력도 상속된다

하지만 현실은 어떨까요? '내가 아니라면 내 자식이라도, 내 손자라도 자신을 구원할 수 있을 것이다.'는 이 바람이 과연 실현될 수 있을까요? 정말 노력만 하면 누구라도 성공할 수 있는 걸까요? 하지만 현실은 좀 달라 보여요. 왜냐하면 성공을 위해 꼭 필요한 그 '능력'이라는 것도 결국 상속되기 때문이에요.

대니얼 마코비츠Daniel Markovits라는 저명한 예일대학교 법학대학원 교수가 있어요. 2019년 그가 《The Meritocracy Trap(능력주의의 함정)》이라는 책을 썼는데 우리나라에는 《엘리트 세습》이라는 제목으로 번역되어 나왔어요. 이 책에서 마코비츠는 능력이 어떻게 상속되는지 그 구조를 명확히 알려 주죠.

마코비츠는 1950년대부터 1960년대까지가 서구 사회에서 능력주의 혁명이 일어난 시대였다고 말해요. 혈통이나 가문 덕에 지위를 얻던 시대에서 벗어나 "자신들이 재능과 노력을 통해 지위를 얻었으며 누구에게나 허용된 수단을 이용해 정정당당하게 출세했다고 주장"할 수 있는 시대에 들어선 거였죠*. 좋은 신분을 타고나지 못한 대다수의 사람들을 무기력하게 만든다는 점에서 신분 질서는 평등을 약속한 민주주의 사회가 반드시 타파해야 할 대상이었어요. 이런 시대적 배경에서 등장한 능력주의는 산업혁명 이후 이어진 신분 질서의 붕괴에 결정적인 역할을 했어요.

하지만 마코비츠는 귀족 세습이라는 질서는 본질적으로 사라지지 않았다고 주장해요. 그 이유는 아이러니하게도 신분 질서를 타파하는 데 결정적 역할을 했던 능력주의 때문이었어요.

> 능력주의가 점점 심화되어 한 세대 전에는 눈에 띄지 않던 새롭고 억압적인 계층 질서를 낳고 있다. 역사상 유례없으며 능력주의를 원인으로 한 불평등이 새로운 도금 시대를 어지럽히고 있다. 엘리트들은 소득, 부, 권력뿐만 아니라 산업, 공식적인 영예, 개인적인 존경까지 독점한다. 능력주의는 중산층을 사회적·경제적 혜택에서 철저하게 소외시키며, 동시에 엘리트를 계층을 지키기 위한 파괴적인 경쟁으로 끌어들인다.**

* 대니얼 마코비츠, 《엘리트 세습》, 서정아 옮김(세종서적, 2020), 18쪽.

그렇다면 어떻게 이런 일이 일어난 것일까요? 바로 능력주의 혁명을 겪었던 엘리트 계급이 자식 세대에게 신분과 재산 대신 능력을 만들어 물려주기 시작했기 때문이에요. 능력주의를 통해 성공한 사람이 자신이 누리는 특권을 자식에게 물려주고 싶어 하는 건 어쩌면 인지상정일 수도 있어요. 여러분이 아주 크게 성공을 거둔 사람이라고 가정해 보세요. 내가 누리고 있는 걸 내 자식들이 못 누린다면 너무 속상하지 않겠어요? 마코비츠가 정확하게 지적하고 있듯 "능력주의 세계에서는 계층을 대대손손 물려주고 싶은 가족들이 특권을 끊임없이 다시 구축"하려는 방향으로 움직여요. "능력주의 시대의 엘리트들은 차별화된 방식으로 자녀를 양육함으로써 그 목표를 달성"하죠.*** 그 차별화된 양육 방식의 핵심은 교육에 대한 열렬한 투자예요.

실제 능력주의 시대에 새롭게 등장한 엘리트 계층은 인류 역사에 존재했던 그 어떤 세대보다 더 오랜 기간 교육을 받고 있어요. 마코비츠는 미국을 건국한 이들이 대통령이 될 수 있는 나이를 35세로 규정했다는 걸 상기시켜요. 그런데 오늘날 엘리트들은 35세가 되어도 여전히 학교에서 교육을 받고 있죠. 앞으로 엘리트로 살려면 박사 학위가 적어도 2개 정도 필요하다는 이야기는 이제 농담이 아니라 현실이 되고 있어요. 특히 대도시에 거

** 대니얼 마코비츠, 〈앞의 책〉, 20쪽.

*** 대니얼 마코비츠, 〈앞의 책〉, 23쪽.

주하는 엘리트 부모들은 자신이 일군 부와 소득을 아이의 미래를 위해 교육에 쏟아붓고 있어요. 가용한 모든 자원을 최대한 동원해 아이들에게 어떻게든 능력을 '만들어서' 물려주려 하죠. 일생의 3분의 1이 넘는 기간을 교육에 쏟아붓는 열의는 신분만 물려주면 되던 과거의 귀족들에게서는 찾아볼 수 없는 것이에요.

이런 교육에 대한 열의는 대도시에 살며 바로 곁에서 엘리트들을 지켜보고 있는 중산층에게도 번져 나가요. 하지만 문제는 양극화 사회에서 중산층이 자녀들의 교육에 쏟아붓는 자원은 아무리 노력해도 기존 엘리트 계층의 수준에 미치지 못한다는 점이에요. 특히 지금의 능력주의는 중산층을 더욱 소외시키는 경향이 있는데, 중산층이 열정을 다해 자녀 교육에 자원을 쏟아부을수록 엘리트 계층은 중산층 자녀들과의 차별화를 위해 더 많은 재원을 쏟아붓기 때문이죠. 마코비츠의 표현을 그대로 옮기자면 중산층 아이들은 "자궁에서부터 막대하고 숙련된 투자를 받은 부유층 어린이"의 상대가 되지 못해요. 이 때문에 능력주의가 난무할수록 중산층이 이 장벽을 넘는 일은 점점 더 어려워지는 게 현실이에요. 중산층이 이러하다면, 전통적인 빈곤층은 언급할 필요도 없겠죠.

그렇다면 엘리트 계층이 쏟아붓는 이런 투자는 현실에서 어떤 결실을 맺고 있을까요? 마코비츠는 미국에서 입학 경쟁이 치열한 대학의 경우 소득 상위 25%에 속하는 가구 출신이 중위

대학 신입생 고소득층(9분위 이상) 비율

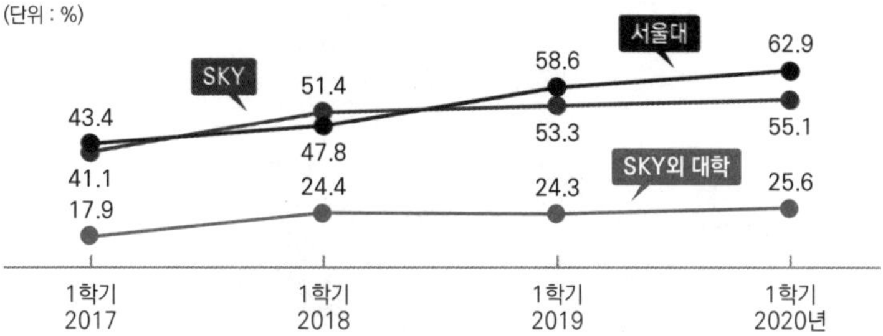

자료 : 사교육걱정없는세상, 교육부

50%에 속하는 가구 출신보다 6배 정도 많다는 사실을 지적해요. 하버드대학교와 예일대학교에는 소득 상위 1%에 속하는 가구 출신이 하위 50% 가구 출신보다 더 많이 재학하고 있어요.

우리나라도 마찬가지예요. 2020년을 기준으로 소위 SKY(서울대, 고려대, 연세대)라 불리는 학교의 신입생 중 55.1%가 소득 9분위 이상, 그러니까 상위 20%에 속하는 가구 출신이에요. 서울대만 따로 떼서 보면 신입생의 62.9%가 상위 20%에 속하는 가구의 자녀들이죠. 2017년엔 SKY 신입생의 41.1%, 서울대 신입생의 43.4%가 상위 20%에 속하는 가구의 자녀들이었어요. 3년 사이에 SKY의 경우 14%, 서울대의 경우 19.5%가 증가한 거예요. 급증이라고 표현할 수 있겠죠? 우리나라에서도 능력주의가 본격적으로 영향을 미치는 단계에 들어섰다는 사실을 확인할 수 있는 지표예요.

2022년 서울대 신입생의 정시 전형 출신 지역 분석(서울)

2022년 의대 신입생의 정시 전형 출신 지역 분석(서울)

(정원 내, 정원 외 모두 포함. 최종 등록 인원 기준, 검정고시 및 외국 소재고 제외)

자료 : 강득구 의원실, 사교육걱정없는세상(2023.4.)

다른 지표도 마찬가지예요. 2022년 정시로 서울대와 의대에 입학한 합격자의 지역 비율을 볼까요? 2022년 전국의 고교생은 126만 2,348명인데 이 중 강남 3구(서초구, 송파구, 강남구)의 고교생은 4만 310명으로 전체의 3.2%밖에 되질 않아요. 그런데 이 지역의 정시 합격률은 20%가 넘죠. 강남 3구에서 서울대에 정시로 입학한 학생은 235명이에요. 나머지 서울 지역의 합격자를 모두 합치면 256명이죠. 의대의 경우 강남 3구에서 240명이 정시로 합격한 것에 반해 서울의 나머지 지역을 다 합해 봤자 165명밖에 되지 않았어요.

전국으로 넓혀 봐도 마찬가지예요. 수도권 외 지역에서 서

2022년 서울대, 의대 신입생의 정시 전형 출신 지역 분석(강남 3구/전국 시·도)

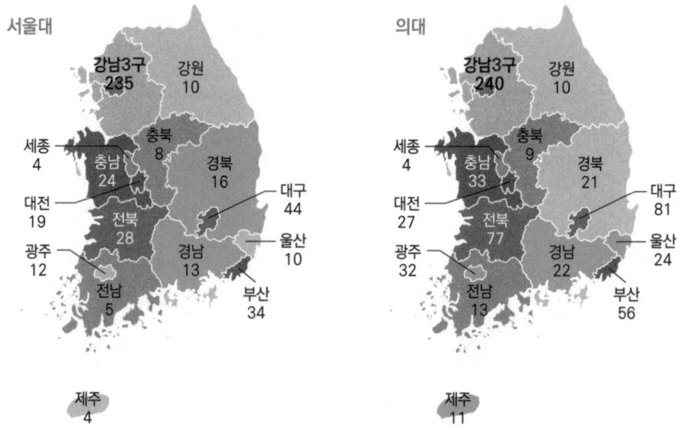

(정원 내, 정원 외 모두 포함. 최종 등록 인원 기준, 검정고시 및 외국 소재고 제외)
자료 : 강득구 의원실, 사교육걱정없는세상(2023.4.)

울대에 정시로 입학한 학생의 수를 모두 합해도 231명으로 강남 3구의 235명보다 적어요. 수도권 외 지역에서 의대에 입학한 학생은 420명으로 강남 3구의 2배가 채 되지 않는 걸 알 수 있죠. 부산, 울산, 대구, 경북, 경남, 이 지역들을 다 합쳐도 204명으로 강남 3구보다 합격 인원이 적은 상황이에요. 부의 차이에 따른 능력의 세습이 지표상으로 뚜렷하게 드러나는 거죠. 능력도 세습된다는 말, 이제 좀 실감이 나세요?

능력주의는 왜
성공한 사람에게도 해로울까?

마코비츠의 《엘리트 세습》에서 볼 수 있는 독특한 주장은 '능력주의가 엘리트들도 집어삼킨다.'는 점이에요. 마코비츠는 능력을 상속받는 세대들이 결코 행복하지 않다고 말해요. 이들은 치열한 경쟁을 벌이느라 늘 긴장하고 지친 상태예요. 뿐만 아니라 그 어느 때보다 강도 높은 교육을 받고 있음에도 자신감에 차 있기보다는 주눅이 든 상태로 불안과 불신에 빠져 있다고 해요.

사실 능력주의의 핵심은 죽는 순간까지 내가 누리는 것들을 가지고 있을 자격이 있다는 걸 증명하라는 거예요. 평생 경쟁을 해야 하는 것이죠. 높은 곳으로 올라갈수록 더 많은 것을 가질 수 있지만 그만큼 자신이 증명해야 할 것도 많아져요. 능력주의 사회에서 특권은 소수만이 누릴 수 있는 것이기에, 이 소수에게 롤모델이 되는 가장 이상적인 인간상은 '밤을 새워 열심히 일하는 스티브 잡스'예요.

그런데 평생에 걸쳐 이런 지위를 유지한다는 게 말처럼 쉬울까요? 능력주의 사회에서 엘리트들이 일생 동안 받는 교육만 떠올려 봐도 그들이 받는 스트레스가 얼마나 심할지 상상조차 하기 힘들어요. 유치원 입학부터 전쟁이죠. 마코비츠는 뉴욕, 보스턴, 샌프란시스코 등과 같은 대도시에 사는 부유층 부모들이 자녀를 유치원에 입학시키기 위해 원서를 10곳 정도 내는 건 이제 너무 흔한 일이 되었다고 말해요. 이유는 간단한데, 인기가 높고 경쟁이 치열한 유치원에 입학할 확률이 10분의 1이 안 되기 때문이죠.

우리나라라고 크게 다를까요? 우리나라에도 만 3세부터 시험 성적으로 신입생을 선발하는 유치원이 있어요. 서울 강남의 한 영어 유치원은 1차에 영재 판별 테스트를 해서 상위 5% 안에 들고, 2차에 영어로 말하기와 쓰기 시험을 봐서 통과한 아이들에게만 입학 자격을 줘요. 우리말도 제대로 하지 못하는 어린 아이들에게 시험을 봐서 자격을 부여하는 거예요.* 물론 이런 유치원은 비용도 만만치 않죠.

* 남정미, 〈3살짜리도 레벨 테스트 … 이제는 하다 하다 '유치원 캐슬'?〉, 《조선일보》(2020.11.15.).

서울 내 유아 대상 영어 학원 현황

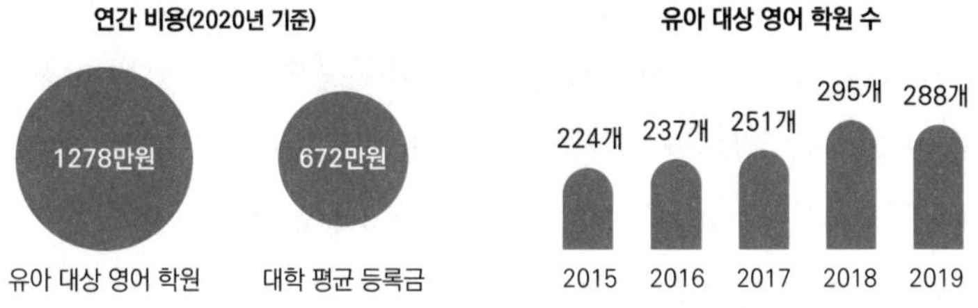

자료 : 사교육걱정없는세상

위의 자료는 2020년 시민 단체 '사교육걱정없는세상'에서 서울 지역 내 유아 대상 영어 학원을 전수 조사한 뒤 발표한 거예요. 이에 의하면 유아를 대상으로 하는 영어 학원의 한 달 교육비는 평균 106만 5,000원으로, 1년으로 계산하면 1,278만 원에 달하죠. 같은 해 대학의 평균 등록금은 672만 원이니, 유치원에 보내기 위해 거의 대학 등록금의 2배를 쓰는 셈이에요. 2019년 당시 서울 지역에는 이런 학원이 288개 있는 것으로 조사되었는데, 그중 136개가 강남구, 서초구, 송파구, 강동구 등에 몰려 있었어요. 이처럼 엘리트 계층의 자녀들은 어릴 때부터 부유한 부모의 지원을 받아 경쟁에 나서고 있는 상황이에요.

이후 이 아이들이 경험하게 될 학창 시절 또한 전쟁터와 다르지 않아요. 초등학교 때부터 친구를 사귀는 방법 대신 경쟁자를 상대하는 법을 배우죠. 하루 일과는 학교와 학원, 입시에 도움이 되는 각종 활동으로 가득 채워진 채 오직 경쟁에서 이기기 위한 연습만을 줄기차게 이어 나가죠. 2019년 통계청이 내놓은 〈한국의 사회 동향 2019〉에는 이런 현실을 엿볼 수 있는 자료가 들어 있어요. 김희삼 광주과학기술원 기초교육학부 교수가 2017년에 실시한 〈사회자본과 교육에 관한 4개국 대학생 인식 조사〉라는 자료인데요, 한국, 중국, 일본, 미국 이렇게 4개국의 대학생 1,000명씩, 총 4,000명을 대상으로 자신이 생각하는 고등학교의 이미지를 고르게 한 거예요.

좀 더 구체적으로 말하자면, 고등학교에 대해 가지고 있는 이미지가 '함께하는 광장(상호 이해와 조화 및 협동심을 체득하는 곳)', '거래하는 시장(교육 서비스의 공급자와 수요자 간에 지식과 돈의 교환이 일어나는 곳)', '사활을 건 전장(좋은 대학을 목표로 높은 등수를 차지하기 위해 치열한 경쟁이 일어나는 곳)' 중 어디에 가장 가깝다고 생각하는지를 물어본 거였어요. 혹시 여러분에게 고등학교는 어떤 곳이었나요? 만약 지금 고등학교에 다니고 있다면 본인이 생각하는 학교는 이 중에서 어디에 가장 가깝나요?

일본의 경우는 놀랍게도 75.7%의 응답자가 '함께하는 광장'이라 답했어요. 학교가 서로를 이해하고 협력하는 마음을 익히는 곳이었다는 거죠. 학교를 거래하는 시장으로 생각하는 일본 대학생은 10.5%에 불과했어요. 좋은 대학을 가기 위해 사활을 걸고 전쟁을 벌이는 곳이라고 답한 비율은 일본의 경우 13.8%, 중국은 41.8%, 미국은 40.4%였어요.

자국의 고등학교 이미지에 대한 4개국 대학생의 인식

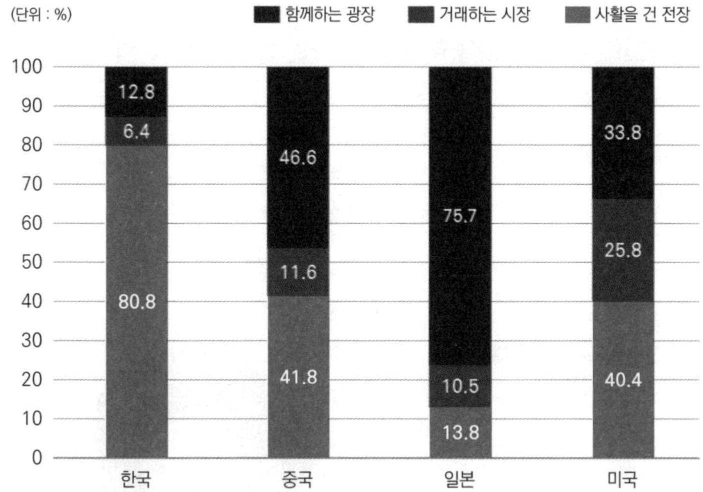

출처 : 김희삼, 〈4개국 대학생들의 가치관에 대한 조사〉(한국개발연구원·광주과학기술원, 2017)

그렇다면 우리나라는 어땠을까요? 조사에 참여한 한국 대학생 중 고등학교를 함께하는 광장이었다고 답한 비율은 12.8%밖에 되지 않았던 반면, 사활을 건 전장이었다고 답한 비율은 80.8%나 되었어요. 한국, 중국, 일본 모두 입시 경쟁이 치열하기로 유명한 나라이지만, 알고 보면 미국 역시 입시 경쟁이 무척 심해요. 그럼에도 이 자료만 놓고 보면 그중에서도 한국이 가장 치열한 경쟁을 벌이고 있다는 걸 알 수 있죠.

우리나라 사람들이 경쟁에 대해 느끼는 부담감은 다른 여론

조사에서도 고스란히 드러나요. 2023년 동아일보와 설문 조사 플랫폼 틸리언 프로가 성인 남녀 1,850명을 대상으로 설문 조사를 한 결과를 보면, 우리나라에 가장 잘 어울리는 이미지로 '경쟁적이다'라는 답이 가장 많았어요. '복잡하다', '피곤하다', '힘

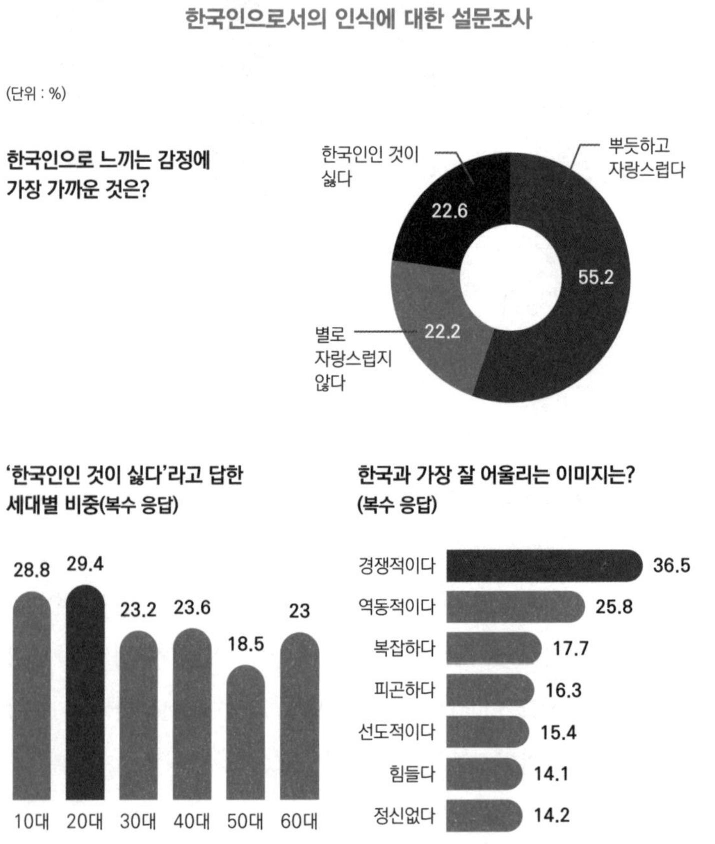

자료 : 동아일보·SM C&C 설문 조사 플랫폼 틸리언 프로 공동 설문

들다', '정신없다'라는 답이 순서대로 그 뒤를 이었고요. 한국은 경쟁이 치열한 사회라는 게 단적으로 드러나는 조사예요. 그래서인지 '한국인인 것이 싫다(22.6%)'거나 '별로 자랑스럽지 않다(22.2%)'고 답한 비율도 44.8%나 돼요.

이렇게 치열한 경쟁을 벌이다 보니 한국은 별로 행복하지 않은 나라가 되었어요. 2023년 UN이 발간한 〈세계행복보고서 2023 World Happiness Report 2023〉을 보면 우리 국민의 주관적 행복도는 조사 대상 137개국 중 57위였고, OECD 38개 회원국 중에서는 35위였어요. 우리나라보다 행복도가 낮은 국가는 그리스(58위), 콜롬비아(72위), 튀르키예(106위) 뿐이에요.

이렇게 치열한 경쟁을 거쳐 성공이란 좁은 관문을 통과해도 문제는 여전히 남아 있어요. 앞에서 살펴보았듯이 능력주의는 자신이 누리고 있는 것들을 과연 가질 자격이 있는지 계속 증명해야만 하는 이데올로기니까요. 마코비츠는 이를 두고 이렇게 표현하죠.

> 능력주의는 옴짝달싹 못 하게 옭아매며 결코 끝나지 않는 경쟁에 엘리트들을 가둬둔다. 동료는 모두 경쟁자다. 모든 단계에서 승리가 아니면 탈락이다. (…) 엘리트들의 불안정성은 출생과 거의 동시에 시작되어 결코 끝나지 않는다. 특히 능력주의 사다리 꼭대기에서 불안정성은 최고조에 달한다.*

사다리 꼭대기에 있어도 언제 이곳에서 추방될지 모른다는 불안감에 사로잡혀 있는 거죠. 그래서 엘리트 계층에 속하는 이들은 언제나 외톨이 같은 상태로 자기 자신을 쥐어 짜내며 살아야 해요. 우리가 흔히 하는 말이 있죠. "나는 나이 들면 하고 싶은 일을 하며 살 거야!" 능력주의 사회에서는 말도 안 되는 소리예요. 마코비츠의 말처럼 임금 소득이 온통 사다리 꼭대기에 있는 이들에게만 집중되고, 그 정도의 소득을 올릴 수 있는 직업의 종류와 일자리 수가 감소하고 있는 상황에서 '하고 싶은 일을 한다.'는 건 지금 누리고 있는 특권을 포기하겠다는 거나 다름없으니까요. 능력주의자들에게 '일과 삶의 균형'은 TV에나 나올 법한 불가능한 일인 거죠.

이러한 마코비츠의 주장에서 우리가 읽어 내야 할 아주 중요한 측면이 있어요. 능력주의 체제에선 사다리의 윗부분에서도 밀려나는 사람들이 생긴다는 거예요. 우리나라의 노동시장에서는 능력에 따른 보상의 차이가 아주 커요. 가장 기본적으로는 대기업에 취직할 수 있느냐 없느냐에 따라 크게 차이가 나죠. 대기업이 제공하는 일자리는 전체의 12% 정도예요. 단순하게 말해 대기업에 취직하는 걸 성공이라고 할 때, 이 12% 안에 들어갈 수 있다고 믿었던 이들이 실패할 경우 스스로 사회적 고립을 택

* 대니얼 마코비츠, 〈앞의 책〉, 96~97쪽.

할 수도 있다는 거예요. 이 12% 밖의 세상은 자신이 속할 곳이 아니라는 좌절감에 휩싸인 채 말이죠. 그러다 보니, 공정성 문제를 두고 가장 민감하게 반응하는 사람들이 바로 이 구간에 진입할 가능성을 갖고 있는 이들인 거예요. 이에 대해 조귀동은《세습 중산층 사회》에서, 조국 사태로 공정성 시비가 벌어졌을 때 민감하게 반응한 청년들은 오히려 상위 구간에 속하는 이들이었고, 여기에 속하지 않는 청년들은 당시 여론과 달리 별다른 관심을 보이지 않았다고 지적해요. 이런 맥락에서 보면, 사회에서 밀려난 존재들을 단순히 사다리 아래쪽에 있는 이들일 거라고 생각해선 안 돼요. 좌절감은 오히려 성공의 문턱에서 밀려난 이들이 더 클지도 몰라요. 한나 아렌트 또한 이런 말을 남겼어요. "사회 모든 계층에서 밀려나는 사람들이 나온다." 더욱이 능력주의 사회라면 이런 가능성은 더 커지게 마련이에요.

‘한국의 능력주의’는 뭐가 다를까?

그런데 서구 사회의 능력주의에 관한 이야기를 하다 보면 ‘우리나라에서 볼 수 있는 능력주의도 이와 비슷한 양상일까?’라는 의심을 지울 수가 없어요. 여러분은 어떠세요? 우리나라의 능력주의 역시 서구 사회처럼 태어나면서 죽는 순간까지 내가 더 많은 걸 가질 자격이 있다는 사실을 증명하는 과정이란 생각이 드나요? 이런 맥락에서 보면 지금부터 소개할 박권일의 《한국의 능력주의》는 서구 사회와는 다른 우리나라의 능력주의가 지닌 독특한 특성을 이해하는 데 매우 중요한 저서예요.

지난 몇 년간 우리나라에서 논란이 되었던 일들을 들여다보면 가장 중요한 키워드가 ‘공정’이었다는 걸 누구도 부정하진 못할 거예요. 공정함이 이슈가 될 때마다 이를 보장하는 수단으로 마치 꼬리표처럼 붙어 다닌 게 바로 '능력주의'란 단어예요. 이렇게 공정과 능력주의가 결합하면서 만들어 낸 논리는 다음과 같아요. "능력에 따라 각자 알아서 살아남으면 된다. 권력은 그 각자도생의 조건을 공정하게 보장하라." 이 능력에 따른 각자도생에 어떤 식으로든 영향을 미친다면, 그것이 제도이든 이데올로기이든 모두 공정하지 못한 것으로, 심한 경우엔 오히려 역차별을 불러일으키는 것들로 취급받고 있어요.

이런 분위기가 확산되는 가운데 시험이야말로 가장 공정한 경쟁 수단이라 여기는 사람들이 늘어나고 있어요. 특히 난이도가 높은 시험일수록 이를 통과한 사람의 성취는 더 높게 평가되어야 하며 그에 비례해서 권력과 자원 분배도 이루어져야 한다고 보는 거죠. 박권일은 이런 인식의 출발점에 '과거제도'가 있다고 분석해요. 앞서 보았듯이 서구에서 공직 임용에 정실주의를 폐지하고 능력주의 경쟁을 도입한 시기는 1870년대예요. 그에 비해 평민에게도 개방되었던 과거제도는 고려 시대(958년)에 시작되었으니 얼마나 획기적인 일이었는지 짐작할 수 있죠.

이 과거제도가 현대에 이르러 '고시'라는 형태로 재현되었어요. 한국의 고시 제도는 "응시 자격의 제한 요건이 적다는 점, 모두가 정해진 시간과 장소에 가서 똑같은 문제를 풀고, 받은 점수에 따라 '일등부터 꼴찌까지'가 명확히 정해진다."는 점, "시험의 난이도가 상당히 높다."는 점, 나아가 "일단 합격만 하면 경제적·사회적 지위가 일거에 상승한다."는 점에서 한국의 능력주의 전통을 고스란히 담고 있는, "한국인이 생각하는 능력주의의 이상에 가장 가까운 제도"라 할 수 있어요.* 이런 이유로 "한국에서 이른바 고시 합격 여부는 지배 집단에 속할 능력과 자격을 검증하는 기준으로 오랫동안 공인되어" 왔어요.**

박권일은 이런 고시 제도가 '내 노력만으로 이 자리를 성취했다.'는, 그래서 '나의 성취가 가장 공정한 것'이라는, 자신을 희생하고 얻은 '순수한 내 노력에 대한 대가'로서 '등가교환적 공정'이라는 신념 체계를 만들어 낸다고 분석하죠. 그리고 이런 신념이 고시 합격자들 사이에 널리 공유되고 있다는 걸《고시계》란 잡지에 수록된 합격 수기를 통해 설득력 있게 논증해요. 하지만 곧이어 박권일은 고시 합격자들이 공유하고 있는 '공정한 성취'라는 인식이 얼마나 환상에 가까운 것인지 적나라하게 밝히죠. 예를 들어 2016년 연구를 통해 사법 고시에 붙기까지 들어가는 비용이 평균 6,333만 원에 달한다는 점, 역대 사법시험에서 고졸 이하 학력의 합격자가 예외로 보아도 좋을 만큼 소수라는 점, 2000년대 초반까지 여성 합격자 비율이 극히 낮았다는 점 등 고시 합격에 계급, 학력, 성별이란 구조적 요인이 작동하고 있음을 명확하게 지적하죠.

* 박권일,《한국의 능력주의》(이데아, 2021), 96쪽.

** 박권일,〈앞의 책〉, 97쪽.

박권일은 고시의 사례를 통해 한국 능력주의의 핵심적 특징을 '시험을 통한 지대地代 추구'의 정당화라고 규정해요. 지대 추구를 간략히 설명하자면, 정당한 생산 활동을 통하여 이윤을 추구하는 것이 아니라, 인위적인 진입 장벽이나 정치적 로비 등으로 부당한 이득을 얻으려는 행위라 할 수 있어요. 이런 까닭에 시장의 공정성과 효율성을 해치는 요소이기도 해요. 한국에서는 사회적 지위와 권한이 실질적 기여나 업적 대신 인위적 진입 장벽인 시험에 따라 결정되는 경향이 있고, 이런 경향이 현재 '공정성'에 대한 요구에서도 똑같이 드러난다는 거죠. 돌이켜 보면, 인천공항의 비정규직을 정규직으로 전환하는 과정에서도, 서울교통공사의 무기 계약직 직원들을 정규직으로 전환하는 과정에서도 공정을 가늠하는 잣대는 현장에서 그들이 증명해 온 업무 능력이 아니라 정규직이 되기 위한 시험을 통과했느냐였어요. 이런 맥락에서 보면 박권일의 지적은 정확해요. 한국 사회에서 시험은 정규직에 대한 사적 소유권을 만들어 내고 있는 거죠. 시험을 통과하지 못한 사람들은 같은 일을 해도 동일한 임금을 받지 못하고 4대 보험의 혜택을 누리지 못하는 경우가 많아요.

여기서 한 발 더 나가 난이도가 높은 시험을 통과한 자들일수록 다른 이들이 자신의 영역에 들어오지 못하게 선발 인원수를 제한함으로써 자신의 특권을 보호하려 해요. 예를 들어 택시 운전면허를 가진 사람의 수는 제한하지 않으면서 변호사나 의사 자격증을 가질 수 있는 사람의 수는 제한하려 하는 거죠. 그것이 특권과 그에 따르는 소득을 통해 계급을 유지하는 가장 기본적인 수단이기 때문이에요. 엘리트 직군일수록 시험이라는 장벽을 쳐 놓고 특권을 소유할 수 있는 인원수를 철저하게 통제하죠. 이처럼 시험이라는 수단은 '인위적 제한을 통해 기회비용을 초과해 발생하는 이익'을 낳는데, 이런 점에서 한국의 능력주의는 지대 추구의 형식을 띠고 있다는 거죠. 박권일은 여기에 '승자독식과 부익부 빈익빈을 낳는 지대 추구'라는 점이 더 큰 문제라는 말을 덧붙이는데 적확하면서도 명쾌한 지적이에요.* '한국의 능력주의'는 이렇게 시험을 통해 지대 추구 행위를 하는 것을 마치 똑같은 가치를 지닌 상품을 주고받는 합리적인 행위로, 즉 '등가적 교환'으로 여기고 있는 거예요.

이처럼 한국에서는 시험을 능력을 검증하는 가장 중요한 수단으로 여기는 경향이 있어요. 더해서 박권일의 지적처럼 특히 난이도가 높은 시험일수록 지배 계층의 검증 수단으로 작동할 뿐만 아니라 좋은 일자리를 분배하는 데 가장 공정한 수단으로 여겨지죠. 하지만 이렇게 능력주의가 시험주의가 되어 버리면 능력주의의 본질이 왜곡되는 현상이 나타나요. 결국 시험주의란 이론 능력을 실천 능력과 동일시하는 것이나 다름없으니까요. 예를 들

* 박권일, 〈같은 책〉, 126쪽.

어, 한 분야에 아주 탁월한 이론가가 있어요. 그 업적으로 학생들을 가르치는 교수로 임용이 되었어요. 그런데 이론적으로 많이 안다고 해서 학생들을 가르치는 능력 또한 탁월한 사람이라고 확신할 수 있을까요? 연구 교수로서 훌륭한 사람이라고 해서 저절로 훌륭한 강의 교수가 되는 건 아니에요. 실제로 강의 능력을 제대로 판단할 수 있는 적합한 자료는 연구 업적이 아니라 학생들의 강의 평가라고 봐야 해요. 그러니까 능력을 제대로 측정하려면 해당 분야마다 측정하는 도구들이 달라야 하죠.

하지만 우리나라에선 능력을 측정하는 도구로 지식의 양이나 지적 능력을 검증하는 시험만을 강조해요. 더 우려스러운 건 이렇게 지식만 중점적으로 측정하는 시험에 대한 요구가 사람들 사이에 너무 넓고 강하게 퍼져 있다는 거예요. 예를 들어 앞서 짧게 언급했던, 인천공항에서 비정규직을 정규직으로 전환하고자 했던 직종은 주로 보안 요원들이었어요. 이 사안에 대해 당시 정규직이 요구한 건 자신들과 동일한 시험을 치라는 것이었어요. 자신들이 얼마나 어렵게 정규직이 되었는데 왜 이들은 이렇게 쉽게 정규직이 되려 하느냐고 따지면서 말이죠. 하지만 이 보안 요원들이 현장에서 착실히 쌓은 경력은 왜 능력을 측정하는 수단으로 인정하지 않는 걸까요? 아니, 보안 요원이라고 하면 오히려 현장 경험이 더 중요한 거 아닐까요?

시험이 무용하다는 뜻이 아니에요. 시험만이 능력을 측정하는 도구가 아니란 거죠. 아마 많은 사람이 이 사실을 알고 있을 거예요. 그럼에도 대다수가 '능력주의적 공정성'을 외치며 시험에 집착하는 이유는 대체 뭘까요? 여러 요인이 있겠지만 우리 사회가 기본적으로 불신 사회라는 점을 지적하지 않을 수 없어요. 일례로 2018년 2월 발표된 한국리서치의 〈한국 사회 공정성 인식 조사 보고서〉를 보면, 취업 경쟁과 관련한 질문에 응답자의 62%가 "정규직과 비정규직의 차이는 개인의 실력과 태도의 차이가 아니다."라고 답해요. 이건 인천공항에서 본 '열심히 노력해서 이 자리에 왔다.'는 정규직의 외침과는 매우 다른 인식이에요. 더 나아가 성공하는 데 있어 중요한 요인이 무엇인가를 묻는 질문엔 응답자 중 68%가 부모 배경, 60%가 연줄이라고 답했어요. 특히 부모 배경이 중요하다고 답한 이들 중 76%는 취업 기회가 불공정하다고 대답했죠. 이런 반응은 성공한 사람과 그렇지 못한 사람들 간의 성공 요인에 대한 인식의 차이뿐만 아니라 우리가 서로를 얼마나 불신하고 있는지를 간접적으로 드러내고 있어요. 이런 맥락에서 보면, 사람들이 왜 그토록 시험을 가장 공정한 선발 수단으로 여기는지, 그것도 주관적 여지가 전혀 끼어들 틈이 없는 개관식 시험을 가장 최고로 치는지 이해할 수 있죠.

사람들 사이의 불신이 줄어들지 않는 건 '보다 보상이 크고 안전한 직장'으로 진입하는 단계에서 너무나 치열한 경쟁이 벌어지고 있기 때문이에요. 상황이 이렇다 보니 일단 어려운 시험을 통과해 문 안으로 들어간 사람들은 곧바로 그 문을 꽁꽁 걸어 잠그고 자신의 몫을 지키려 해요. 그리곤 자신이 여전히 그 문 안에 있을 자격이 있는가에 대해선 결코 묻지 않아요. 결국, 우리 사회에선 능력주의도 공정성도 문 안으로 들어가는 데까지만 존재할 뿐인 거죠.

능력주의가
'고용 신분 사회'를 만든다고?

앞서도 언급했지만 지난 몇 년간 우리 사회를 장악한 이데올로기는 단연 '능력주의'라고 할 수 있어요. 앞서 언급한 2018년 한국리서치의 〈한국 사회 공정성 인식 조사 보고서〉에서도 볼 수 있듯 사실 사람들은 이전부터 이미 능력에 따른 분배를 강력히 지지하고 있었죠. 이 조사에서 무려 응답자의 66%가 '능력과 노력의 차이에 따른 보수의 차이는 클수록 좋다.'는 데 동의했어요.

좀 더 구체적으로 살펴보면, 연령별, 월평균 소득별, 이념 성향별로 조사가 진행되었는데(오른쪽 그래프에서, 능력이나 노력에 따른 보수의 차이가 클수록 좋다는 의견이 '갑'이고, 적을수록 좋다는 의견이 '을'이에요), 능력주의를 지지하는 것과 이 요인들 간에 상관관

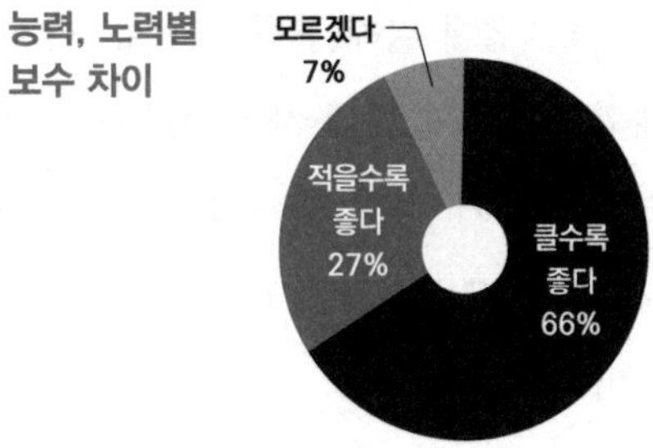

세대, 소득, 이념 성향별 보수 차이에 대한 인식

(N=1,000,%)

Base=전체	사례수(명)	갑에 매우 가깝다	갑에 대체로 가깝다	을에 대체로 가깝다	을에 매우 가깝다	모르겠다	계
연령							
19-29세	(175)	16	50	17	5	13	100
30-39세	(173)	20	49	17	4	9	100
40-49세	(203)	16	52	21	5	5	100
50-59세	(201)	16	46	23	8	8	100
60세 이상	(248)	16	50	23	8	3	100
월평균 소득							
200만원 미만	(168)	12	43	24	8	12	100
200-300만원	(216)	21	48	19	7	5	100
300-400만원	(184)	14	57	18	3	8	100
400-500만원	(168)	17	53	15	7	7	100
500-600만원	(99)	19	41	23	8	8	100
600-700만원	(61)	15	46	29	6	3	100
700만원 이상	(104)	19	51	23	4	3	100
이념 성향							
진보(0-4)	(321)	15	54	21	6	4	100
중도(5)	(340)	15	47	21	7	10	100
보수(6-10)	(294)	22	47	21	6	4	100

출처 : 정한울·이관후, 〈한국사회 공정성 인식조사 보고서〉(한국리서치, 2018.2.2.), 10쪽.

계는 별로 없었어요. 쉽게 말해 연령이나 소득 수준에 상관없이, 이념 성향에 개의치 않고 능력에 따른 분배를 지지한 거죠.

하지만 '능력주의'가 정말 대다수 평범한 사람들에게 이롭기만 한 걸까요. 제가 그렇지만은 않다고 생각하는 데는 다음과 같은 이유가 있어요.

첫째, 우리나라와 같이 노동시장이 정규직/비정규직의 이중구조로 고착되어 처우와 보수의 격차가 크게 벌어지는 곳에선 능력에 따른 고용이 '신분 피라미드'를 만드는 경향이 있다.

둘째, 무엇보다 '능력주의'는 노동하는 이들을 대표하는 정당을 소멸시키거나, 적어도 정당이 노동하는 집단을 대표하려 할 때 그 역량을 감소시키는 경향이 있다.

이 두 가지 이유로 능력주의는 노동하는 집단을 분열시키고, 노동하는 집단 내에서조차 '능력이 없다'는 이유로 밀려난 이들은 결국 공적인 장에서 소외되는 현상이 나타나요. 그럼 어떻게 이런 일이 일어나는지 하나씩 살펴볼게요.

일본의 경제학자 중에 모리오카 고지森岡孝二라는 사람이 있어요. 고지는 2017년 우리나라에서도 출간된 《고용 신분 사회雇用身分社會》라는 책에서 같은 노동계급 내에서도 신분 격차가 발생하고 있다고 지적해요. 정규직, 비정규직, 일용직처럼 고용된 지위 자체가 격차를 만들고, 그 격차가 신분으로 굳어지면서 일종의 신분 피라미드가 만들어진다는 거죠. 이런 고용에 따른 신분 격차는 소득의 격차, 사회 안전망의 격차, 노동 권리의 격차, 노동환경의 격차로 이어지고 결국엔 노동하는 집단이 서로 화해할 수 없을 정도로 분열된다는 거예요. 1985년 일본에서는 노동자 파견법이 제정되며 신분의 격차를 만드는 다양한 고용 형태가 나타났어요. 우리나라 역시 IMF 사태 직후인 1998년 2월 '파견 근로자 보호 등에 관한 법률'이 제정되며 신분의 격차를 만드는 고용 형태가 자리 잡기 시작했죠.

이런 상황을 제대로 이해하려면 '파견'이 무엇인지부터 알아야 해요. '파견'이란 나를 고용해서 임금을 주는 이와 나에게 작업을 지시하는 이가 다르다는 의미예요. 예를 들어, A라는 회사에서 나를 고용해서 B라는 회사에 파견을 보내는 거예요. 그럼 나는 임금을 A라는 회사에서 받지만, 내가 구체적으로 해야 할 작업에 대한 지시는 B라는 회사에서 받는 거죠. 내가 일하는 곳은 B 회사가 맞지만 소속은 A 회사가 되는 거예요. 규모가 큰 기업의 입장에서 보면 이런 고용 형태는 임금과 사회보험을 아끼는 데 아주 효율적이에요. 예를 들어 B라는 회사가 나를 정규직으로 직접 고용하면 월급 300만 원에 사회보험(4대 보험), 노동삼권까지 보장해 줘야 한다고 가정해 봐요. 그런데 A라는 회사를 거쳐 파견 형태로 간접 고용하면 일정 기간만 고용할 수 있을 뿐만 아니라 월급은 200만 원만 주고, 심지어 사회보험도 보장해 줄 필요가 없다고 해요. 이런 조건이라면 기업은 당연히 후자를 선택하지 않겠어요? 이렇게 고용된 사람들은 법적 신분이 A 회사의 직원이기 때문에 자신이 실제로 일하는 B 회사에서 부당한 일을 당해도 이 회사를 향해 노동삼권을 행사하기가 어려워요. 많은 대기업들이 파견 근로자를 선호하는 이유죠. 이런 식으로 파견직에서부터 비정규직이 확산되기 시작했던 거예요. 이게 파견법 제정이 우리 사회에 끼친 영향이에요.

우리 사회에 자리 잡은 특이한 형태의 능력주의는 바로 이 고용 신분 사회와 강력한 친화력을 가지고 있어요. 앞서 보았듯 우리나라의 능력주의는 소위 '고시'라고 불리는 고난도 시험을 통과하는 것으로 대표되니까요. 여기엔 보상 수준이 아주 높은 대기업 입사 시험도 포함이 되죠. 어렵지만 이 시험만 통과하면 보상 수준이 높은 정규직 신분을 얻게 되고, 평생에 걸쳐 안전장치가 되어 주죠. 반면에 시험에 통과하지 못하면 노동 현장에서 자신의 능력을 아무리 증명해도 불안정한 비정규직으로 남을 수밖에 없어요.

이를 직접적으로 보여 주는 사례가 현대자동차 울산 공장이에요. 이곳에서 왼쪽 바퀴를 조립하는 노동자는 정규직, 오른쪽 바퀴를 조립하는 노동자는 비정규직이에요. 하는 일의 차이는 어느 바퀴를 조립하느냐 뿐이죠. 하지만 보수와 처우에서는 큰 차이가 나요. 아무리 억울하다고 하소연해도 소용없어요. 억울하다면 시험을 쳐서 통과해야 해요. 시험을 거치지 않고 정규직을 원하는 이는 양심도 없는 '무임 승차자'로 취급받죠. 비정규직을 정규직으로 전환하려는 거의 모든 사업장에서 같은 노동자인 정규직들이 앞장서 이를 부당하다고 비난하며 거부하는 사태는 이렇게 벌어지는 거예요. 심지어 청소를 담당하는 이들에게조차 정규직이 되고 싶다면 시험을 통과하라고 요구하죠.

상대적으로 난이도가 높은 시험을 통과해 정규직이 되면 더 높은 소득 외에도 많은 것을 누릴 수 있어요. 대표적인 것이 사회보험이에요. 우리나라의 노동자 중 4대 보험의 혜택을 누리는 이들은 대부분 정규직이죠. 다른 국가들과는 달리, 사회보험이 어려운 처지에 놓인 노동자들을 보호하는 게 아니라 오히려 상대적으로 안정적인 위치에 있는 노동자를 보호하는 '역진적 선별 제도'로 설계되어 있기 때문이에요. 이는 사회보험제도를 설계하던 당시 비정규직 노동자가 이렇게 많이 늘어나리라고는 전혀 예상하지 못했기 때문에 생겨난 일이죠.

정규직과 비정규직의 격차는 이뿐만이 아니에요. 불황이 닥치면 정규직은 비정규직을 안전판 삼아 고용 지위를 유지할 수도 있어요. 회사 입장에서는 비정규직을 해고하는 게 더 쉽고, 정규직 입장에서도 이런 상황이 자신의 일자리를 보전하는 데 도움이 되기 때문이죠. 게다가 더 안전하게 일할 수도 있어요. 어렵고 힘들고 위험한 일들은 비정규직이나 일용직에게 외주화

시키면 되니까요. 심지어 정규직은 노동조합에 가입해 단결력을 행사하는 일에서도 우위를 갖는데, 비정규직은 고용 기간이 짧기 때문에 조합을 결성하고 단결권을 행사하기가 현실적으로 상당히 어려워요.

이런 현실에 대해 사회복지학자 윤홍식은《이상한 성공》(2021)에서 우리나라는 서로 다른 4개의 신분이 존재하는 사회로 분열되었다고 지적해요. 1등 국민은 대기업 정규직 노동자들을 중심으로 안정적인 고용과 높은 소득을 보장받는 계층, 2등 국민은 중소기업의 정규직, 정년이 보장되지 않는 대기업 노동자, 중간 규모의 자영업자 등 상대적으로 안정적인 고용과 소득을 보장받는 계층, 3등 국민은 비정규직, 영세한 자영업자, 특수 고용직 등 불안정한 고용 상태에 있는 계층, 4등 국민은 공공 부조가 쳐 놓은 엄격한 자격 제한을 운 좋게 통과했지만 기초생활수급자라는 낙인이 찍힌 계층. 여기서 윤홍식은 국민이라는 표현을 쓰고 있지만, 이들을 나누는 중요 기준점이 능력에 따른 고용 상태라는 점에서 결국 우리나라는 고용 상태로 '신분'이 나뉘는 고용 신분 사회인 셈이죠.

이처럼 노동자들이 신분 피라미드를 만들어 가는 가운데, 피라미드의 아래쪽에 자리 잡은 대다수는 자신을 대변해 줄 정당마저 상실하는 일이 일어나기도 해요. 마이클 영은《능력주의》에서 왜 이런 일이 일어나는지 분석하는데, 앞서 한 차례 이야기했듯 '능력주의'의 시작에 '노동 세력'을 주축으로 한 사회주의자들이 있었기 때문이에요. 20세기 역사를 돌아보면 신분 사회 타파를 위해 사회주의자들과 노동 세력이 적극적으로 결합한 적이 있는데, 영국에선 노동당이 그 중심에 있었죠.

능력주의가 신분 사회를 성공적으로 타파하긴 했지만, 결과적으로 보면 새로운 신분 질서를 만들어 내고 말았어요. 예를 들어 과거 영국 노동당의 핵심 인사 중에는 평범한 노동자 출신도 많았지만, 한 차례 세대교체가 일어나자 노동자를 부모로 둔 뛰어난 자식들은 그들처럼 평범한 노동자가 되지 않았어요. 이들은 사무직이나 전문직을 얻어 엘리트 계층이 된 후 상대적으로 고소득을 올리며 노동 세력의 최상위에 자리 잡게 되죠. 결국 이들이 주축이 된 노동당은 평범한 노동자들을 대변하는 데 한계를 드러냈어요. 영국 노동당이 제3의 길*을 앞세우며 '신노동당'으로 전환할 수밖에 없었던 이유가 바로 이거예요.

실제로 블레어의 신노동당 노선은 1980년대 영국 보수당을 이끌었던 마거릿 대처의 보수주의에 가까웠어요. 이 신노동

* 영국의 사회학자 앤서니 기든스가 자본주의와 사회주의의 한계를 극복하는 새로운 이념 모델로 제시한 개념. 정치적으로는 중도좌파적 실용 노선을 택하고, 경제적으로는 자본주의와 사회주의를 결합하여 정부가 간여하는 새로운 혼합경제를 추구한다는 것이 골자이나, 당시 당수였던 토니 블레어의 요구에 따라 노동당의 오랜 전통이었던 복지국가 건설 정책이 폐기되었으며, 기존 노동당의 정책들은 신자유주의적인 신노동당 정책으로 대체되었다.

당이 앞세웠던 이데올로기가 바로 '능력주의'예요. 토니 블레어가 능력주의를 앞세워 신노동당을 이끌어 가자 이 용어를 만들었던 영이 《가디언》에 〈능력주의를 멈추길 원한다Down with meritocracy〉(2001.6.28.)는 기고문을 써서 블레어를 비판하는 상황에까지 이르렀죠. 어떤 정당이든 '능력주의'가 한번 자리 잡으면 밀려난 이들에 대한 정책적 배려가 축소되거나 사라지게 되는데, 능력주의 사회에서는 누군가가 뒤로 밀려나는 이유를 개인이 열심히 노력하지 않은 탓이라 여기기 때문이에요. 영국 노동당의 역사가 보여 주듯 능력주의가 강하게 작동할수록 노동은, 특히 밀려난 노동자들은 공적인 장에서 소외되는 현상이 나타나요. 이런 현상은 2023년 현재 우리 사회에서도 쉽게 확인할 수 있어요. '능력주의' 친화적인 정부는 노동시간을 주당 69시간으로 되돌리려 하고 있을 뿐만 아니라, 노동조합을 통해 단결권을 행사하는 일에 대해서도 강한 적대감을 보이고 있죠. 노동자들은 이렇게 점점 더 소외되어 가고 있어요.

능력주의가
중산층마저 외롭게 만든다고?

능력주의가 경쟁에서 밀려난 사람들을 공적인 장에서 소외시킨다고 했죠? 그런데 이들이 겪는 소외 현상은 공동체 내에서 자신의 목소리를 내지 못하는 것만으로 그치지 않아요. 누구나 노력하면 성공할 수 있는 능력주의 사회에서 사회적 도움을 청하는 일은 게으른 자들의 부당한 요구로 취급받죠. '내 인생은 내가 책임진다.'는 '자기 책임의 윤리'가 능력주의 사회를 지배하고 있기 때문이에요. 앞서 우리나라 사람들이 연령, 소득, 이념에 관계없이 능력주의를 지지한다는 한국리서치의 여론 조사 결과를 함께 보았죠? 같은 조사에서 '부양가족 수가 많거나 가정 형편이 어려운 경우, 임금을 좀 더 주면 어떨지 묻는 문항이 있었어요. 아래는 그 결과를 보여 주는 그림이에요.

임금 차이를 두어야 할 조건에 대한 생각

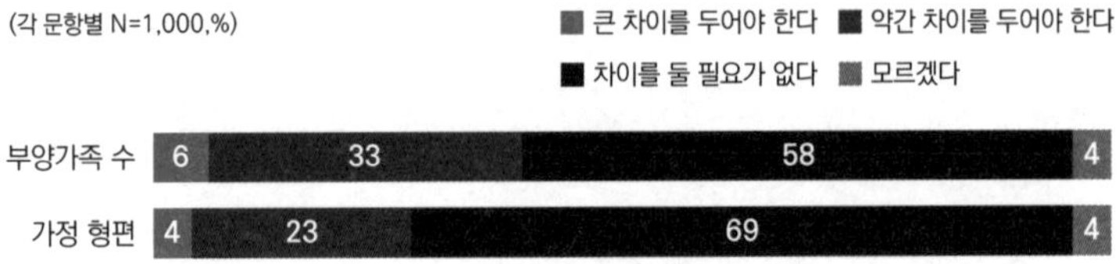

출처 : 정한울·이관후, 〈한국 사회 공정성 인식 조사 보고서〉(한국리서치, 2018.2.2.), 13쪽.

임금 차이를 두고자 할 때 '부양가족 수'를 고려할 필요가 없다는 대답은 58%, 가정 형편을 고려할 필요가 없다는 대답은 69%였어요. 자신이 당면한 난관은 자신이 해결하라는 거죠. 이 통계를 통해 능력주의와 자기 책임의 윤리가 같이 가는 현상을 확인할 수 있어요.

이처럼 능력주의를 탑재한 공정성에 따르면 능력에 따른 차별은 정당한 것이 돼요. 앞서 살펴보았듯 '노력주의'로 포장된 이 이데올로기는 능력이 순전히 개인의 노력으로만 만들어지는 것처럼 왜곡하며 노력에 상응하는 보상이야말로 정당한 것이라 결론 내리죠. 이런 식으로 불평등이 정당화되는 사회에서 이를 교정하려는 노력은 그 자체로 역차별이 되고 결국 양극화는 점점 심화될 수밖에 없어요. '사회적 도움'이라는 말은 이렇게 힘을 잃어 가는 거예요.

사회 분위기가 이러니 경쟁에서 낙오된 이들은 '능력이 없는 자'라는 오명에 더해 '성실하지 않은 자'라는 수치심까지 느끼게 돼요. 이 때문에 사회적 도움을 요청하지 못하고 홀로 남기를 선택하는 사람들이 허다해요.* 미국의 의무총감 겸 공중보건서비스단 단장 비벡 머시는 외로움이란 감정이 수치심과 연관되어 있다고 설명해요. 이 수치심으로 인해 사회적 도움을 요청하지 못하고 계속해서 외로움 속에 갇혀 지내는 악순환이 반복된다고 강조하죠.**

더 심각한 건 이렇게 밀려나고 고립되는 사람들 중에 중산층도 다수 포함되어 있다는 거예요. 마이클 영은 《능력주의》에서 능력주의가 사회의 5%만을 위한 이데올로기라고 지적해요. 심지어 마코비츠는 《엘리트 세습》에서 이 이데올로기는 사회의 1%만을 위한 것이라 단언하죠. 능력주의는 사회적 지위와 자원의 분배를 양극화하는 속성을 가지고 있고, 결국엔 소수가 권력, 자원, 특권 등을 독점하는 결과를 낳기 때문이에요. 이런 특성 때문에 능력주의를 비판하는 사람들이 공통적으로 지적하는 핵심적인 문제가 바로 중산층의 쇠퇴예요.

마코비츠는 능력주의 신봉자들의 가장 큰 착각은 능력주의가 불평등과 빈곤의 문제를 해결해 줄 거라는 믿음이라고 지적해요. 그는 다양한 통계를 통해 미국에서 능력주의 혁명이 일어나기 이전과 이후 중산층의 현실이 어떻게 달라졌는지 보여 줘요.

* 리처드 윌킨슨, 케이트 피킷, 〈앞의 책〉, 231~234쪽.

** 비벡 H. 머시, 〈앞의 책〉, 36~39쪽.

이제 그 격차가 너무 커져 중산층 마을에 진정한 부자들은 아무도 살지 않을 뿐만 아니라, 결혼도 부유한 사람끼리 하고, 아이들을 키우는 양육 환경도 계층에 따라 완전히 분리되고 있다고 지적하죠. "이제 부유층과 나머지 계층은 일, 결혼, 양육, 사교 생활, 독서, 식사는 물론 종교 참배도 따로 떨어져서 다른 방식으로 한다. (…) 능력주의에 따른 격차가 상상을 초월할 정도로 크게 벌어져 부유층과 나머지 계층은 서로에게 공감하지 못한다."*

그럼 부유한 계층은 왜 이렇게까지 중산층을 멀리하는 걸까요? 마코비츠는 부유층에 속한 이들이 현재 자신들이 누리는 지위를 잃을까 봐 극한의 두려움을 느낀다고 말해요. 성공의 문이 점점 좁아지고 있다는 사실을 눈치챈 이들은 깊어 가는 불안감 때문에 고립감을 느끼거나 중산층을 깔보기도 해요. 능력주의의 부담이 가중될수록 "불안에 떠는 엘리트 계층은 자기 회의를 물리치기 위한 방어기제로 중산층의 습관과 가치관을 경멸"하는 거죠.** 이제 이들에게는 원칙적으로 누구나 성공할 수 있다는 사실이 부담스러운 상황이 되고 만 거예요. 이 때문에 부유층에서는 자신들과 중산층을 더욱 선명하게 구분하기 위해 중산층과는 그 무엇도 나누지 않으려는 성향이 생기고 있다고 해요. 그

* 대니얼 마코비츠, 〈앞의 책〉, 120쪽.

** 대니얼 마코비츠, 〈앞의 책〉, 28～29쪽.

러다 보니 능력주의 사회에서 중산층이 된다는 것은 시대에 뒤처지는 것, 퇴행하는 것, 현 상황이라도 유지하려고 발버둥 치는 것, 아니 뒤떨어진 생활 방식 속에서 허우적거리는 운명에 처하는 것을 의미하게 되었다고 하죠.

중산층 입장에서도 이렇게 부유층과 격차가 너무 벌어져 버리니 자기 능력으로 아무리 벌어도 모자란 듯한 느낌에 휩싸이게 돼요. 따라잡으려고 노력하면 할수록 격차가 더 커지는 게 현실이니까요. 예를 들어 우리나라 통계청이 내놓은 〈2021년 사회조사〉 보고서를 보면, 월평균 가구 소득이 600만 원 이상인 사람들 가운데 91.1%가 본인의 사회·경제적 지위가 중산층 이하라고 생각하는 것으로 드러났어요. 실제로는 상위 28%에 해당하는데도 말이죠. 상위 28% 이상에 속하는 사람들 10명 중 자신이 상위 계층에 속한다고 생각하는 이가 채 1명이 안 된다는 거죠. 이렇게 상위 계층이나 중산층조차 현상 유지를 위해 온 힘을 쏟고 있는 사회에서 사회적 도움을 필요로 하는 사람은 어떤 취급을 받게 될까요? 엘리트 계층이 자신들을 깔보는 시선으로 내려다볼 때 중산층은 어떤 감정을 느끼게 될까요? 그런 모멸감을 사람들은 어떻게 견뎌 내야 할까요? 그래서인지 최근에 많은 연구자들이 2010년대를 휩쓸었던 포퓰리즘의 원인을 여기서 찾고 있어요.

굴욕의 정치가 만드는 우파 포퓰리즘

> 능력주의 체제의 일부 구성원들은 자기 자신의 중요성에 흠뻑 도취된 나머지 자기가 다스리는 사람에게 공감하는 마음을 잃어버리고, 너무 분별없이 행동하는 바람에 자질이 부족한 사람들까지 불필요하게 기분을 상하게 만들었다.*

1958년 최초로 능력주의를 다룬 책 《능력주의》에서 마이클 영이 미래 사회를 상상하며 쓴 구절이에요. 앞에서 언급했듯, 2034년을 배경으로 한 이 소설은 능력주의 사회에서 밀려난 자들이 포퓰리즘 폭동을 일으키는 것으로 이야기를 시작해요. 놀

* 마이클 영, 〈앞의 책〉, 173쪽.

랍게도 이 예측은 현실이 되고 말았어요. 2020년 미국 대선 이후 트럼프 지지자들이 미국 역사상 최초로 의회에 난입하는 사태가 일어났거든요. 전문가들은 당시 미국이 사실상 내전 상태에 있었다고 평가해요.

이를 지켜본 마이클 샌델은 《공정하다는 착각》 1장에서 능력주의가 장악한 세상과 세계화 과정에서 밀려난 사람들의 수치심을 그 주요 원인 중 하나로 지적해요. 넓게 보면 중산층도 여기 포함되어 있어요. 브렉시트의 원인을 분석했던 영국의 정치평론가 데이비드 굿하트David Goodhart 역시 《엘리트가 버린 사람들The Road to Somewhere》에서 자신이 "섬웨어somewhere"라고 부르는, 세계화 과정에서 사회적 도움 없이 버려진 사람들의 문제를 지적하죠. 굿하트는 이 섬웨어에 대해 경제적으로 뒤로 밀려났을 뿐만 아니라 "자신들의 처지를 대변하는 정치 대리자가 거의 없거나, 점점 더 어려워지는 자신의 운명을 통제할 수 없는 사람들"이라고 표현해요. 즉 정치적·사회적·경제적으로 고립된 채 외로움에 시달리는 사람들인 거죠.*

능력주의 사회에서 밀려난 사람들 혹은 그럴 가능성이 있는 사람들은 '자신은 재능이 없고 노력도 게을리했기 때문'에 실패했다는 좌절감에 빠지기 쉬워요. 누구나 노력하면 성공할 수 있

* David Goodhart, *The Road to Somewhere: The Populist Revolt and the Future of Politics*(London: Hurst, 2017), pp.7~8.

다고 떠들어 대는 세상에서 자신은 아무리 노력해도 능력의 벽을 넘어설 수 없으니 자괴감 혹은 무력감에 빠져드는 거죠. 그렇게 위축된 사람들을 성공한 엘리트들이 오만한 시선으로 내려다본다면, 수치심은 피할 수 없는 것이 되어 버려요. 샌델은 이들이 겪고 있는 상황을 '굴욕의 정치politics of humiliation'라고 표현해요. 더하여 트럼프가 이런 굴욕의 정치에 매우 능했다고 말하죠. 그 누구도 밀려난 이들을 모욕하지 못하게 하겠다는 트럼프의 약속은, 실천과 상관없이 오직 약속만으로도 사람들을 끌어모으는 데 충분했다는 분석이에요.

더 큰 문제는 외로움에 시달리는 바람에 선동 정치에 쉽게 넘어가는 대중들일수록 '혐오hatred' 현상과도 쉽게 결합한다는 거예요. 이를 좀 더 잘 이해하려면 일단 포퓰리즘, 특히 우파 포퓰리즘에 대해 알 필요가 있어요. 앞서 간단히 언급했듯이 포퓰리즘의 기본 논리는 '소수의 엘리트들이 우리 평범한 사람들의 권력을 빼앗아 갔으니, 그 권력을 다시 찾아 돌려주겠다.'는 것이에요. 21세기 좌파 포퓰리즘은 이 논리를 중심으로 충실히 움직이는데, 권력에서 배제된 자라면 누구나 연대해야 하는 존재로 규정되죠. 반면 우파 포퓰리즘은 소수의 엘리트와 평범한 사람들 사이에 제3의 집단을 설정해요. 여기엔 이민자, 외국인 노동자, 난민, 여성 등이 포함되죠. 이런 기본 구도 아래 우파 포퓰리즘은 소수의 엘리트들이 자국 내 다수의 '평범한 사람들' 대신 이들 '제3의 집단에 더 많은 관심을 쏟는다.'고 주장해요. 이들이 '평범한 우리'보다 더 많은 권리를 누리는 것은 부당하다는 여론을 조장하여 지지자들의 분노와 혐오를 불러일으킨 후 이들을 세력화하죠. 쉽게 말해 '더 배제된 자'를 이용해 '덜 배제된 자'를 동원하는 방식이에요. 트럼프와 브렉시트가 바로 이런 우파 포퓰리즘의 작동 방식에 기댄 대표적 사례죠.

사람들이 이렇게 쉽게 선동에 빠져드는 이유는, 1장에서 살펴본 아렌트의 지적처럼 외로움에 시달리는 사람일수록 자신에 대한 신뢰를 잃고 '자기중심적 슬픔'에 빠져드는 경향이 있기 때문이에요. 1장에서 우리는 이런 슬픔을 표현하는 'bitterness'라는 단어가 알고 보면 분노라는 의미를 담고 있다는 걸 살펴본 적이 있어요. 그러니까 정확히는 분노 어린 슬픔인 거죠. 그런데 시험의 기회가 계속 주어지는 능력주의 세계에서 실패는 결국 개인의 탓으로 귀결돼요. 그러다 보니 능력주의 세계에서 밀려난 이들은 자기 자신에게 분노하게 되죠. 이런 경험은 쉽게 '자기혐오self-hatred'로 이어져요. 지그문트 바우만Zygmunt Bauman은 《부수적 피해Collateral Damage》에서 세계화 과정에서 버려진 이들이 사회적으로 고립되는 현상을 자세히 설명하며 이들이 자기혐오에 빠지는 성향이 있다고 이야기하죠. 자신의 "무능함impotence", 이에 따른 "부끄러움shame"과 "수치심humiliation"이 하나의 과정을 이루고 있는 거예요.

더 큰 문제는 바우만의 지적처럼 그 어떤 이도 자기를 혐오하는 마음을 자신 안에만 담아 둘 수는 없다는 거예요. 대부분의 사람들은 자기혐오에서 벗어나기 위해 필사적으로 노력해요. 이 과정에서 자신을 미워하는 마음이 타자를 미워하는 마음으로 이어지기 십상이죠.* 하지만 자신을 불행하게 만든 게 누구인지 정확히 알긴 어려워요. 능력주의 사회에서 나를 불행하게 만든 건 다른 무엇도 아닌 자신의 능력이니까요. 그러다 보니 때론 미움을 전가할 대상이 무작위로 선정되기도 하죠. 이런 상황에서 자신을 불행하게 만든 대상이 지목되기라도 하면 그를 향해 혐오의 화살을 미친 듯이 날리죠. 21세기를 가리켜 가장 외로운 세기라 명명했던 노리나 허츠는 이런 경향을 두고 시카고대학교 두뇌역학실험실 책임자 스테파니 카치오포 박사의 말을 인용해 이렇게 표현해요. "외로운 정신은 언제나 뱀을 본다."** 현실을 보면 21세기 우파 포퓰리즘과 혐오 현상은 마치 쌍둥이처럼 언제나 함께 있어요.

'이준석 현상'에서 볼 수 있듯 비슷한 일이 우리나라에서도 일어나고 있어요.*** 포퓰리스트로서 이준석이 내세우는 정치적 레토릭(rhetoric, 언어와 문장을 꾸미는 여러 가지 방법, 수사학修辭學)은

* Zygmunt Bauman, *Collateral Damage: Social Inequalities in a Global Age* (Cambridge: Polity Press, 2011), p.158.

** 노리나 허츠, 〈같은 책〉, 64~65쪽.

능력주의에 기반을 두고 있는데, 그가 이러한 레토릭으로 공략하고자 하는 층은 2030 세대예요. 1장에서 예로 든 2018년 한국리서치의 〈사회적 고립과 외로움 인식 보고서〉를 보면 우리나라에서 가장 외로운 세대는 20대와 30대거든요. '외로움'의 본질, 즉 '내가 어려울 때 손 내밀 사람이 없다.'는 감정이 젊은 사람들 사이에 널리 퍼져 있는 거죠. IMF 이후 출생한 세대가 불평등의 시대를 거치며 내 인생은 내가 책임져야만 한다는 발상을 내면화해 왔다는 점을 고려해 보면, 2030 세대에 널리 퍼진 외로움은 어쩌면 당연한 현상인지도 몰라요. 이처럼 자신을 도와줄 사람 하나 찾지 못한 채 외로움과 배제의 감정에 시달리는 2030 세대들이 새로운 정치의 주역이 되어야 한다는 이준석의 레토릭은 배제된 자를 동원하는 포퓰리스트로서 영리한 선택이었다고 볼 수 있어요.

하지만 이준석 열풍의 진정한 진원지는 2030 세대 전반이 아니라 배제의 감정을 강하게 느끼고 있는 20~30대 남성들이에요. 이로 인해 이준석 열풍은 경제적 불평등에 시달려 온 '세대'의 문제가 아니라 갑자기 '젠더 갈등'과 관련된 문화 현상으로 그 본질이 순식간에 바뀌어 버렸죠. 이렇게 되면 경제적 배제와 상관없이, 젠더 문제로 자신이 불이익을 받고 있다고 믿는 남성

*** 보다 자세한 내용은 김만권, 〈'우파 포퓰리즘'의 부상으로서 '이준석 현상'〉, 《황해문화》 113호(2021.12.) 참조.

들이라면 누구나 이준석의 주장에 쉽게 편승하게 돼요. 이준석과 인터뷰한 내용을 옮긴 《공정한 경쟁》(2019)에서 질문자는 이준석을 '젠더 갈등'이라는 난감한 문제에 정면으로 도전하는, 드물고도 용감한 정치인으로 묘사하죠.

젠더 문제와 관련한 이준석의 관점은 명확해요.

첫째, 우리나라의 페미니즘은 정치적 올바름에 편승한 나머지 다소 전체주의적일 뿐만 아니라 기회주의적이다.

둘째, 그런데 현실을 보면 기술의 발전이 여성들을 육아와 가사 노동 등으로부터 해방시키고 있다.

셋째, 이런 상황에서 남녀의 차이를 제도적으로 보정하는 것은 공정하지 못하다.

이준석은 "사람들이 본질적으로 성차별 의식을 가지고 있는지는 용어 사용에 따라 결정되는 것은 아니라고 생각한다."고, 오히려 소수자를 배려하는 "이런 용어 하나를 쓴다는 사실만으로 자신이 우월적인 위치를 확보한 것으로 생각하는 사람이 있다."고 밝히며 정치적 올바름을 공격해요. 더하여 지금의 문제는 여성을 억압하는 남성 중심적 사회라기보다는 이런 정치적 올바름에 편승해 차이를 부각시키고 권리를 내세우는 여성들이라는 주장을 때로는 명시적으로 때로는 암묵적으로 내세우죠. 결정적으로 그는 남성 중심적 사회에서 벌어지는 여성 혐오가 아니라,

젠더 차이를 부각시키는 과정에서 생기는 남성 혐오가 진정한 문제라고 주장해요. 이런 레토릭 속에서 20대 여성들은 20대 남성들이 겪고 있는 온갖 어려움을 만들어 낸 주범으로 변모해 버려요. 사회문제를 만들어 내는 혐오의 진원지가 뒤집혀 버리는 셈이죠.

이러한 이준석의 주장은, 정치적 올바름을 내세우는 이들이야말로 알고 보면 평범한 우리를 깔보는 차별주의자들이며, 이들에게 편승해 있는 사회적 약자들과 이들이 누리는 정책적 혜택이 바로 사회문제의 진원지라는 우파 포퓰리스트의 전형적인 레토릭을 차용하고 있어요. 이런 맥락에서 이준석은 젠더 문제를 해결하기 위해 어떤 정책을 만들 게 아니라 능력에 따라 쓰면 된다는 주장을 내세우는데, 이 말의 이면에는 여성들이 취업 시장에서 밀려나는 이유가 젠더 갈등보다는 능력이 없기 때문이라는 내용이 담겨 있어요.

이같이 능력주의에 기반해 사회적 약자들을 혐오의 대상으로 삼는 이준석의 정치 레토릭은 젠더 문제를 넘어 능력주의 사회에서 늘 2등 시민 취급을 받는 장애인들의 이동권 문제에도 똑같이 작동하고 있어요. 그는 이동권을 요구하며 지하철에서 출근 시위를 하는 장애인들에게 이기적이라는 프레임을 씌우며 혐오를 동원하죠. 장애인들이 시간에 쫓기며 팍팍하게 살아가는 사람들을 인질로 삼아 시위를 한다고 주장하면서 말이죠.

'디지털 능력주의' 시대, 최저임금에도 못 미치는 외로움

2장에서 살펴보았듯, 디지털 기술은 소수에게만 혜택이 집중되게 만들면서 분배를 양극화하기에, 능력에 따른 차등적 분배를 정당화하는 능력주의 이데올로기와 쉽사리 결합할 수 있는 접점을 가지고 있어요. 그런데 널리 알려졌듯 우리나라는 디지털 기반이 가장 잘 구축되어 있는 국가 중 하나이자 능력주의 이데올로기가 강력하게 작동하고 있는 사회예요. 이런 사회적 배경 하에서 디지털 기술의 발전 속도를 따라잡지 못한 대다수의 평범한 사람들은 노동시장에서 뒤처질 것이고, 점점 더 빈곤의 수렁으로 빠져들게 될 가능성이 높아요. 아니 '가능성이 높아요.'라는 미래형 표현은 적절치 않아요. 이미 이런 일이 현실에서 일어나고 있기 때문이죠.

앞에서도 살펴보았듯 디지털 기술의 영향으로 많은 이들이 저숙련 노동이나 시간제 일자리로 밀려나고 있어요. 한국고용정보원이 발표한 〈2022년 플랫폼 종사자 규모와 근무 실태〉라는 자료를 보면, 넓은 범위까지 모두 포함했을 때 플랫폼을 매개로 노동을 제공하는 이의 숫자는 2022년 기준 약 292만 명에 이르러요. 2021년의 220만 명과 비교해 볼 때 72만 2,000명이 더 늘어난 것으로, 비율로는 32.9%가 증가한 거예요. 이들의 월평균 수입은 146만 400원으로 최저임금에도 미치지 못하는 데다, 10명 중 6명은 근로 계약서도 없이 일하고 있는 실정이에요. 이는 최소한의 보호망도 없이 일하고 있는 사람들이 60%나 된다는 얘기예요.

여기에 더해 주당 15시간 미만으로 일하는 취업자 수가 꾸준히 늘고 있다는 점도 주목해야 해요. 2019년엔 연간 130만 2,000명, 2020년엔 157만 7,000명, 2023년 1월부터 9월까지는 159만 9,000명(전체 취업자 수 대비 5.6%)으로 충분히 일하지 못하는 초단시간 노동자들이 꾸준히 늘고 있죠. 우리나라에선 주당 15시간 미만으로 일할 경우, 퇴직금과 연차휴가, 4대 보험뿐만 아니라 주휴 수당 또한 받지 못해요.* '디지털 능력주의 사회'라 하면 뭔가 겉으로는 멋있어 보이지만, 실제로는 그 혜택이 소수

* 〈경기 부진한데 실업률 최저? … 단시간 취업자가 '비결'〉, 《한겨레》(2023.10.16.).

에게만 집중되고 나머지 대다수는 저임금과 최소한의 보호조차 없는 일자리로 내몰리는 게 진짜 현실이에요.

누군가는 "그래서 능력주의가 공정하지 않다는 거냐, 그렇게 결론을 내고 싶은 거냐?"라고 물을 수도 있어요. 저는 누군가 능력주의가 공정하다고 강조하는 걸 부정할 생각은 없어요. 그건 가치관의 차이일 수 있으니까요. 하지만 능력주의가 말하는 공정성은 소수만을 보호할 뿐 평범한 다수를 보호하지 못한다는 사실만은 자신 있게 말할 수 있어요. 또한 능력주의적 공정성이 디지털 기술과 결합할 때 더 많은 이들이 경쟁에서 밀려날 것이란 점만은, 지금보다 더 많은 이들이 아무런 사회적 보호 없이 어떠한 도움도 받지 못한 채 외로움에 시달리게 될 것이란 점만은 자신 있게 말할 수 있어요.

디지털 기술과 결합한 능력주의가 그어 놓을 성공의 기준선은 앞으로 점점 더 높아질 거예요. 사실 저는 '노력하면 누구나 그 선 위로 올라갈 수 있다.'는 말이 사실이 아니라는 걸 우리 대다수가 알고 있다고 생각해요. 아니 여러분 중 몇몇은 그 선 위로 올라가서 많은 특권과 혜택을 누릴지도 몰라요. 하지만 그럴 수 있는 사람은 많아야 10명 중 한두 명 정도일 거예요. 다음 그림은 2018년 전체 임금 근로자의 평균 연봉 수준을 보여 주는 자료인데, 시험을 잘 봐서 월급을 많이 주는 좋은 직장에 들어갈 수

임금 근로자 평균 연봉 수준(2018년 전체 임금 근로자 1,544만 명 대상)

자료 : 고용노동부, 한국경제연구원
출처 : 〈지난해 근로자 평균 연봉 3천 634만 원 … '억대 연봉' 49만 명〉, 《연합뉴스》(2019.9.22.).

있는 집단의 규모가 얼마인지 한눈에 드러나죠. 보시다시피 그런 일자리는 기껏해야 10~15% 정도밖에 안 돼요. 연봉 8,000만 원 이상을 받는 사람은 7%가 채 되지 않고, 6,000만 원 이상을 받는 사람도 다 합해 15%가 안 되는 걸 알 수 있죠.

2023년 국세청이 국회에 보고한 2021년 통합 소득 자료를 보면 분배 양극화가 더욱 심화되고 있는 걸 알 수 있어요.* 이 자료를 가지고 국회 기획재정위원회 소속 의원이 분석한 결과를 보면, 2021년 통합 소득 상위 0.1%의 연평균 소득은 18억 4,970만 원인데 반해, 딱 가운데인 50%에 해당하는 중위 소득은 2,660만

* 〈'상위 0.1%' 연소득, 평균 18억 원 … 중위 소득자 70배〉, 《한겨레》(2023.2.25.).

원이었죠. 상위 0.1%가 중위 소득자의 69.5배를 번 거예요. 중위 소득 대비 상위 0.1%의 소득 비율은 2018년 61.0배, 2019년 60.4배에서 2020년 64.7배, 2021년 69.5배로 증가했어요. 2019년에 수치가 조금 꺾였다가 2020년 다시 치솟는 걸 볼 수 있는데, 코로나19 이후 사회적 거리 두기가 시행되며 디지털 기술이 다시 주목을 받기 시작한 시점과 겹치는 걸 알 수 있죠.

한편, 2021년 상위 1%와 상위 10%의 연평균 통합 소득은 각각 4억 7,000만 원과 1억 4,640만 원으로, 각각 중위 소득의 17.7배와 5.5배에 달하는 것으로 나타났어요. 이 통계는 상위 0.1%와 상위 1%가 사실상 같은 집단이 아니고, 더하여 상위 1%와 상위 10%도 서로 같은 집단이 아니란 걸 보여 줘요. 이를 바탕으로 생각해 보면, 정작 능력주의로 엄청난 부와 혜택을 얻는 집단은 시험을 잘 친 이들을 고용한 아주 소수의 엘리트들뿐이라 할 수 있죠.

이 사회는 기회만 공정하다면 누구라도 성공할 수 있을 것처럼 말하지만, 사실 맨 꼭대기에 있는 집단은 부와 혜택을 획득할 소중한 기회를 자기 자식에게 물려주려 하지 결코 평범한 우리와 나눠 가질 생각은 하지 않을 거예요. 상황이 이러한데 능력주의를 앞세워 노동자들끼리 서로 신분을 가르고, 같은 회사 같은 작업장 안에서도 넘어올 수 없는 장막을 치고, 동료 시민들을 노력하지 않는 인간이라고 모욕하는 일이 벌어지고 있어요. 이런 씁쓸한 현실에서 너무 많은 사람들이 적절한 사회 보호망도 없이 살아가고 있다는 것에 대해 어떻게 생각하나요? 무엇보다 치열한 경쟁 속에서 분배를 양극화하는 디지털 기술과, 이와 결합된 능력주의 시대를 살아갈 우리 아이들이 외로움에 시달리지 않을 확률은 얼마나 될까요?

마지막 장에선, 이런 디지털 능력주의 시대가 만들어 내는 혹은 만들어 낼 수 있는 외로움에 맞서 우리가 어떻게 대응해야 할지 구체적으로 이야기해 보려 해요. 이 책을 읽는 여러분도 저와 같이 상상력을 발휘해 주셨으면 해요.

그럼, 우리 잠시 쉬었다 다시 만나요.

5장

외로움의 '습격', 어떻게 대응할 것인가?

"나는 대개 책에서 정책을 추천하는 것을 좋아하지 않는다. 그 이유는 리뷰어들이 뭔가 정책 제안처럼 보이는 것을 발견할 때까지 두루 살피고, 그런 다음 그것이 책의 핵심 내용인 것처럼 구는 일을 봐 왔기 때문이다. (…) 이것은 특정한 해결책을 이야기하는 책이 아니다. 문제에 관한 책, 거의 모든 사람이 존재하는지 깨닫지도 못하는 문제에 관한 책이다."

— 데이비드 그레이버David Graeber, 《불쉿 잡Bullshit Jobs》 중에서

지금까지 우리는, 이 시대에 외로움이 생겨나고 확산되는 주요 원인으로 인공지능으로 대표되는 디지털 기술과 사회를 장악하고 있는 능력주의라는 지배 이데올로기에 대해 살펴보았어요. 그리고 디지털 기술과 능력주의가 결합해 격차와 고립을 만들어 내는 현상을 '디지털 능력주의'라 이름 붙였죠. 그렇다면 우리는 이 새로운 현상에 어떻게 대응해야 할까요?

저는 이 문제에 대한 대응을 개인에게 맡기는 건 바람직하지 않다고 봐요. 이런 구조적 문제에 개인이 대응할 수 있는 방법은 고작 '인공지능이 못 하는 일을 생각해 보고, 각자 창의력을 열심히 길러 보라.'는 자기 계발서 수준의 조언밖엔 없어요. 게다가 이러한 해결책은 결국 디지털 격차를 받아들이고 능력주의를 지배적 발상으로 수용하는 것에 불과해요. 그러니 진정한 해결책이라 부를 수도 없는 거죠. 위기의 시대에 철학의 임무는, 특히 정치철학의 임무는 불안한 개인들을 보호할 수 있는 사회적 시스템을 만드는 데 적극적으로 나서고, 이를 통해 사람들이 세상과 잘 어울리며 살 수 있도록 돕는 거예요.

그래서 저는 정치철학을 공부하고 있는 사람으로서 여러분에게 다른 방식의 대응책을 몇 가지 제안하려 해요.

첫째, 사회적 가치 차원의 대응책으로서, 능력주의의 핵심인 '강박적 자기 책임의 윤리에서 벗어나자!'

: 자기 책임의 윤리에 빠진 사회는 어려운 처지에 놓여 있는 타자를 돕는 일에 인색하기 때문이죠.

둘째, 사회 문화적 차원의 대응책으로서, 개인들이 자기 책임의 윤리에서 벗어날 수 있도록 '경청을 제도적으로 실천할 수 있게 하자!'

: 외로움의 본질이 자신의 어려운 처지를 호소할 데가 없는 것이라 할 때, '경청'이야말로 외로움을 해소할 수 있는 주요한 사회 문화의 일부가 될 수 있어요. 이를 어떻게 제도적으로 실천할 수 있는지 제안해 볼게요.

셋째, 분배 차원의 대응책으로서, 외로움이 불평등한 사회에서 더 쉽게 확산된다는 점을 고려해 '정치 공동체가 이에 대응

할 수 있도록 분배 제도를 개선하자!'

: 이를 위해 기초자산에 바탕을 둔 '생애 주기 자본금'과 기본소득에서 아이디어를 얻은 '인생 위기·전환 대응 자금'을 제안하려 해요.

마지막으로, 권리 차원의 대응책으로서, '기술 격차를 줄이기 위해 디지털 시민권을 마련하자!'

: 이를 통해 디지털 기술을 활용할 능력이 없거나 새로운 기술을 받아들이지 않는 이들 역시 보호하자는 제안이에요.

자 그럼, '디지털 능력주의'가 만드는 외로움의 세계에 어떻게 하면 우리가 함께 대응할 수 있는지, 그 길을 같이 찾아볼까요?

사회적 가치 차원의 대응책 :

강박적 자기 책임의 윤리에서 벗어나자

외로움에 맞서는 대응책으로 제가 가장 먼저 제안하려는 건 바로 '내 인생은 내가 책임진다.'는 발상에 대한 강박적인 집착, 즉 '자기 책임의 윤리'에서 벗어나자는 거예요. 누군가는 이렇게 따질 수도 있어요. "어차피 자기 인생은 자기가 책임질 수밖에 없는 거 아니냐?", "자기 인생을 자기가 책임지는 게 왜 나쁘냐? 남에게 의지하는 게 오히려 더 나쁜 거 아니냐?" 이런 식으로 말이죠. 특히 능력주의에 바탕을 둔 공정성을 강조하는 사람들일수록 이렇게 생각하는 경향이 더 강해요. 하지만 전 이 주장이 반은 맞고, 반은 틀렸다고 생각해요.

당연히 모든 개인은 자신의 삶에 책임을 져야 해요. 하지만 어떤 인간도 자기 삶의 모든 부분을 책임질 수는 없어요. 인간은 태어나고 자라는 동안 누군가의 도움을 반드시 필요로 해요. 성인이 되어서도 사회에 진출해 직업을 가지기 전까지는 누군가에게 의존할 수밖에 없죠. 예를 들어 볼게요. 2018년 기준 우리나라 대졸 신입 사원의 평균 연령은 30.9세예요. 성인으로서 투표권을 얻고 난 후에도 13년 정도를 누군가에게 의존해야 하는 거죠. 게다가 아래 그림에서 볼 수 있듯이 이 연령이 점점 높아지고 있는 추세예요.

더 심각한 문제는 30대가 될 때까지 열심히 노력해도 취업이 된다는 보장 또한 없다는 거예요. 자기 책임의 윤리가 지배하는 사회에서 '번듯한 직업을 갖지 못한다.'는 건 '제대로 된 사람 노릇을 하지 못한다.'는 의미나 다름없어요. 사회적으로 인정받지 못하는 존재가 되는 거죠. 최악의 경우엔 이로 인해 사회에서 고립되는 일이 벌어지기도 해요. 2022년 서울시가 발표한 〈서울시 고립·은둔 청년 실태 조사〉를 보면, 청년들이 고립과 은둔을

대졸 신입 사원 입사 평균 연령

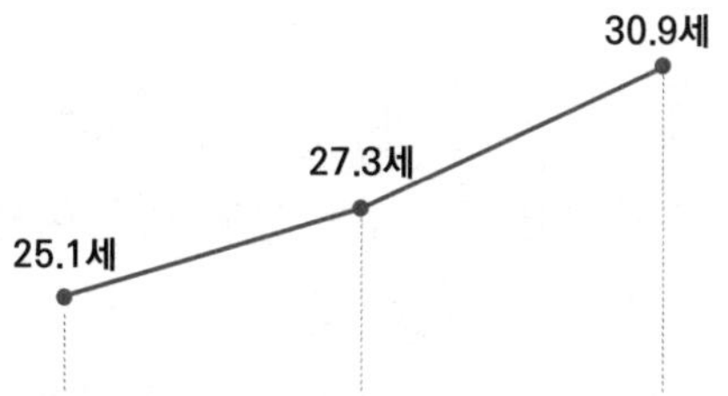

자료 : 인크루트(1998년 인크루트 설문 조사, 2008년 직장인 3만7000여 명의 입사 연령 분석, 2018년 상장사 571곳이 상반기 채용한 대졸 신입 직원 연령 분석 조사 자료를 종합 집계한 결과.)
출처 : 〈대졸 신입 사원 평균 나이 30세 넘었다〉, 《동아일보》(2020.4.23.).

청년들이 고립 혹은 은둔 생활을 하게 된 계기

(Base : 고립·은둔 청년(n=486), 단위 : %, 복수응답)

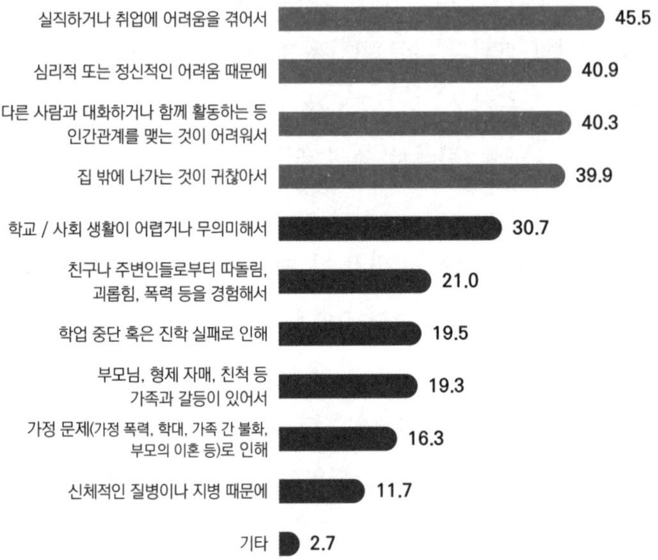

출처 : 〈서울시 고립·은둔 청년 실태조사〉(2022.12.), 87쪽.

택하는 가장 큰 이유는 바로 '실직 또는 취업의 어려움' 때문이에요.

실제로 많은 청년들이 비슷한 경험을 가지고 있어요. 2022년 7월 《서울신문》이 비영리 공공 조사 네트워크 '공공의창', 여론 조사 기관 '서던포스트'와 함께 만 20~39세 청년 500명을 대상으로 온라인 설문 조사를 벌인 결과, 전체 500명 중 딱 절반에 해당하는 250명이 '가족 외 타인과 직접적인 접촉 없이 생활 유지에 필요한 최소한의 외출만을 하거나 전혀 외출하지 않는 상태'로, '물리적 고립을 경험한 적이 있다.'고 답했어요. 정서적, 심리적 고립을 경험한 이들은 이보다 더 많아서 무려 81.1%에 이르렀어요. 이를 두고 《서울신문》은 "학창 시절부터 무한 경쟁에 내몰려 살아남아야 한다는 압박감 혹은 학교 폭력, 가정 폭력, 진학 실패 등 부정적 경험의 무게에 짓눌린 청년들이 주변의 도움조차 기대하지 못하게 되자 '마음의 문'을 닫아 버린 것으로 분석"해요. 상황이 이러한데, 내 인생은 내가 책임진다는 '자기 책임의 윤리'가 정말 고통받고 있는 이 엄청난 규모의 청년들을 구해 낼 수 있을까요? 이들에게 체계적인 사회적 도움이 필요한 건 아닐까요?

하지만 자기 책임의 윤리가 지배하는 우리 사회는 타인에게 도움을 주는 데 매우 인색한 편이에요. 앞서 4장에서 같이 살펴본 한국리서치의 〈한국 사회 공정성 인식 조사 보고서〉의 내용

청년들의 고립 경험

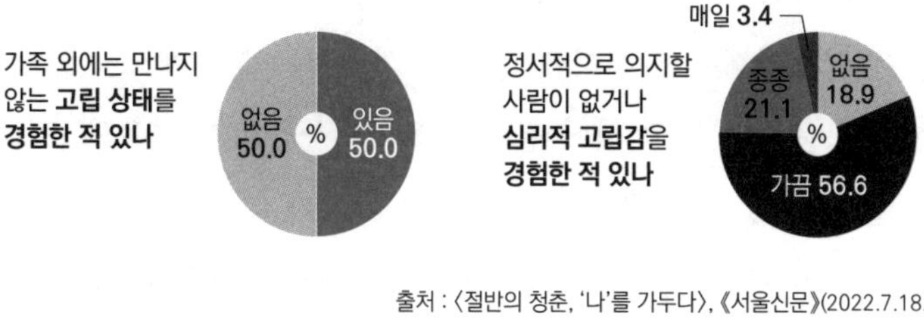

출처 : 〈절반의 청춘, '나'를 가두다〉, 《서울신문》(2022.7.18.).

처럼, 우리나라 사람들은 자질과 능력, 노력, 업무 성과 등에 따라선 임금 차이를 크게 두어야 한다고 생각하면서도, 부양가족 수나 가정 형편이 어려운 이들에게는 임금 차이를 둘 필요가 없다는 답변을 압도적으로 많이 선택했어요. 이를 통해 우리 사회에서 고립된 이들이 도움을 청하기가 얼마나 어려운지 간접적으로 읽어 낼 수 있죠.

어떤 인간도 자기 인생을 홀로 책임질 수는 없어요. 사회적 동물인 우리는 살아가며 때때로 다른 사람들에게 의존할 수밖에 없죠. 이 사회가 분업 체계로 이루어져 있다는 것 자체가 결국 누구나 다른 이에게 의존하고 있다는 걸 의미하기도 하고요. 따라서 이런 구조에서는 고립되는 사람들이 늘어날수록, 고립될 수 있다는 불안감이 깊어질수록, 사회는 불안정해질 수밖에 없어요. 사실 사람들은 이런 문제에 대해 본능적으로 잘 알고 있는 듯 보여요.

제가 여러분에게 '자기 책임의 윤리에서 벗어나자'고 제안하는 것도 바로 이런 이유 때문이에요. 그리고 이 제안은 자기 인생에 대해 책임을 지지 말자는 뜻이 아니라, 모든 어려움을 나 혼자서 해결해야만 한다는 생각을 버리자는 의미예요. 때로 사회적 도움 없이는 해결이 불가능한 어려움들도 있거든요. 또 생계를 잇는 일, 직업을 구하는 일, 더 나아가 인간답게 사는 일에도 도움이 필요한 순간이 자주 있어요. 우리가 다른 이나 공동체의 도움이 필요한 순간이 있다는 걸 인정한다면, 타인에게 '어떤 어려움이라도 혼자 감당해야만 한다.'는 자기 책임의 윤리를 무턱대고 강요하진 않을 거예요.

이것이 바로 디지털 시대의 외로움 문제를 해결하기 위해 제가 제안하는 첫 번째 대응책이에요.

사회 문화적 차원의 대응책 ①:

'경청'하는 사람들의 공동체를 만들자

'자기 책임의 윤리에서 벗어나자!'는 제안, 어떤가요? 그럼 누군가는 이렇게 되물을 수 있을 거예요. "제안은 좋은데, 그걸 대체 어떻게 실천하자는 거냐?" 그래서 지금부터는 일상에서 이를 실천할 수 있는 방법에 대해 얘기해 보려 해요. 이 제안을 한마디로 정리하자면 다음과 같아요. '경청하는 사람들의 공동체를 만들자!' "경청? 경청이라고?" 누군가는 또 이렇게 의아해할 수도 있겠네요. 그럼 경청이 왜 필요한지부터 알아볼까요?

우리는 지금까지 '외롭다'는 말의 의미를 '어렵고 힘겨울 때 호소할 사람이나 도움받을 데가 없다.'는 것으로 정의했어요. 다시 말해 외롭다는 건 '나의 어려움을 들어 줄 사람이 없는 상태'

고립된 사람들이 느끼는 감정

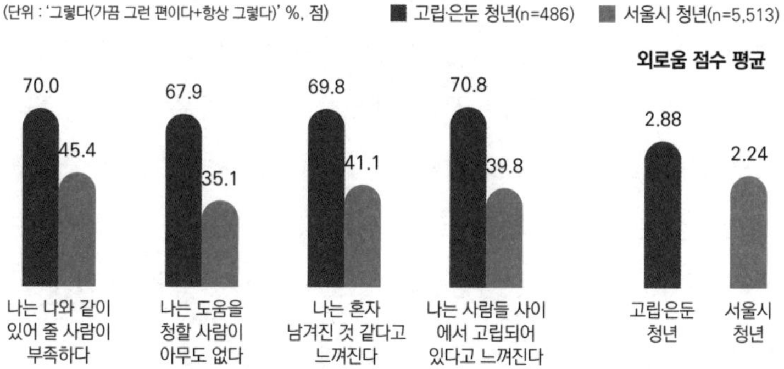

출처 : 〈서울시 고립·은둔 청년 실태 조사〉(2022.12.), 96쪽.

예요. 앞에서 살펴본 《서울신문》의 여론조사 결과를 다시 인용하자면, 정서적으로 의지할 사람이 없거나 심리적으로 고립감을 느끼는 상황인 거죠. 〈서울시 고립·은둔 청년 실태 조사〉에서도 고립된 사람들일수록 이런 감정에 더 많이 시달리는 것을 볼 수 있는데, 고립·은둔 청년의 약 70%는 "나와 같이 있어 줄 사람도, 도움을 청할 사람도 없으며, 혼자 남겨진 것 같고, 사람들 사이에서 고립되어 있다고 느낀다."고 답했어요. 그렇다면 고립에서 벗어나는 가장 좋은 방법은 나의 어려움을 들어 줄 사람을 찾는 거예요. 바로 내 이야기를 경청해 줄 사람이 필요한 거죠.

철학자 한병철은 《타자의 추방》(2017)에서 경청의 중요성을 정말 잘 이야기해 주고 있어요. 그의 말에 따르면, 지금 우리가 구축해 놓은 사회는 모두가 너무 바쁜 나머지 남의 말은 듣지 않고 자기 말만 하는 세상이 되었다고 해요. 그래서 "미래에 경청자라는 직업이 생길지도 모르겠다."고 언급하죠. 그런데 이 책을 쓸 당시 이미 그런 직업이 있었다는 걸 그도 모르고 있었던 것 같아요. 2010년대 초반부터 '렌트어프렌드'라는 앱에서 '플라토닉 친구'라는 이름으로 경청자를 빌려주는 서비스를 운영하고 있었거든요. 이것만 봐도 "오늘날 우리는 경청하는 능력을 갈수록 잃어가고 있다."는 한병철의 주장이 굉장히 설득력 있게 들리죠.

한병철은 이렇게 자기 말만 하는 '나르시시스트들의 사회'를 비판하면서, 이런 곳에선 타인의 음성이 메아리echo가 되어 버린다고 해요. 그리스 신화 속에서 나르시스를 사랑한 요정의 이름이 바로 에코예요. 자기에게만 빠져 있던 나르시스에게 에코는 그저 '자기 음성의 반복'에 불과했죠. 이건 역설적으로 우리가 타인에게 하는 말도 그렇다는 거예요. 열심히 나의 말을 해봤자 타인에게는 그저 '자기 음성의 반복'에 불과한 거죠. 사실 우리가 사는 세계에서 사회적 영향력을 갖는다는 의미는 내 말을 어떤 방식으로든 들어 주는 사람들이 많다는 걸 뜻해요. 그러니 사회적 영향력이 없는 대다수 평범한 사람들은 매일 '자기 음성의 반복'에 지쳐 갈 수밖에 없는 거죠.

그렇다면 나의 말을 들어 주는 사람이 왜 그토록 중요한 것일까요? 그건 들어 주는 사람이 있어야 비로소 내가 '말을 하는 존재', '의견을 갖는 존재'가 되고, 이를 통해 결국 '고유한 삶이 있는 존재'가 될 수 있기 때문이에요. 들어 주는 사람이 없다면 우린 그저 메아리에 그치고 말아요. 그런 삶 속에서 의미를 찾으려면 자신의 메아리를 들으며 스스로 만족하는 수밖에 없죠. 하루나 이틀, 길면 몇 년 정도는 그렇게 보낼 수도 있을 거예요. 하지만 그 시간 속에서 내 존재의 의미를 온전히 찾을 수 있을까요? 주변을 둘러보면 온통 사람들로 가득한 이 세계에서 말이에요. 이런 까닭에 내 이야기를 들어 주는 사람이 그토록 중요하고 귀한 거예요. 나를 온전한 존재로 만들어 주니까요.

그럼에도 여전히 누군가는 들어 주는 게 뭐 그리 대단한 일이냐고 물을 수도 있어요. 이 질문에 한병철은 이렇게 답해요. "경청은 타자가 그의 다름을 드러내도록 풀어 준다."고, "경청은 타자가 자유롭게 말하는 공명의 공간"이라고, "그래서 경청은 치유할 수 있다."고 말이죠. 가끔 우리는 "이렇게 모두 말하고 나니 속이 다 후련하다!"고 표현하곤 해요. 다른 이에게 특별한 도움을 받지 않더라도, 단지 누군가 내 얘길 열심히 들어 주는 것만으로도 큰 힘이 된다는 뜻이죠. 나의 어려움을 타인이 공감해 주는 경험은 그 무엇과도 비교할 수 없는 큰 위로가 돼요. 생각해 보면 미하엘 엔데Michael Ende의 소설 《모모MOMO》에서 모모가 가진 재주라곤 아무런 판단도 하지 않은 채 동네 사람들이 하는 말을 열심히 들어 주는 것밖엔 없어요. 하지만 마을 사람들은 문제가 생길 때마다 이렇게 말하죠. "모모에게 가 봐!"

서로 다투던 사람들 또한 경청하는 모모를 통해 화해하죠.

그런데 경청은 우리가 생각하는 것보다 훨씬 힘든 일이에요. 한병철이 경청하는 사람들에게 당부하는 두 가지 내용만 봐도 알 수 있죠. 한병철은 경청하는 사람은 "모든 판단을 유보하라."고 당부해요. 듣는 도중 미리 판단을 내리지 말라는 거예요. 근데 이게 정말 어려워요. 생각해 보세요. 우리는 대체로 다른 사람의 말을 들으면서 내가 할 말을 미리 생각하잖아요. 할 말을 미리 준비한다는 건 다른 사람의 말을 제대로 듣지 않는다는 거죠. 결국 우린 끝까지 모두 듣기도 전에 미리 판단을 내리게 되는 거예요. 저 역시 남의 말을 끝까지 듣는 게 참 어렵더라고요.

한병철이 경청자에게 당부하는 다른 하나는 '인내'예요. 사실 어려운 처지에 있는 사람들의 말일수록 이야기에 앞뒤가 없이 늘 엉키기 마련이죠. 괴롭고 억울한 처지에 놓인 사람이 자신의 상황이나 심정에 대해 조리 있게 말하기란 정말 어려운 일이에요. 그러니 이런 때일수록 경청하는 이에겐 인내가 필요하죠. 한병철은 이런 인내야말로 타자의 말에 나를 오롯이 내맡기는 표시라고 설명해요. 만약 이렇게 모든 판단을 유보하고, 끝까지 인내하며 여러분의 말을 들어 주는 이가 옆에 있다면 어떤 기분이 들까요?

사람들이 고립되고 파편화될수록 고통은 대체로 사유화돼

요. 특히 능력주의가 지배하는 각자도생의 세계라면 고통은 철저히 개인이 감당할 몫이 되죠. '내 인생은 내가 책임진다.'는 윤리를 뼈에 새겨 넣은 사람들은 자신의 세계에서 타자를 밀어내요. 그 어느 시대보다 복잡하고 분주한 삶을 사는 우리에겐 타자의 말에 귀 기울일 여유가 없어요. 이런 세계에서 다른 사람이 내게 보여 줄 수 있는 가장 훌륭한 미덕은 내게 고통을 호소하지 않는 것뿐이에요.

이렇게 호소할 수 없는 고통이 계속 쌓여 가면 외로움으로 이어지게 마련이에요. 각자의 입안에 갇힌 고통의 언어들은 우리를 병들게 하죠. 그래서인지 이런 세상에서 내 말에 귀 기울이는 존재가 있다는 건 그 자체로 엄청난 행운이나 다름없어요. 내 말을 들어 주는 이가 있다는 것만으로 우리는 치유받는 경험을 하죠. 경청의 친절함이 우리를 하나로 묶어 주는 거예요. 이에 대해 한병철은 이렇게 써요. "친근함과 경청이 없으면 공동체도 형성되지 않는다. 공동체는 경청하는 집단이다."

흔히 요즘 시대를 '공동체 없는 공동체의 시대'라고 표현하곤 해요. 이런 시대를 살아가고 있는 우리가 어떻게 하면 공동체를 다시 형성할 수 있을까요? 경청을 그 시작점으로 삼자는 게 바로 제가 드리는 두 번째 제안이에요. 여러분 생각은 어떠세요?

사회 문화적 차원의 대응책 ② :

경청을 시민교육의 핵심으로 삼자

하지만 앞에서도 강조했듯 경청의 자세를 갖추는 건 매우 어려운 일이에요. 아주 많은 훈련이 필요하죠. 그러면 어떻게 이런 훈련을 할 수 있을까요? 이에 대해 저는 '시민교육'의 핵심을 경청의 자세를 기르는 일로 삼자고 제안하고 싶어요.

현재 우리나라의 교육 제도에는 '민주시민교육' 과정이 있어요. 민주주의를 먼저 정착시킨 국가들이 시민들의 민주적 자질을 기르고 향상하기 위해 실시한 건데, 이걸 우리나라에도 도입한 거죠. 그런데 이 민주시민교육이 제대로 이루어지지 않고 있어요. 서구에서는 정치적인 적대감을 완화하는 데 이 교육을 활용하고 있지만, 우리나라에서는 안타깝게도 정파적인 이해관계로 인해 민주시민교육 자체가 오히려 적대의 대상이 되고 말았죠. 대다수 보수주의자들이 민주시민교육을 진보의 가치를 심기 위한 교육으로 여기고 있어요. 일부에선 이에 대응한다면서 '자유시민교육'과 같은 대항 용어를 쓰기도 해요. 이런 논란 속에 학교에서는 민주시민교육이 제대로 이루어지지 않고 있는 상황이에요. '민주시민교육'과 관련된 강의에 갔을 때, 이 과정에 참여한 교사들로부터 제일 많이 받는 질문이 "어떻게 하면 정치적 시비에 휘말리지 않고 이 교육을 할 수 있는가?"예요. 그러다 보니 학교에서 민주시민교육을 하는 게 맞느냐는 비판까지 나와요. 하지만 민주시민교육은 가치관과 태도가 형성되는 청소년기부터 이루어지는 것이 바람직하고, 이런 교육을 체계적으로 하는 데는 학교가 최적의 장소라는 생각이 들어요.

그래서 제가 제안하는 건, 시민교육의 핵심을 '무엇이 옳은가'를 따지는 가치 교육에서 경청의 자세를 강조하는 태도 교육으로 전환하자는 거예요. 가치 논쟁에 들어가면 정치적 입장에 따른 논란이 있을 수 있지만, '경청을 통해 타자의 입장을 이해할 수 있는 포용적 태도를 기르자.'라는 교육의 방향은 정치적 입장과는 상관없이 누구한테나 필요한 덕목이니까요. 이념의 대립이 상대방의 이야기를 듣지 않는 태도로까지 이어지는 지금, 경청하는 태도를 시민교육의 핵심으로 삼는 것은 더더욱 중요해 보여요. 이런 교육이라면 정파와 이념을 넘어 초당적 합의의 대상이 될 수 있지 않을까 해요.

이 제안과 비슷한 사례로 독일의 '보이텔스바흐 합의Beutelsbacher Konsens'가 있어요. 2차 세계대전이 끝난 후 서독은 연방 및 각 주에 정치교육원을 설립하고 체계적인 시민교육을 시작했어요. 시민들이 민주주의를 제대로 알고 있어야 나치 같은 세력이 다시는 집권하지 못할 것이라 생각했던 거죠. 그런데 이 정치 교육이 '68운동(1968년 5월 프랑스에서 학생과 노동자들이 일으킨 사회 변혁 운동)'의 여파로 엄청난 논쟁에 휘말리게 돼요. 좌파들은 정치 교육이 사회 변혁의 수단이 되어야 한다고 주장했던 반면, 우파들은 서독이란 체제를 유지하는 데 쓰여야 한다고 외쳤죠. 급기야 두 진영은 서로를 향해 '의식화 교육을 관둬라!', '우민화 교육을 관둬라!'라고 비난하며 치열한 이념 분쟁을 벌였죠. 이때 문제 해결을 위해 바덴뷔르템베르크주 정치교육원이 나섰어요. 보이텔스바흐라는 도시에 뛰어난 학자들을 모아 놓고는, 어떻게 정치 교육을 할 것인지, 정파를 초월해 합의할 수 있는 원칙이 무엇인지 등을 논의하는 장을 열었던 거예요. 여기서 학자들은 다음과 같은 세 가지 원칙에 합의해요.

첫째, 강압적 교화 금지의 원칙이에요. 교사들이 학생들에게 무엇이 옳다는 걸 주입식으로 가르쳐서는 안 된다는 거예요. 정치 교육은 학생들 스스로가 성숙해 가는 과정이지 교화가 아니라는 거죠.

둘째, 논쟁성의 원칙이에요. 우리나라 같은 경우 학교에서 논쟁적인 이야기를 다루는 걸 기피하지만, 독일 사람들이 생각하기에 진정한 정치 교육이란 수업 시간에 학문이든 현실이든 논쟁적인 것들을 치열하게 다루는 데서 이루어진다고 보는 거죠. 물론 논쟁을 하면서 다양한 관점과 선택지를 모두 고려해 보는 연습을 해야 한다고 강조하는 것도 잊지 않고요.

셋째, 이해관계의 인지 원칙이에요. 학생들이 특정 정치 상황을 마주했을 때 스스로 자신의 이해관계를 분석하고 영향력을 행사하는 방법을 모색하도록 한 거예요.

요약하자면, 논쟁적인 문제라고 해서 피하지 말고, 교사들의 개입을 최소화하여 학생들이 스스로 문제를 해결할 방법을 찾도록 하자는 거였어요. 이 세 가지 원칙은 지금까지도 독일 정치 교육의 핵심을 이루고 있어요. 이것이 바로 '보이텔스바흐 합의'예요.

보이텔스바흐 합의처럼 우리 역시 초당파적으로 시민교육의 원칙을 합의할 수 있는 장을 만들고, 그 내용 안에 '경청의 원칙'을 반영하자는 게 저의 제안이에요. 특히 논쟁적인 사회문제들을 해결해 나갈 때, 다양한 관점과 선택지를 두루두루 살펴보는 과정에서 이 '경청의 원칙'을 반영할 수 있을 거라 생각해요. 정리하자면, 동료 시민들의 어려움에 귀를 기울이고 함께 해결책을 찾아가는 자세를 키울 수 있도록 '경청의 원칙'을 세우고 이를 시민교육의 핵심으로 삼자는 거죠. 이렇게 공동체 전체가 경청하는 태도를 키워 나간다면, 동료 시민들과 함께 풀어야 할 문제가 무엇인지 파악하는 힘뿐만 아니라 자신에게 필요한 것이 무엇인지 요구할 수 있는 힘 또한 기를 수 있을 거예요. 이런 제안이 받아들여진다면, 디지털 능력주의가 만드는 외로움과 점점 더 심각해지는 양극화 문제를 해결하기 위해 우리 공동체가 힘을 모아 분배 제도에 대한 개선을 요구하는 일도 일어나지 않을까요?

분배 차원의 대응책 :

'노동시장'을 통하지 않는 분배 대안

외로움과 관련해 연구자 대다수가 동의하는 지점이 있어요. '불평등한 사회는 외로운 사회일 가능성이 높다.' 근데 이보다 더 큰 문제는 불평등한 사회일수록 사회적 보호망이 충분하지 않을 가능성이 크다는 데 있어요. 게다가 디지털 능력주의가 등장하면서 이러한 격차와 불평등은 더 빨리, 더 크게 벌어지고 있죠. 심지어 이 이데올로기는 그런 격차가 정당하다고까지 말하고 있는 상황이에요.

디지털 능력주의가 불러온 이러한 현실을 극복하기 위해 '노동시장을 통하지 않는 분배 대안'이 다양하게 제시되고 있어요. 이 시대에 '노동시장을 통하지 않는 분배 대안'이 제시되는 이유를 짧게 정리해 보면, 디지털 기술이 중심이 된 현재의 '제2 기계

시대'가 산업혁명으로 대표되는 과거의 '제1 기계시대'와는 다른 양상으로 발전하고 있기 때문이에요. 지금과 달리 '제1 기계시대'는 다음과 같은 경향을 보이며 발전했어요.

첫째, 폭발적인 생산의 증가를 통해 일자리를 늘렸다.

둘째, 산업이 발전함에 따라 노동자들에게 상대적으로 높은 수준의 소득을 보전해 주었다.

셋째, 노동자들을 위한 사회보험을 확립하고 노동삼권을 보장했다.

하지만 디지털 기술로 대표되는 '제2 기계시대'는 다른 양상을 보이고 있어요.

첫째, 디지털 기술의 발전이 일자리를 늘리지 못하고 있다(일자리가 줄어든다는 증거도 아직은 없지만).

둘째, 새롭게 등장한 디지털 경제가 노동자들에게 충분한 소득을 보전해 주지 못하고 있다.

'온디맨드 경제(On-Demand, 디지털 기술의 비약적인 발달로 고객이 요구하는 대로 즉시 대응하는 서비스 시대가 도래하면서 등장한 경제 시스템)'라 불리는 디지털 경제는 주로 배달, 심부름, 청소, 운전 등과 같은 저소득 직종의 일자리를 늘리고 있는데, 이러한 점 때문에 '컨시어지 경제(하인 경제)'라는 오명을 뒤집어쓰고 있다.

셋째, 디지털 경제는 노동자들에게 제공되던 전통적인 사회보험을 회피하고 있으며 더 나아가 노동삼권 역시 보장해 주지 않고 있다. 디지털 경제에 종사하는 이들은 사업자 신분도 노동자 신분도 아닌 모호한 고용 상황에 놓여 있다.

여기서 우리가 주목해야 할 것은 첫 번째와 두 번째 사안이에요. 탈산업사회가 가속화되며 완전고용의 신화가 무너지는 동시에 디지털 기술이 급속히 발전하면서, 일하고 싶어도 일자리가 없거나 자신의 교육 수준에 맞는 일자리를 찾지 못하는 사람이 늘어나고 있어요. 그 어느 때보다 많은 이들이 취업 시장에서 어려움을 겪고 있는 상태죠. 특히, 제조업과 사무직에서 중간 숙련의 괜찮은 일자리가 줄어드는 반면 그 빈 자리를 디지털 경제가 양산한 저소득 일자리가 메우고 있는 상황이에요. 코로나19 시대는 이런 현실을 좀 더 명확하게 보여 주었죠.

노동을 분배 기준으로 삼지 않는 기본소득과 기초자산

이런 상황에 맞추어 최근에 제시되고 있는 분배 대안은 노동시장을 경유하지 않고, 정치 공동체의 구성원이라는 자격만으로 분배하는 방식이에요. 가장 대표적인 제도가 기본소득과 기초자산이죠.

기본소득은 토머스 모어Thomas More의 《유토피아Utopia》(1516)에서 아이디어를 얻은 제도로, 500년이 넘는 긴 역사를 지니고 있어요. 《유토피아》에서 제시된 '최소소득'은 산업화를 앞서 이룬 국가에서 이미 제도로 정착되었고, 20세기 초반부터는 기본소득으로 발전해 세계 곳곳에서 실험되고 있죠. 알래스카의 경우엔 '알래스카 영구기금'이라는 기본소득 제도를 이미 갖추고 있어요. 알래스카 주민들은 천연자원에서 나오는 이익으로 조성한 기금에서 매해 1차례, 2천 달러 내에서 배당금을 받고 있어요.

기초자산의 경우 토머스 페인Thomas Paine이 《농업적 정의에 대하여Agrarian Justice》(1797)에서 제안한 제도로, 1999년 브루스 액커만Bruce Ackerman과 앤 알스톳Anne Alstott이 내놓은 '사회적 지분 이론stakeholder theory'으로 부활했어요. 이후 영국에서는 노동당이 '아동신탁기금Child Trust Fund'이란 이름으로 실행하기도 했죠. 안타깝게도 이후 보수당이 권력을 잡으면서 이 제도를 폐지해 버리긴 했지만 말이에요. 우리나라에선 정의당이 '청년사회상속제'라는 이름으로 20세가 되는 청년에게 3,000만 원을 배당하자는 제안을 내놓기도 했어요.

이렇듯 기본소득과 기초자산은 노동시장을 경유하지 않는 분배 대안이라는 공통점이 있지만, 목적이나 성격, 지급 방식 등은 매우 달라요.

먼저 기본소득은, 사람들에게 '기본적 소비력'을 안정적으로 보장해 줌으로써 인간의 존엄을 지켜 주는 분배 대안으로 다음과 같은 원칙을 바탕으로 작동해요.

첫째, 정치 공동체가(주로 국가)
둘째, 모든 구성원들에게
셋째, 자산 조사나 근로 조건을 요구하지 않고

넷째, 개인 단위로(가족이 아니라) 동일한 액수를
다섯째, 정기적으로
여섯째, 현금으로 지급하는 소득

이와 달리 기초자산은, 일정한 목돈을 '사회적 상속'이라는 이름으로 지급하는 것인데, 모든 사람에게 일생에 단 한 번만이라도 자신의 인생을 계획하고 실행할 수 있는 기회를 주자는 목적 아래 다음과 같은 원칙으로 작동해요.

첫째, 정치 공동체가(주로 국가)
둘째, 모든 구성원들에게
셋째, 자산 조사나 근로 조건을 요구하지 않고
넷째, 개인 단위로(가족이 아니라) 동일한 액수를
다섯째, 일정 나이에 이르렀을 때 단 한 차례
여섯째, 현금으로 지급하는 목돈

실제로 기본소득과 기초자산은 미래의 분배 대안으로서 어느 쪽이 더 나은지를 두고 1990년대 이후부터 계속해서 논쟁이 이어지고 있어요. 필리프 판 파레이스, 가이 스탠딩 등이 주장하는 것처럼, 소비사회와 양극화라는 요소를 심각하게 고려한다면 평생 지속적인 소비력을 보전해 줄 수 있는 기본소득이, 자칫하면 젊은 시절 쉽게 목돈을 낭비해 버릴 위험이 있는 기초자산보다 훨씬 설득력이 있어 보여요.

하지만 디지털 기술의 발전과 능력주의의 지배 아래 살아가고 있는 청년 세대의 불평등에 초점을 맞춘다면 이야기는 달라질 수 있어요. 특히 아무런 자산도 물려받지 못한 채 사회제도의 보호도 없이 사회생활을 시작해야 하는 청년 세대의 어려움을 생각하면 기초자산이 더 나은 제도일 수도 있죠.

하지만 이 두 제도는 결정적인 측면에서 각기 문제가 있어요. 기본소득의 경우 재원이 너무 많이 들어간다는 게 문제예요. 우리나라만 해도 한 사람당 10만 원씩 매월 지급한다면 1년에 대략 60조 원 정도가 필요해요. 우리나라에서 기본소득을 주장하는 이들은 대부분 30만 원을 그 출발점으로 제안하는 경우가 많은데, 이를 실천하려면 180조 원 정도의 재원이 필요해요. 우리나라 한 해 전체 복지 예산과 맞먹는 엄청난 규모죠. 사실 기본소득을 지지하는 이들조차 재원이 너무 많이 필요하다는 점을 단점으로 지적하곤 해요.

이에 비해 기초자산은 필요한 재정 규모가 현저히 작아요. 어떻게 설계하느냐에 따라 다르겠지만 대략 18조 원 정도만 있어도 일정 나이에 이른 이들에게 2,000~3,000만 원 정도를 지원할 수 있죠. 하지만 기초자산에도 문제점이 있어요. 기초자산은 일정 나이에 이른 청년들에게 지급하는데, 이 제도를 시행하는 순간 필연적으로 공정성 논란에 휘말리게 된다는 점이죠. 단적으로 25세가 된 청년들에게 3,000만 원씩 지급하자고 결정한다면 26세라는 이유로 여기서 제외된 이들이 과연 이를 수용할 수 있을까요? 아마 27세도, 28세도 견디기 힘든 건 마찬가지일 거예요. 이 연령대의 자녀를 둔 부모들 또한 이 제도를 지지하지 않을 가능성이 크죠.

그렇다면 기본소득과 기초자산은 실현 가능성이 낮은 제도일까요? 대체 어떻게 하면 이 제도를 작동시킬 수 있을까요? 이제 여러분과 제가 같이 상상력을 발휘해 볼 시간이에요. 우선 재원 규모가 작은 기초자산에서 시작해 볼게요.

기초자산을 작동하게 만들기 ① :

'생애 주기 자본금'

지금부터 저는 여러분에게 기초자산을 작동하게 만들 방법으로 '생애 주기 자본금'이라는 아이디어를 제안할 거예요. 먼저 '생애 주기 자본금'이 무엇이고, 왜 필요한지 그리고 어떻게 하면 작동시킬 수 있는지부터 알려 드릴게요.

각자가 자신의 인생 주기에 맞는 계획을 설계할 수 있도록 도와주는 생애 주기 자본금은 다음과 같은 원칙으로 작동해요.

첫째, 정치 공동체가
둘째, 모든 구성원에게
셋째, 자산 조사나 근로 조건을 요구하지 않고
넷째, 개인 단위로 동일한 액수를

다섯째, 매 20년마다(25세, 45세, 65세)

여섯째, 현금을 목돈으로 지급하자

좀 더 구체적으로 말하자면, 생애를 청년기, 중년기, 노년기로 나누고 각 주기가 시작되는 25세, 45세, 65세에 자신의 생애 주기에 맞게 인생을 설계할 수 있도록 국가적 차원에서 모든 구성원에게 목돈을 주자는 거예요. 생애 주기 자본금의 수령 연령을 25세로 잡은 근거는 국민연금을 수령할 수 있는 나이가 65세라는 것과, 취업 평균 연령이 30세 이상으로 부모로부터 실질적으로 독립하는 시기가 늦어지고 있는 추세 등을 반영한 것이에요.

생애 주기 자본금을 제안하는 배경에는 다음과 같이 두 가지 근거가 있어요.

첫째, 유권자의 지지 획득이에요.

필요한 재원 규모와 관련하여 실행 가능성의 측면에서만 본다면 기초자산은 기본소득보다 훨씬 더 용이한 제도예요. 하지만 국내에서도, 국외에서도 기초자산보다 기본소득이 훨씬 더 많은 주목을 받고 있죠. 거기엔 여러 이유가 있지만 가장 중요한 건 기본소득은 시행과 동시에 모든 구성원이 혜택을 보는 반면, 기초자산은 제도를 승인하는 유권자들 대다수가 직접적 수혜의 대상이 아니라는 결정적 단점이 있기 때문이에요.

기초자산을 배당받는 나이는 제도를 어떻게 세팅하느냐에

따라 다르지만 대체로 18세부터 25세 사이예요. 영국의 아동신탁기금이나 '시민자산펀드Citizens' Wealth Fund' 같은 경우는 18세, 액커만과 알스톳이 미국에서 제안한 '사회적 지분' 같은 경우엔 21세, 토마 피케티Thomas Piketty가 프랑스에서 제안한 '기초자산'의 경우엔 25세예요. 18세를 수급 연령으로 정할 경우 이 제도를 승인하는 시점에 우리나라의 모든 유권자들은 사실상 직접적 혜택을 볼 수가 없어요. 대부분의 제도는 승인 이후 실질적으로 시행되기까지 시간이 걸리는데, 그렇게 되면 18세를 포함해 대다수의 유권자들이 18세에 주는 기초자산을 받지 못하게 되죠. 18세를 수급 연령으로 정하는 방안은 대체로 18세 이하의 자녀를 둔 부모들로부터 간접적인 지지만 얻을 수 있을 거예요. 만일 이 연령대의 자녀가 없다면 간접적으로도 전혀 혜택을 볼 수가 없으니 쉽게 지지해 주지 않겠죠.

무엇보다 기초자산 제도가 넘어야 하는 가장 큰 장벽은 안타깝게 수급받을 수 있는 나이를 갓 지난 사람들과 그런 자녀를 두고 있는 유권자들이에요. 한 해 차이로, 한 달 차이로, 한 주 차이로, 심지어 단 하루 차이로 내가 가지지 못한 기회를 다른 구성원들이 누리게 된다면 이때 느껴지는 상대적 박탈감은 당연히 엄청 클 수밖에 없어요. 어쩌면 격렬한 저항이 발생할 수도 있을 거예요. 이런 걸 소위 '정책의 문턱 효과'라 부르기도 하는데요, 이러다 보니 기초자산이 기본소득보다 훨씬 더 실행이 용이한 제도임에도 관심은 훨씬 덜한 편이죠.

생애 주기별로 기초자산을 지급하자는 생애 주기 자본금은 기초자산이 지닌 이러한 단점을 어느 정도 극복할 수 있어요. 유권자의 상당수가 이 정책의 수혜 대상에 포함되기에 더 폭넓은 지지를 끌어낼 수 있는 거죠. 예를 들어 2017년 대선 당시 우리나라의 60세 이상 유권자는 24%였는데, 매해 0.6~1% 정도 증가하는 추세예요. 이를 고려하면 2023년엔 60세 이상 유권자는 30% 정도가 될 테니, 결국 유권자의 70%에 해당하는 60세 미만의 사람들 모두가 이 정책의 직접적인 수혜자가 될 수 있어요. 만일 생애 주기 자본금 정책이 통과된다면, 이 제도의 혜택을 받지 못하는 65세 이상의 경우엔 기초연금을 강화하는 방법으로 세대 간의 보상 균형을 맞출 수 있을 거예요.

둘째, 빈곤이 지닌 주기적 연속성 때문이에요.

최근 연구에 따르면, 어린 시절 겪은 빈곤이 청년 빈곤으로, 청년 빈곤이 중·장년 빈곤으로 그리고 다시 노년 빈곤으로 이어지는 생애 주기적 연속성을 보여요. 2018년 한국보건사회연구원이 내놓은 〈현세대 청년 위기 분석〉이라는 보고서는 6년 이상 장기간 아동 빈곤을 겪을 경우 낮은 학력으로 이어지고, 낮은 학력 때문에 구직이 어려워지며 결국 빈곤에서 벗어나기 힘든 경우가 많다고 밝히고 있죠. 또한 2017년 한국보건사회연구원이 내놓은 〈청년의 빈곤 실태 : 청년, 누가 가난한가〉라는 보고서에 따르면, 20대에 빈곤을 경험하게 되면 3~40대가 돼도 다시 빈곤에 처할 가능성이 크다는 걸 알 수 있어요. 특히 아동 빈곤은 본인 탓이 아니라 부모로부터 물려받게 되는데, 이렇게 자신의 선택이나 노력과 상관없이 아동 시기에 물려받은 빈곤이 다음 생애 주기까지 이어지는 상황이라면 생애 주기 자본금이 이 악순환을 끊어 낼 하나의 대안이 될 수도 있을 거예요. 특히 디지털 능력주의로 인해 분배의 양극화를 점점 심하게 겪고 있는 지금의 청년 세대는 빈곤의 생애 주기적 연속성이 점점 강해져 악순환의 고리에 갇힐 가능성이 더 크기 때문에 이 제도가 더 효과적일 수 있어요.

또 하나, 앞으로 디지털 기술과 함께 살아갈 세대의 수명이 늘어나고 있다는 점도 고려해야만 해요. 영국의 의학 저널 《란셋The Lancet》에 실린 세계보건기구와 영국 임페리얼칼리지런던이 OECD 35개국의 기대 수명을 분석한 보고서에 따르면, 2030년에 출생할 우리나라 남녀의 기대 수명은 여자 90.82세, 남자 84.07세로 세계에서 가장 장수하는 국가로 드러났어요.* 기대 수명이 이렇게 계속 늘어난다면 빈곤의 생애 연속성이라는 함정은 미래 세대에게 더 많은 부담을 안길 거예요.

만약 이들에게 생애 주기 자본금이 주어진다면 각 생애 주기

* Kontis, Vasilis, et al., "Future life expectancy in 35 industrialised countries : projections with a Bayesian model ensemble", *The Lancet*(2017), Vol. 389, Issue 10076 : pp.1323~1335.

마다 빈곤의 사슬을 끊을 수 있는 최소한의 기회가 생기지 않을까요? 더 나아가 이 자본금을 활용해 사회적 협력에 나설 수도 있고, 각 주기마다 자신에게 필요한 삶을 설계할 수도 있을 거예요.

기초자산을 작동하게 만들기 ② :

'생애 주기 자본금'의 재원, 배당, 수령 조건, 반환

이런 제안을 하면 늘 따라오는 질문이 있어요. 재원은 어떻게 마련할 것이냐? 그럼 이제부터 이 제도를 실행하기 위해 필요한 재원을 어떻게 마련할 것인지, 이를 어떻게 배당할 것인지, 수령 조건은 어떻게 정할 것인지, 반환 조건은 무엇인지 등에 관해 이야기해 볼게요. 배당액은 사회적 합의를 거쳐야 하겠지만 일단은 3,000만 원을 기준으로 할게요. 이건 앞서 밝혔듯이 우리나라에서 기초자산을 처음 제안했던 정의당이 상정한 금액이에요.

무엇을 재원으로 삼을 것인가?

생애 주기 자본금은 다음과 같은 항목을 재원으로 삼고자 해요.

첫째, 상속·증여세
둘째, 부유세*
셋째, 공유부**로서 토지세, 데이터세, 탄소세

우선 매해 정부가 걷고 있는 상속·증여세를 사회적 상속의 하나인 생애 주기 자본금의 재원으로 쓰자고 제안하고 싶어요. 상속·증여세를 사회적 상속에 쓰는 것만큼 목적에 부합하는 올바른 공적 지출은 없을 거예요. 영국의 기초자산 제도인 아동신탁기금 역시 상속세를 재원으로 했었죠. 기획재정부의 자료에 따르면, 2021년 우리나라 상속·증여 세수는 약 13조 8,846억 원이었어요. 불과 한 해 전인 2020년과 비교했을 때 4조 226억 원

* 일정액 이상의 자산을 보유하고 있는 사람을 대상으로 비례적 또는 누진적으로 부과하는 세금.

** 누가 얼마만큼 기여했는지 따질 수 없고, 어떤 특정인의 성과로 귀속시킬 수 없는 수익. 토지, 공기, 물 등은 자연적 공유부, 축적된 지식 등은 역사적 공유부, 데이터 제공자를 특정할 수 없는 빅데이터는 인공적 공유부로 본다.

이 증가한 액수로 무려 40%나 늘어난 수치예요. 상속·증여세는 자산의 가치가 올라가면 세금도 자연히 올라가는 구조이기 때문에 이를 재원으로 사용할 경우 불평등을 교정하는 데 매우 적절한 수단이 될 거예요.

둘째, 기초자산은 사회적 부의 불평등을 교정하기 위한 제도이므로 부유세를 재원으로 하는 것 역시 바람직하다고 할 수 있어요. 액커만과 알스톳의 '사회적 지분' 역시 부유세를 재원으로 삼고 있죠. 만약 부유세를 이런 용도도 쓴다면 이 세금이 존재해야 할 명분 또한 강화될 거라고 봐요.

마지막으로 토지세, 데이터세, 탄소세 등과 같은 사회의 공유부를 모든 사람이 인생의 주기에 맞게 무엇인가를 계획할 수 있는 용도로 쓰는 것이야말로 재원의 성격과 쓰임새가 서로 잘 맞아떨어지는 경우라 할 수 있어요.

어떻게 배당할 것인가

생애 주기 자본금의 배당 방식을 이해하기 위해서는 기초자산의 설계 방식을 이해할 필요가 있어요. 현재까지 기초자산을 설계하는 방식에는 두 가지가 있어요.

첫 번째 모델은, 일정한 나이에 이른 이들에게 일정한 몫을 일괄적으로 지급하는 방식이에요. 예를 들어 사회적 지분 이론을 통해 기초자산 논의를 부활시킨 액커만과 알스톳은 《사회적 지분 사회The Stakeholder Society》(2000)에서 21살이 된 미국의 모든 젊은이에게 매년 2만 달러씩 4년에 걸쳐 8만 달러를 배당하자고 제안해요. 2019년에 피케티는 《자본과 이데올로기Capital and Ideology》에서 프랑스의 1인당 평균 자산인 20만 유로의 60%에 해당하는 12만 유로를 배당하자고 제안하고 있죠. 이 두 이론의 지급 방식이 첫 번째 모델에 해당해요.

두 번째 모델은, 출생과 동시에 일정 금액을 계좌에 넣어 주고 이 자금을 대신 운영한 후 일정 나이에 이르렀을 때 지급하는 '베이비 본드' 모델이에요. 영국의 블레어 정부에서 기획하고 2003년 시행한 '아동신탁기금'이 대표적 사례죠. 영국 정부는 이 기금을 잘 운영하면 10배 정도 불어날 것으로 기대했지만, 현실적으로는 2~3배 정도 불어난다고 보는 게 적절할 것 같아요. 예를 들어 은행에 3~4% 복리를 받는 조건으로 넣어 놓는다 해도 계산해 보면 20년 동안 대략 2배 정도 불어나거든요. 물론 기금을 여러 곳에 투자하면 더 나은 성과를 올릴 수도 있겠지만, 여기서는 가장 보수적으로 은행의 복리 상품에 넣어 둔다고 가정하는 게 나을 것 같아요. 이렇게 가정하면 생애 주기 자본금도 운영 여하에 따라 최초 금액보다 2~3배 정도 불어날 걸로 예측돼요.

생애 주기 자본금은 이 두 모델 중 일정 나이에 이르렀을 때 정해진 금액을 배당하는 첫 번째 방식을 채택하는데, 그 이유는 다음과 같아요.

첫째, 제도는 간명할수록, 이해하기 쉬울수록 좋다.

둘째, 베이비 본드 모델은 초기 비용을 절약할 수 있다는 장점이 있지만, 장기적인 관리 비용이 추가로 발생하기 때문에 일정한 나이가 되었을 때 일정한 금액을 배당하는 방식보다 더 큰 비용이 들 수도 있다.

이처럼 일정한 연령이 되었을 때 정해진 액수를 지급하는 방식을 채택하면 제도 자체가 아주 쉽고 간명해져요. 25세, 45세, 65세에 이른 이들에게 3,000만 원이라는 동일한 액수를 배당하는 식으로 말이죠. 생애 주기 자본금을 받게 되는 인원은 해마다 달라지겠지만, 정의당이 제안한 청년사회상속제처럼 3,000만 원을 지급한다고 할 경우 16조 원 안팎의 재원이면 충분해요. 현재 우리나라의 인구 구성을 고려할 때 아무리 많아도 매해 60조 원 정도만 있으면 실현 가능하죠. 이는 전 국민에게 10만 원을 기본소득으로 지급할 때와 비슷한 금액이에요. 또한 이 모델은 모두에게 동일한 금액을 배당한다는 점에서도 평등한 분배라 할 수 있어요. 다만 일정 기간마다 물가 인상 등을 반영해 지급 액수를 조정할 필요는 있을 거예요.

수령 조건은 무엇인가?

생애 주기 자본금은 20년마다 누구나 배당받을 수 있지만, 다음 경우엔 배당에 제한이 있어요.

첫째, 각 주기별로 일정 수준 이상의 범죄 기록이 있으면 다음 번 자본금은 배당받을 수 없다.

둘째, 자본금을 배당받은 사람은 수령 후 다음 수령 시기까지 원칙적으로 이민을 갈 수 없으며, 만일 이민을 가고자 한다면 다음 번 수령 시기까지 남아 있는 햇수에 배당금의 20분의 1에 해당하는 금액을 곱한 만큼 반환하여야 한다. 예를 들어 배당금을 수령한 뒤 5년 후에 이민을 가고자 한다면 다음 번 수령 시기까지 남아 있는 15년에 해당하는 배당금을 반환하여야 한다. 3,000만 원을 배당받았을 경우 이를 20년으로 나누면 한 해당 150만 원꼴이니, 15년에 해당하는 금액 2,250만 원을 반환해야 한다는 결론이 나온다.

셋째, 배당받을 이가 사망한 경우 배당금은 국가에 귀속된다. 이 배당금은 일부 연금처럼 상속이나 증여되지 않는다.

넷째, 국가는 공교육 시스템과 대안 교육 그리고 대학의 평생교육 과정까지 모두 연계하여 재정 교육을 의무화하고, 수령자는 이 과정을 반드시 수료해야 한다.

배당금을 반환해야 하는 경우

생애 주기 자본금을 배당받은 사람이 65세 이후 사망하거나, 혹은 나이에 상관없이 재산을 증여 혹은 양도할 때 아래의 조건에 해당하면 배당금을 반환해야 해요.

첫째, 65세 이후 사망할 경우, 상속할 재산이 배당받은 금액의 5배 이상이면 65세까지 배당받은 전액을 반환한다(여기서 제시된 5배는 예시일 뿐이며 구체적인 수치는 사회적·정치적 합의로 결정한다).

둘째, 나이에 상관없이 재산을 증여 혹은 양도할 때, 증여 및 양도 시점에서 그동안 배당받은 금액 모두를 미리 반환한다. 재산을 증여 혹은 양도하면서 배당금을 반환했던 이가 사망할 경우, 상환한 배당금을 제외한 나머지 부분만을 첫 번째 기준에 따라 반환한다. 가령, 46세 때 증여하면서 25세와 45세에 받은 배당금 6,000만 원을 반환하고 이후 65세에 3,000만 원을 배당받은 뒤 사망한 경우, 상속할 재산이 배당받은 금액(이 경우는 3,000만 원)의 5배 이상이라면 65세에 받은 배당금을 반환한다.

이런 조건이라면 너무 부유한 이들에게는 혜택을 주지 않으면서, 동시에 이 제도를 실행할 수 있는 재원의 일부를 마련하는 좋은 방안이 될 거예요.

지금까지 기초자산이라는 아이디어를 바탕으로 어떻게 하면 실천 가능한 구체적인 제도를 만들 수 있는지에 대해 이야기했어요. 모쪼록 제 제안이 여러분의 마음에 들었으면 좋겠네요.

그럼 이번엔 기본소득을 어떻게 작동시킬 수 있는지 알아볼까요?

기본소득 작동하게 만들기 ①:

'인생 위기·전환 대응 소득'

지금부터 저는 여러분에게 기본소득을 작동시킬 구체적인 방법으로 '인생 위기·전환 대응 소득'이란 아이디어를 제안하려 해요. 그럼 인생 위기·전환 대응 소득이 무엇이고, 왜 필요한지 그리고 어떻게 하면 실현 가능한지 말씀드릴게요.

사람들이 위기를 맞거나 인생의 전환기에 놓였을 때 대응할 수 있도록 돕는 인생 위기·전환 대응 소득을 요약하자면 다음과 같아요.

첫째, 정치 공동체가
둘째, 모든 구성원들에게

셋째, 자산 조사나 근로 조건을 요구하지 않고
넷째, 개인 단위로 동일한 액수를
다섯째, 개인이 선택한 시기에 총 5년 동안
여섯째, 현금으로 소득을 지원하자

인생 위기·전환 대응 소득은 개인이 인생의 위기에 대응할 수 있도록, 나아가 삶의 방향을 전환하고 싶을 때 도움이 될 수 있도록 소득을 지원하자는 아이디어예요. 예를 들어, 실업이라는 위기를 맞았을 때 혹은 미래를 위해 학교에 다닌다거나 취업 준비를 하고자 할 때 이를 안정적으로 실행할 수 있도록 일정 정도 소득을 지원하자는 거죠.

이 제도는 총 5년 동안 혜택을 받을 수 있도록 설계되어 있는데, 매달 100만 원씩, 1년에 1,200만 원을 총 5년 동안 지원받을 수 있죠. 5년으로 설계한 이유는 우리나라의 4년제 대학 진학률이 60%를 넘어가고 있고, 2년제 대학까지 포함하면 80%가 넘는 데다, 졸업에 필요한 기간과 졸업 이후 취업을 준비하는 기간 또한 길어지고 있기 때문이에요. '청년 비경제활동인구 중 취업 시험 준비자'에 대한 통계청의 자료를 보면 2022년 5월 기준으로, (2년제를 포함해서) 대학교를 졸업하는 데 필요한 기간은 4년 3.7개월, 졸업 후 첫 취업까지 걸리는 기간은 평균 10.8개월이라 해요. 이를 합치면 실제론 5년이 넘어가는 거죠. 인생 위기·전환 대응 소득은 이처럼 많은 구성원이 비슷한 경험을 겪고 있는 현실을 감안해 이를 안정적으로 준비할 수 있도록 지원하는 제도예요. 물론 이 지원금을 학업에 쓰지 않은 사람들은 사회생활을 하면서 위기를 맞았을 때 사용해도 되죠.

인생 위기·전환 대응 소득을 제안하는 배경엔 두 가지 근거가 있어요.

첫째, '기본소득에 재원이 너무 많이 들어간다는 비판에서 벗어날 수 있다.'

모든 이들에게 지급한다는 보편성을 유지하면서도 5년이라는 기간 제한을 두기 때문에 재원의 규모를 획기적으로 줄일 수 있어요. 개인당 지급되는 총액은 6,000만 원 정도이기 때문에, 앞에서 제안한 생애 주기 자본금에 들어가는 재원의 3분의 2 정도면 실행에 옮길 수 있죠. 만약 이 제도를 생애 주기 자본금에 들어가는 재원의 규모와 비슷하게 만들려면 기간을 늘리거나, 배당금을 늘리면 돼요.

둘째, '기본소득에서 나타나는 지급액의 불균형 문제를 획기적으로 줄일 수 있다.'

기본소득은 평생 정기적으로 지급된다는 점에서 안정성이 매우 높은 제도이지만, 지급액만 놓고 보면 기초자산보다 불균형하게 배분될 가능성이 훨씬 커요. 예를 들어 20세부터 매달 30만 원을 기본소득으로 지급할 경우, 개인의 수명에 따라 지급액에 큰 차이가 날 거예요. 20세 이전에 사망한 경우엔 한 푼도 지원받지 못하는데, 80세까지 사는 경우엔 2억 1,600만 원까지 지원받게 되거든요. 이렇게까지 지원 금액이 차이가 나면 형평성의 문제가 생길 수밖에 없어요. 하지만 인생 위기·전환 대응 자금은 개인들이 적절한 시기를 선택할 수 있고, 누구나 5년 동안 동일한 액수를 지원받기 때문에 지급 총액의 차이가 크지 않아요.

기본소득 작동하게 만들기 ② :

'인생 위기·전환 대응 소득'의 재원, 배당, 수령 조건, 반환

그렇다면 인생 위기·전환 대응 소득에 필요한 재원은 어떻게 마련할 것인지, 이를 어떻게 배당할 것인지, 수령 조건은 어떻게 정할 것인지, 반환 조건은 무엇인지 등에 관해 구체적으로 이야기해 볼게요.

무엇을 재원으로 삼을 것인가?

인생 위기·전환 대응 소득이 보편 소득의 형식을 지니는 만큼 재원은 소득세에서 가져오는 것이 바람직할 거예요. 2020년 기준 우리나라 소득세 징수액은 93조 1,000억 원인데요, 전체 국세 수입의 32.6%로 가장 큰 비중을 차지하고 있죠. 이렇게 보면 우리가 소득세를 많이 내고 있는 것처럼 느껴지는데, 어찌 보면 매해 소득세 비중이 증가하고 있는 것도 사실이에요. 하지만 우리나라의 GDP(국내총생산) 대비 소득세 부담률은 다른 OECD 국가들보다 낮은 편이에요. 예를 들어 2019년 기준 OECD 평균은 8%인데 우리나라는 4.8%에 불과하죠. 그렇다고 우리나라의 소득세 부담률을 OECD 수준으로 당장 끌어올리자는 건 아니에요. 증세는 그 자체로 조세 저항을 불러올 수도 있는데, 혹시라도 이런 일이 벌어지면 처음 시행하는 제도에 큰 부담을 줄지도 모르니까요. 이런 이유로 인생 위기·전환 대응 소득에도 기초자산의 재원과 비슷한 항목들을 사용하는 게 사회적 논란을 최소화시킬 수 있는 방법이라 생각해요.

만약 미래에 로봇세가 만들어진다면, 이 세금이야말로 인생 위기·전환 대응 소득의 주요 재원이 될 수 있을 거라 생각해요. 기본적으로 로봇세란 우리가 로봇에게 일자리를 내어 주고 그 대가로 받는 세금이니까요.

그럼, 인생 위기·전환 대응 소득의 재원은 아래와 같이 정리할 수 있겠네요.

첫째, 소득세

둘째, 미래의 주요 재원으로서 로봇세

셋째, 공유부로서 토지세, 데이터세, 탄소세

넷째, 만일 소득세를 사용하는 것에 대한 논란이 인다면, 생애 주기 자본금의 재원에 해당하는 항목인 상속·증여세, 부유세를 대신 사용한다.

어떻게 배당할 것인가?

인생 위기·전환 대응 소득의 배당 방식은 아래와 같아요.

첫째, 기간은 총 5년으로 한다.

둘째, 배당금은 매달 100만 원, 1년 총액은 1,200만 원, 5년 총액은 6,000만 원으로 한다.

셋째, 배당 기간은 1년 단위이며, 최대 5번까지 받을 수 있다.

넷째, 실업의 위기에 처해 있거나 삶의 방향 전환을 위해 교육이 필요한 이들에게 우선 배당한다.

다섯째, 원칙적으로 20세부터 신청할 수 있으나, 학업이나 취업 등의 활동에 지원이 필요한 경우 18세 이상부터 신청할 수 있다.

여섯째, 64세까지 한 차례도 배당을 신청하지 않은 이들은 65세에 5년치 총액을 일시에 수령한다.

일곱째, 64세까지 5번 미만으로 배당받은 이들은 65세에 남은 배당금을 일시에 수령한다.

여덟째, 제도가 시행되는 시기를 기준으로 56세 이상은 1번, 47세 이상은 2번, 38세 이상은 3번, 29세 이상은 4번 배당받을 수 있다(신청할 수 있는 기간을 총 45년으로 잡고, 9년 간격으로 5번까지 배당받게 설계했으나, 구체적인 사항은 사회적 합의에 따라 조정할 수 있다).

수령 조건은 무엇인가?

실업의 위기에 놓였거나, 삶의 방향 전환을 위한 교육이 필요한 이들이라면 누구나 배당받을 수 있지만, 다음과 같은 경우엔 배당을 제한할 수 있어요.

첫째, 일정 수준 이상의 범죄 기록이 있다면 법이 정한 기한 동안 배당을 신청할 수 없으며, 이에 상응하여 배당 횟수를 줄일 수도 있다.

둘째, 배당받을 이가 사망한 경우 배당금은 국가에 귀속된다. 이 배당금은 일부 연금처럼 상속이나 증여되지 않는다.

셋째, 국가는 공교육 시스템과 대안 교육 그리고 대학의 평생교육 과정까지 모두 연계하여 재정 교육을 의무화하고, 수령자는 이 과정을 반드시 수료해야 한다.

배당금을 반환해야 하는 경우

인생 위기·전환 대응 자금을 배당받은 사람이 65세 이후 사망하여 재산을 상속하거나, 혹은 나이에 상관없이 재산을 증여 혹은 양도할 때 다음의 조건에 해당된다면 배당금을 반환해야 해요.

첫째, 65세 이후 사망할 경우, 상속하는 재산이 배당금의 10배 이상이라면 배당금의 전액을 반환한다(여기서 제시된 10배는 예시일 뿐이며 구체적인 수치는 사회적·정치적 합의로 결정한다).

둘째, 나이에 상관없이 재산을 증여 혹은 양도할 때, 증여 및 양도 시점에서 그동안 배당받은 금액 모두를 미리 반환한다. 재산을 증여 혹은 양도하면서 배당금을 반환했던 이가 사망할 경우, 상환한 배당금을 제외한 나머지 부분만을 첫 번째 기준에 따라 반환한다. 가령 25세, 30세, 35세, 40세에 각각 1년 동안 배당금을 받은 이가 50세 때 증여할 경우 이때까지 받은 배당금 4,800만 원(월 100만 원씩 48개월)을 모두 반환하고, 이후 60세가 된 해에 1년 동안 100만 원씩 배당받은 뒤 사망할 경우, 상속할 재산이 배당받은 금액(이 경우엔 1,200만 원)의 10배 이상이라면 60세에 받은 배당금을 모두 반환한다.

이런 조건들은 생애 주기 자본금에서 언급했던 내용과 마찬가지로 너무 부유한 이들에게는 혜택을 주지 않으면서, 동시에 이 제도를 실행하는 데 필요한 재원의 일부를 마련하는 좋은 방안이 될 수 있을 거예요.

마지막으로 새로운 분배 대안을 마련할 때 고려해야 할 점에 대해 몇 가지 말씀드릴게요.

"첫째, 현실적으로 마련 가능한 재원을 바탕으로 설계해야 한다."

재원의 규모가 지나칠 정도로 크지 않아야 노동 중심적 분배를 지지하는 사람들도 새로운 정책을 수용할 여지를 가질 수 있기 때문이에요.

"둘째, 구성원들의 지지를 최대한 많이 이끌어 낼 수 있는 방향으로 정책을 설계해야 한다."

분배 제도는 사회 구조의 근간을 이루기 때문에, 변화에 따른 저항을 미리 예측함과 동시에 최대한 많은 구성원에게 혜택을 부여함으로써 공동체의 폭넓은 지지를 얻어야 해요.

"셋째, 제도의 지속성을 위해 정파적 이해관계를 넘어서는 사회적 합의가 필요하다."

영국의 노동당이 시작한 아동신탁기금을 보수당이 폐기한 사례만 봐도, 제도를 지속적으로 운영하려면 반드시 사회적 합의가 선행되어야 한다는 걸 알 수 있죠.

이런 점들을 잘 고려한다면, 기본소득이나 기초자산 같은 분배 제도들도 현실에서 충분히 실현 가능하지 않을까 해요. 한 가지 당부하자면, 반드시 제가 제안한 내용 그대로 해야 할 필요는 없다는 거예요. 앞에서 제시한 대안들보다 더 효율적이고 실현 가능성이 높은 제도가 있다면 저는 언제든지 환영이에요. 다만 제가 강조하고 싶은 건, 우리가 정치적, 제도적 상상력을 발휘한다면 기본소득도, 기초자산도 얼마든지 실현 가능한 제도로 만들 수 있다는 거예요. 더 나은 세상을 만들기 위해 우리가 열심히 상상한다면 그 노력이 언젠가는 실천적 제도로 이어질 거라고 저는 확신해요!

권리 차원의 대응책 :

디지털 시민권

자, 이제 마지막으로 권리 차원의 대응책에 대해 이야기해 볼게요. 디지털 능력주의가 장악한 세계에서 사람들이 외로움을 느끼지 않게끔 하기 위해 마지막으로 제가 제안하는 내용은 '디지털 시민권'이에요.

돌아보면, 정치 참여의 자격을 부여해 주는 시민권은 사실 고대부터 존재했어요. 이후 근대국가들의 성립과 동시에 삶의 필수적인 조건으로 자리 잡으며 폭넓은 영역에서 좀 더 다양한 형태로 발전해 왔죠. 우리가 지금 알고 있는 내용의 시민권을 이론적으로 정립한 T. H 마셜은 "사회의 유산을 충분히 공유하고, 사회에 널리 퍼져 있는 기준에 따라 문명인의 존재로서 삶을 살아갈 수 있는 권리"로 시민권을 정의했어요.

그의 분류에 의하면 시민권은 자유적 시민권, 정치적 시민권, 사회적 시민권 이렇게 세 개의 범주로 나눌 수 있어요. 자유적 시민권은 '신체와 생명의 안전을 보장받을 수 있는 권리'인데 근대국가의 존재 목적 자체와 일치하는 가장 기본적인 권리예요. 정치적 시민권은 보통선거권의 확립과 함께 탄생한 권리예요. 정치 공동체 안에서 동등한 존재로서 공적 영역의 참여를 보장받는 권리죠. 사회적 시민권은 정치 공동체의 구성원이라면 누구나 인간다운 삶을 누릴 수 있도록 사회·경제적 자원의 분배를 요구할 수 있는 권리예요. 역사적으로 봤을 때 시민권은 자유적 시민권, 정치적 시민권, 사회적 시민권, 이렇게 순서대로 확장되어 왔어요. 이 세 권리 모두 안정된 민주주의 정체에서는 보편적인 권리예요.

'디지털 시민권'은 디지털 기술의 발전과 더불어 생겨난 새로운 개념이에요. 최초로 디지털 시민권을 체계적으로 제시한 카렌 모스버거는 이 새로운 형태의 시민권을 두고 "온라인을 통해 사회에 참여할 수 있는 능력"이라고 표현했어요. 그리고 이 능력을 이용해 "매일 일상에서 정기적으로 그리고 효과적으로 인터넷을 사용하는 이들"을 '디지털 시민digital citizen'이라 부르죠. 모스버거는 시민권이 사회에 널리 퍼져 있는 기준에 따라 문명인의 삶을 살아갈 수 있도록 하는 데 있다고 본 마셜의 정의를 상기시키며, 이제 디지털 기술이 사회에 널리 퍼져 있는 새로운 기준이 되었다고 하죠.

현재 디지털 기술을 활용할 수 있는 능력은 온라인에서 정보를 찾는 일을 넘어, 생명과 재산을 안전하게 지키는 일, 정치에 참여하는 일, 더 나은 경제적 삶을 확보하는 일 등 모든 분야에서 '삶의 질'을 결정하는 수준에 이르렀어요. 실제로 코로나19 팬데믹 기간 동안 디지털 기술은 봉쇄된 상황에서 생필품을 구매하는 일 등을 통해 도시와 국가의 안전에 얼마나 결정적 영향을 미칠 수 있는지 명확하게 보여 주었죠. 또한 '아랍의 봄(2010년 말 튀니지에서 시작돼 중동 국가 및 북아프리카 일대로 확산된 반정부 시위)'에서도 확인할 수 있듯 트위터와 페이스북 같은 소셜 네트워크를 통해 시민들이 전방위적으로 결집하는 일도 가능하게 됐어요.

이뿐만이 아니에요. 새로운 기술 덕분에 시민들이 정치에 참여하는 방식 또한 다양해지고 있는데, 블록체인 기술 등을 바탕으로 온라인 홍보를 광범위하게 펼친다거나 크라우드 펀딩을 통해 직접적으로 입법 활동에 나서기도 해요. 한편 경제 분야에서는 개인이 온라인을 통해 직접 투자하는 일이 가능해졌죠. 특히 플랫폼 경제가 등장한 이후 이 분야에서 일자리를 찾으려 하는 저소득층에게는 온라인을 활용할 수 있는 능력이 필수적으로 요구되고 있어요. 상황이 이렇다 보니 디지털 기술을 통한 공정한 협력은 그 어느 때보다 중요해지고 있죠.

우리가 디지털 시민권에 대해 이야기할 때 '협력'이란 가치에 좀 더 의미를 두는 이유는 애초에 디지털 기술이 '개인'보다는 '시민'이라는 개념에 근거를 두고 발전했기 때문이에요. 이는 디지털 기술의 발전 역사만 보아도 금세 알 수 있죠. 다양한 플랫폼으로 대표되는 웹 2.0은 개방, 참여, 공유를, 블록체인 기술로 대표되는 웹 3.0은 비非지배와 정직성을, 사물 인터넷으로 대표되는 웹 4.0은 인간과 인간과의 관계를 넘어 인간과 기계의 파트너십을 내세우며 등장했으니까요. 이러한 디지털 기술의 역사는 디지털 시민권이 개인의 권리이기 이전에 구성원들의 협력을 전제로 하는 것임을 보여 줘요. 디지털 기술은 이용자들의 연결망 없이는 존재할 수 없고 어떠한 가치도 지닐 수 없으니까요. 타자가 존재하지 않는 디지털 기술은 단순히 계산 능력이 폭발적으로 향상된 기계에 불과해요. 이런 기계는 아주 복잡한 연산이 필요한 직업에 종사하는 사람들이 아니라면 아무런 의미가 없어요. 디지털 기술은 언제나 타자의 현존, 그러니까 동료 시민의 존재가 필수적이죠.

정치 공동체의 구성원으로서 우리는 다른 동료 시민, 타자의 현존이 늘 필요해요. 예를 들어 존 롤스John Rawls는 《정치적 자유주의Political Liberalism》(1993)에서 시민들이 자유롭다고 할 때 그 의미는 "시민들이 자신의 사회적 지위를 동료 시민들에게 기대고 있다는 점에서 자유롭다."는 것이라 설명해요. 이게 무슨 뜻이냐고요? 아주 쉽게 말해 우리가 무얼 하든 다른 동료 시민들이 그것을 인정해 줄 때 진정으로 자유로워진다는 말이에요. 그렇다면 이런 인정은 어떻게 이루어질까요? 바로 동료 시민들의 동의 아래, 인정받는 삶을 실현할 기회와 자원이 나에게 제공되어야만 해요. 롤스는 이런 조건 아래 자신이 계획하는 삶에 책임을 지는 존재가 됨으로써 비로소 자유로워진다고 말하죠. 우리가 생각하는 것과 너무 다르죠? 우리 사회에서 자유롭다는 의미는 모든 걸 스스로 해결하는 상태를 뜻하는 경우가 많잖아요. 하지만 롤스는 진정으로 자유로운 존재가 되려면 기회가 공정해야 하고, 어쩌다 기회에서 밀려났다고 할지라도 인간다운 삶을 살 수 있는 최소한의 자원을 제공받을 수 있어야 한다고 말해요.

요약하자면 '자유로운 시민으로서 공정한 협력은, 동료 시민들의 인정 속에 자신이 세운 계획을 실제 삶에서 이룰 수 있게끔 균등한 기회와 적정한 자원을 분배받을 수 있을 때 가능하다.'는 거죠.

이런 발상을 디지털 능력주의 시대에 적용해 볼까요? 21세기 들어 디지털 기술에 대한 접근성과 이 기술을 다룰 역량을 키워 나가는 일은 사회로부터 여러 기회와 자원을 분배받는 데 필수적인 것이 되었어요. 이러한 시대적 상황 하에서는 모든 시민이 디지털 기술에 대한 평등한 교육의 기회를 제공받아야 하고, 이런 기회를 누리긴 했지만 결국 경쟁에서 밀려난 경우에도 인간다운 삶을 누릴 수 있는 사회적 자원을 분배받을 수 있어야 하죠. 만약 모두에게 이런 기회와 자원이 제공된다면, 소위 디지털 격차로 인해 생기는 문제로부터 시민들을 보호할 수 있는 방호벽을 세울 수 있을 뿐만 아니라 정치 공동체 내에 조금 더 안전하게 머물 수 있는 장소 또한 마련해 줄 수 있을 거예요. 이렇게 디지털 시민권은 공정한 협력의 바탕이 되는 조건으로, 모든 시민들이 균등한 기회와 적절한 자원의 분배를 보장받을 수 있는 권리예요.

문제는 디지털 시민권이 제공하는 공정한 협력의 가치와 태도를 시민들 각자의 노력만으로 습득할 수 없다는 데 있어요. 이런 협력의 가치와 태도는 단순히 디지털 기술에 접근하고 그것을 이용하는 방법을 배우는 것만으론 갖출 수가 없기 때문이에요. 이것들과 더불어 디지털 기술을 활용하는 의미와 이에 상응하는 규범에 대한 교육이 반드시 동반되어야만 하죠. 하나의 예로, 인터넷 시대가 시작될 때 많은 사람들이 품었던 디지털 민주주의에 대한 장밋빛 전망이 사그라들었던 것, 심지어 인터넷이 혐오가 넘쳐 나는 장소로 변한 것 모두 기술의 발전에 상응하는 가치와 규범, 태도 등에 대한 교육이 수반되지 않았기 때문에 벌어진 일이었요. 디지털 기술이 정치 공동체의 모든 구성원에게 더 안전하면서, 더 활동적이고, 더 인간다운 삶을 영위할 수 있는 기반을 제공하고 있는 지금, 디지털 기술에 대한 물리적 접근성과 이를 이용할 수 있는 역량 그리고 이에 상응하는 규범과 태도에 대한 교육은 국가가 반드시 제공해 주어야 해요. 제가 디지털 시민권의 필요성을 강조하는 이유도 바로 이 때문이죠.

물론 모든 권리가 그렇듯이 디지털 시민권이 형식적으로 작동된다면 추상적인 관념으로만 남을 게 분명해요. 그래서 이를 구체적으로 실천할 수 있는 장치가 반드시 필요하죠. 현실 세계에서 어떠한 권리를 실질적으로 작동시키려면 대체로(혹은 언제나) 실질적인 물리적 기반을 제공하는 데서 시작해야 해요. 결국 디지털 시민권이 실질적으로 작동하기 위해선, 정치 공동체 내의 모든 구성원이 인터넷에 접근할 수 있는 기회를 동등하게 제공받아야 하고, 이에 필요한 기본적인 디지털 장비와 이를 활용할 수 있는 교육 또한 공적 제도의 일부로 반드시 제공되어야 하죠. 팬데믹 시대만 뒤돌아봐도 이것들이 얼마나 중요한지 우리는 쉽게 알 수 있어요.

실제로 코로나19 팬데믹 때 시행된 원격 교육은 취약 계층이 디지털 기술에 접근하는 데 얼마나 어려움을 겪는지 여실히 드러냈어요. 원격으로 수업을 들으려면 안정적인 인터넷 연결망은 필수인 데다, 컴퓨터나 스마트폰과 같은 디지털 기기들까지 갖추어야 하기에 저소득층, 장애인, 농어민 가정의 자녀들 중 상당수가 교육의 사각지대에 놓이는 상황이 발생했죠. 한국정보화진흥원이 공개한 〈2021년 인터넷 이용 실태 조사 최종 보고서〉에 따르면, 인터넷 이용률은 월평균 소득이 500만 원 이상인 가구에선 98%, 400만 원 이상 500만 원 미만인 가구에선 96.9%를 기록했지만, 월평균 소득이 100만 원 이상 200만 원 미만인 가구에선 72.9%, 100만 원 미만인 가구에선 45.5%에 불과했어요. 참고로 2020년에는 월평균 소득이 100만 원 이상 200만 원 미만인 가구의 인터넷 이용률은 72.2%, 100만 원 미만인 가구는 47.0%였는데, 1년 동안 각각 0.7%, -1.5% 증감한 것만 봐도 취약 계층의 디지털 접근성은 여전히 개선되지 않고 있다는 걸 알 수 있죠.

그렇다면 디지털 시민권은 구체적으로 어떻게 실현할 수 있을까요? 이와 관련하여 메르켈 정부 출범 이후 독일이 보여 준 디지털 시대에 대한 대처는 참고할 만해요. 독일은 "4차 산업혁명 시기의 노동이 네트워크화, 디지털화, 유연화라는 특징"을 갖게 되리라 예측하고 이에 대한 대응으로 '노동 4.0Industrie 4.0'이라는 정책을 수립했어요. 특히 디지털 시대에 일자리가 사라지는 문제에 대처하기 위해 저숙련 노동자들을 새로운 변화에 적합한 고숙련 노동자로 전환시키는 교육을 강화하고, 재취업을 위한 교육에도 디지털 기술과 관련된 내용을 집중적으로 다루고 있죠.

이와 더불어 독일의 노동 4.0 정책에서 눈에 띄는 대목은 바로 '미래의 근로조건 개선', '사회적 시장경제 체제로의 재전환', '모든 업종의 성과에 부합하는 소득 보장 체계와 사회 안전망의 구축'이에요. 독일은 디지털 시대의 노동이 시간과 장소의 다양성뿐만 아니라 일과 여가 사이의 경계가 모호하다는 문제점을 지니고 있다고 봐요. 이런 상황을 반영해 주당 근로시간과 임금 그리고 노동의 자율성을 적절하게 확보하는 새로운 법률들을 마련해 가고 있죠. 근데 가장 주목해야 할 부분은 바로 사회적 시장경제 체제로의 전환이에요. 독일은 디지털 시대에 접어들어 회사의 여러 문제를 함께 고민하고 결정하던 노동조합의 힘이 상대적으로 약해진 게 지금의 소득 격차를 만들어 낸 주요 원인으로 보고, 이에 대한 대응책으로 최저임금, 소득세, 기초 생활 보장 등을 강화하기로 했어요. 여기에 더해 디지털 시대에 새롭게 등장한 고용 형태와 규모를 파악하여 이 영역에 종사하는 노동자들을 보호하기 위한 제도를 구축하는 한편, 노동자들이 기업의 의사 결정 과정에 민주적으로 참여할 수 있도록 노사가 공동으로 결정하는 시스템을 확대하는 방향으로 움직이고 있죠. 다시 말해 모든 업종의 성과에 부합하는 소득 보장 체계와 사회 안전망을 구축하는 동시에, 노사가 공동으로 결정하는 시스템을 유지하고 더욱더 개선하여 디지털 시대라는 새로운 삶의 조건을 마주한 구성원들을 보다 적극적으로 보호하겠다는 계획을 세운 것이죠.

이러한 독일의 사례는 디지털 시민권과 같은 권리를 실현하려면 국가가 단지 디지털 차원의 물리적 기반과 디지털 기술의 활용 역량을 증진시키는 다양한 교육을 제공하는 것만으로는 부족하다는 것을 보여 주고 있어요. 디지털 기술은 그 속성상 이를 활용하는 사람들 내에서도 필연적으로 뒤처지거나 밀려나는 사람들을 만들어 내거든요. 3장에서도 보았듯이 디지털 기술에 대한 접근성과 이해력 없이는 작업이 불가능한 크라우드 노동자들 안에서도 이러한 격차가 심각하게 벌어지고 있는 상황이에요. 문제는 이뿐만이 아니에요. 디지털 기술은 아날로그 시대에 어렵게 세워 놓은 사회보험과 노동삼권 같은 전통적인 보호망을 해체하는 방향으로 발전하고 있어요. 그렇기에 독일의 사례처럼, 국가는 평범한 사람들이 하는 노동을 제도적으로 보호하는 동시에 노동시장에서 밀려난 이들도 보호할 수 있는 체계를 마련해야 하는 거예요.

정리하자면, 디지털 기술에 대한 물리적·교육적 기반을 제공함과 동시에 디지털 기술이 만드는 양극화에 대한 사회적 보호 체계가 마련되어야만 비로소 우리는 디지털 시민권이 온전히 작동하는 모습을 볼 수 있게 될 거예요. 이런 보호 체계에는 다양한 이유로 디지털 기술을 자기 삶에 적극적으로 받아들이지 않는 사람들도 포함되어야 해요. 만약 공동체 내에 이런 보호 체계가 없다면, 디지털 시민권은 한낱 '국가가 아날로그 기술에 머물러 있는 사람들을 차별하고 디지털 기술로의 이행을 강제하는 것' 정도로 여겨질 수도 있어요.

한나 아렌트는 시민권을 부여하는 일이야말로 평등한 인간 그 자체를 만들 뿐만 아니라 모든 권리의 시작이라 보았어요. 아렌트에게 시민권이 없는 사람들은 인간의 권리를 실현할 길이 없는 사람들이었죠. 역사적으로만 봐도 시민권 없이 인권이 지켜진 사례는 없었으니까요. 아렌트가 시민권이야말로 자유롭고 평등한 인간으로 존재하기 위한 권리의 시작이라고 강조하는 건 바로 이 때문이에요. 이런 시민권의 혜택을 받지 못하는 이들을 우리는 '난민'이라 불러요. 이들은 사실상 아무런 보호도 받지 못한 채 '인류의 잉여'로 존재하고 있어요.

디지털 기술의 격차로 인해 밀려난 사람들을 '디지털 난민'이라 부르는 시대예요. 디지털 기술을 활용하지 못해 생명과 재산을 보호하는 일, 정치에 참여하는 일, 인간다운 삶을 보장받는 일 등에서 밀려나는 사람들이 계속해서 생겨나고 있어요. 디지털 시민권은 더 이상 이런 일이 일어나지 않도록 예방하고, 설령 이런 일이 일어난다 해도 나와 동료 시민들이 아무런 보호 없이 난민으로 전락하는 일이 없도록 보장해 주는 권리예요. 그래서 저는 이렇게 말하고 싶어요.

"디지털 시민권이야말로 '권리들을 가질 권리'다!"

외로움 속에서, 외로운 이는 자신을 먹는다. 군중 속에서, 많은 이들이 그를 잡아먹는다. 자, 이제 선택하라.

— 프리드리히 니체Friedrich Nietzsche, 《자라투스트라는 이렇게 말했다 Also sprach Zarathustra》(1883~1885) 중에서

외로움과 아무도 날 원치 않는다는 느낌이야말로 가장 비참한 빈곤이다.

— 테레사 수녀Mother Teresa, 《타임Time》(1975.12.)과의 인터뷰 중에서

epilogue

'아빠'라는 몽상가들에게

2016년 2월 내게 큰 변화가 일어났다. 갑자기, 아빠가 된 것이다. 너무도 작은 아기의 얼굴을 들여다보고 그보다 더 작은 아이의 손가락을 만져 보다 문득 이런 생각이 스쳐 지났다. '아, 이 아이가 크면 참 외롭겠구나.' 그 순간 나는 아이가 살아갈 세상과 미래가 궁금해졌다.

당장 눈앞에 보인 건 디지털 기술의 발전이었다. 진즉부터 디지털 기술이 자원과 부를 어떻게 분배하는지에 대해 관심을 가지고 있었지만, 그 정도론 충분치 않았다. 공부가 필요했다. 새로운 기술이 만드는 세계가 어떤 모습일지 대략이나마 그려 내려면 디지털 기술의 속성에 대한 더 깊은 이해가 필요했다.

디지털 기술에 대해 공부하면서 느낀 가장 중요한 점은, '창조성'을 길러야 살아남을 수 있다는 말의 공허함이었다. 그건 나처럼 정치와 철학을 공부한 사람이 할 말은 아니었다. 아무리 창의성을 기르려 노력한다 해도 결국 디지털 기술은 그중에서 가장 창조적인 소수의 사람에게만 부와 자원을 몰아주는 속성이 있다. 그리고 우려스럽게도 이러한 경향성은 생성형 인공지능 시대에 접어들며 점점 심화되는 양상을 보이고 있다.

2016년 한국고용정보원이 미래에 살아남을 직업으로 예측한 것들은 대부분 창의성이 필수적으로 요구되는 직군들이었다. 1위는 화가, 조각가, 2위는 사진작가, 사진사, 3위는 작가 및 관련 전문가, 4위는 지휘자, 작곡가, 연주자, 5위는 애니메이터, 만화가. 하지만 이조차 새롭게 등장한 생성형 인공지능이 대체할 수 있는 걸로 판명 났다. 이미지와 관련된 분야는 달리2, 미드저니, 오픈아트 등이, 음악은 스플래시, 무버트 등이, 작가는 챗GPT, 바드 같은 인공지능이 대체할 수 있게 된 것이다.

심지어 이런 인공지능들은 피곤함조차 느끼지 않을 뿐만 아니라 더 저렴한 비용으로 더 빨리 작업을 해낸다. 가성비와 효율면에서 이미 인공지능에게 밀려난 사람들에게 창의성을 기르라는 조언은 능력이 탁월하고 운까지 좋은 몇몇 사람을 제외하곤 별다른 도움이 되지 않는다.

새로운 기술에 대해 공부하던 도중, 능력주의라는 또 하나의 벽을 만났다. 재산, 명예, 지위 등과 같은 사회적 자원을 신분이나 타고난 배경이 아닌 개인의 능력에 따라 분배하자는 이 논리는 표면적으로는 아무 문제도 없어 보인다. 토지 소유 중심의 신분주의 사회를 타파하기 위해 등장한 능력주의는 무엇보다 노동력에 중점을 두었기에 기존의 세습적 질서를 타파하는 데 크게 기여했다. 하지만 문제는 '능력도 세습된다.'는 데 있다. 오늘날 소수의 성공한 이들은 자녀 교육에 자신들이 가진 모든 자원을 쏟아 넣는다. 이들이 평범한 사람들은 도저히 따라 할 수 없을 정도로 자원을 투자하는 이유는 내면의 불안을 조금이라도 덜고 동시에 자녀들에게 더 나은 미래를 보장해 주기 위해서다. 가족이라는 삶의 형태가 사라지지 않는 한, 능력이라는 특권 또한 오래도록 이런 식으로 세습될 것이 분명하다. 모두가 똑같이 열심히 노력하는 세상이라면, 더 많은 자원의 혜택을 입은 아이들이 성공할 확률 또한 더 큰 게 당연한 이치다.

아빠의 눈에 비친 내 아이가 살아갈 세계는, '디지털 능력주의'로 인해 성공의 문이 점점 좁아지는 곳이었다. 하지만 솔직히 성공의 문이 좁다는 건 큰 문제가 아니다. 생각해 보면 성공의 문이 활짝 열려 있던 시대는 극히 드물었다. 문제는 성공하지 못한 사람도 다른 이들로부터 존중받고 자존감을 지키며 살 수 있는지, 더 나아가 보호받는 삶을 누릴 수 있는지다. 하지만 내가 만난 '디지털 능력주의'가 지배하는 세계는 성공하지 못했다는 이유로 스스로를 부정하고, 뒤처졌다는 이유만으로 타자를 혐오하는 사람들로 가득한 곳이었다. 그런 이유로 많은 이들이 자신을 존중하지 못하고, 타자를 배려하지 않는 곳이었다. 벼랑 끝에 내몰린 이들이 죽음을 선택할지언정 선뜻 도와 달라는 말 한마디 내뱉지 못하는 곳이었다. 그중에도 유독 눈길이 가는 건 이런 처지에 놓인 수많은 청년들이었다.

아빠인 나는 묻는다. "왜 우리는 자식들에게 타인을 먼저 배려하라고 선뜻 말해 주질 못할까?" 이유는 우리 모두가 잘 알고 있듯 이 세상이 '각자도생'을 요구하기 때문이다. 대다수의 사람들은 풍요로움이 넘쳐 나는 가운데도 각자 자신의 생존을 걱정해야 하는 시대의 모순을 순순히 받아들인 채 살아가고 있다. 아빠가 된 나는 이런 세상을 조금이라도 바꾸고 싶다. 내 아이에게 이런 '외로운' 세계를 물려주고 싶지는 않다. 내 아이가 외롭지 않으려면 내 아이와 어깨를 맞대고 살아갈 다른 아이들도 외롭지 않아야 한다. 물론 아무것도 바뀌지 않을지도 모른다. 하지만 아이를 둔 나는 간절한 마음으로 무엇이라도 해야 했다. 그것은 늦은 나이에 어린 생명을 이 세상에 오게 한 아빠로서 책임져야 할 최소한의 의무였다. 이 책은 그런 마음으로 걸어간 여정이다.

나에게는 하나의 믿음이 있다. 우리가 함께한다면 이 각자도생의 세계도 언젠가는 바꾸어 낼 수 있을 거라는. 이런 믿음이 없었다면 이 책을 끝까지 마무리 짓지 못했을 것이다. 역사는 말한다. 인류는 늘 바뀌지 않을 것 같은 세상을 바꾸어 왔다고. 나를 몽상가라 비웃어도 좋다. 돌아보면, 세상을 바꾼 이들은 늘 몽상가였다. 하지만 세상을 바꾸려는 꿈은 언제나 현실을 정확하게 파악하는 데서 시작해야 한다. 이 책이 나와 같은 꿈을 꾸고 있는 이들에게 작은 도움이라도 되길 바란다.

외로움의 습격

1판 1쇄 발행 2023년 12월 15일
1판 4쇄 발행 2024년 11월 5일

지 은 이 | 김만권
펴 낸 이 | 이정훈, 정택구
책임편집 | 박현아

펴 낸 곳 | (주)혜다
출판등록 | 2017년 7월 4일(제406-2017-000095호)
주　　소 | 경기도 고양시 일산동구 태극로11 102동 1005호
대표전화 | 031-901-7810 **팩스** | 0303-0955-7810
홈페이지 | www.hyedabooks.co.kr
이 메 일 | hyeda@hyedabooks.co.kr
인　　쇄 | (주)재능인쇄

ISBN 979-11-91183-27-6 03300

이 저서는 2021년 대한민국 교육부와 한국연구재단의 지원을 받아 수행된 연구임.
(NRF-2021S1A5B8096142)